राष्ट्रीयता, धर्म और राजनीति

राष्ट्रीयता, धर्म और राजनीति

रामजी सिंह

अर्जुन पब्लिशिंग हाउस

राष्ट्रीयता, धर्म और राजनीति

संस्करण : 2026

ISBN : 978-81-8330-270-8

प्रकाशक :

अर्जुन पब्लिशिंग हाऊस

4831/24, गोविन्द. लेन

अंसारी रोड, दरियागंज

नई दिल्ली—110002

फोन : 23242541, 23272541

e-mail : arjunbooks2001@gmail.com

टाइपसेटिंग :

डिम्पल कम्प्यूटर्स

दिल्ली—110092

प्रिन्टर्स :

मिलन इंटरप्राइजेस

दिल्ली

प्रस्तावना

राजनीति भ्रातृत्व का दूसरा नाम है इसलिये राजनीति तो नीतिशास्त्र का अभिन्न अंग है। यही कारण है कि विदेह राजा जनक, भगवान राम, कृष्ण तो राजनीति में थे ही पश्चिम में अफलातु और अरस्तु और हाल में लिंकन और महात्मा गाँधी भी राजनीति में थे। लेकिन आज राजनीति से नीति ही उठ गयी है-

"राजनीति बिनु धन बिनु धरमा
हरहि समर्पे सब सतकरमा!!"

इकबाल ने कहा ही है- "जुदा हो दीन सियासत से तो रह जाती है चंगेजी"। गाँधी ने राजनीति को ऊँचा स्थान दिया और उसे सत्य और अहिंसा से जोड़ा। इसी को राजनीति का अध्यात्मीकरण कहते हैं। यही बापू के रामराज्य का आधार था।

प्रजातंत्र में प्रजा का राज्य होना चाहिए लेकिन आज प्रजा के नाम पर दल और दल के नाम दलपतियों का शासन चलता है, इसीलिये आज प्रजातंत्र लांक्षित हो गया है।

इस दूषित राजनीति से संकीर्ण राष्ट्रीयता का सूत्रपात होता है। इसी संकीर्ण, अक्रामक एवं स्वार्थपूर्ण राष्ट्रीयता के नाम पर मानवता के इतिहास में लगभग 7000 छोटे-बड़े युद्ध हो चुके हैं। अत: विश्व सरकार की ओर बढ़ना एक आवश्यकता है।

धर्म जीवन और समाज के लिये अमृत है। मनु ने धर्म के 10 लक्षणों में नीतियुद्ध की बातें की हैं। उसी प्रकार न्यू टेस्टामेंट के 10 आदेशों में नीति-धर्म ही निहित है कुरान शरीफ की हर आयत "रहिमाने रहीम" से शुरू होती है। लेकिन धर्म को हमने स्वार्थ का हथकंडा बना लिया है। प्रत्येक धर्म के लोग अपने धर्म को सर्वप्रथम मानते हैं जिसका अर्थ है कि शेष दूसरे का धर्म हीन एवं बेकार है। धर्म के नाम पर भी इतिहास में क्रूर से क्रूर हिंसा एवं जघन्य से जघन्य युद्ध हुए हैं। ईसाई धर्म को दो धड़ों में 100 वर्ष तक युद्ध चले। इसीलिये गाँधी जी ने "सर्व-धर्म-समभाव" का मृत्युजंय मंत्र दिया। रवीन्द्र नाथ ने "मानव-धर्म" एवं स्वामी रामकृष्ण के शिष्य विवेकानन्द ने "विश्व-धर्म" की बात कही। गाँधी तो कहते थे कि "मै हिन्दू हूँ-सनातनी हिन्दू हूँ। लेकिन मैं मुसलमान भी हूँ, ईसाई भी हूँ, सिक्ख भी हूँ। मैं हिन्दू-राष्ट्र नहीं भारतीय राष्ट्र चाहता हूँ।

गाँधी ने धर्म, राजनीति और राष्ट्रीयता को ऊँचा उठा कर इसे मानव-कल्याण का रास्ता माना है।

डॉ॰ रामजी सिंह

विषय-सूची

अध्याय *पृष्ठ*

1 भारतीय राष्ट्रीयता के वैश्विक आयाम

दर्शन एवं इतिहास के अध्येता डॉ॰ गोविन्द चन्द्र पांडेय "राष्ट्रीय एकता" और सांस्कृतिक गौरव" दोनों की स्थिति शोचनीय मानते हैं। "आधुनिक पाश्चात्य देशों में उद्भुत राष्ट्रीयता जो अपनी पहिचान भाषाई क्षेत्र मानती है" लेकिन भारतीय परम्परा में "राष्ट्रीय चेतना को एक महाद्वीपीय सांस्कृतिक चेतना" मान लेने से उनके विशाल हृदय को संतोष होना इतिहास-चेतना और भारतीय सांस्कृतिक-चेतना दोनों के प्रति भले अन्याय नहीं लेकिन सोच में कुछ अपूर्णता अवश्य दीखती है। मैं विद्वान् चिंतक से सर्वथा सहमत हूँ कि भारतीय राष्ट्रीयता और इसकी चिरतंन एकता सांस्कृतिक नहीं है, लेकिन इसे केवल "महाद्वीपीय" क्षेत्रवाद में बाँधना इसकी "वैश्विक सांस्कृतिक-चेतना" से सामंजस्य नहीं बैठता है। वेद का मंत्र वैश्विकता की शहनाई है- माताभूमि: पुत्रो अहं पृथिव्या:। पुन: यजुर्वेद के अन्तर्गत राष्ट्रवंदना को देखें-

"आ ब्राह्मणो ब्रह्मवर्चसी जायताम्
आ राष्ट्रे राजन्य शूर इषोव्योअति महारथो जायताम्।"

इसमें स्वत: योगक्षेत्र आदि सबकी चर्चा है लकिन "भारत" का नाम तक नहीं है। इसीलिए अथर्ववेद (3/30/9) में मानव-समाज की सारी जातियों के समस्त वर्णों के नर-नारियों को लक्ष्य करके कहा गया है-

"सहृदयम् सांमनस्यमविद्वेष कृणोमि व:।
अन्योअन्यमभि हर्यत वत्य जातमिवाधन्यो।।"

ऋग्वेद के ऐतरेय ब्राह्मण में आठ प्रकार के राज्यों का वर्णन है। सम्पूर्ण पृथ्वी एक ही शासन से शासित होने की ऋषि की घोषणा है- "पृथिव्यै समुद्रपर्यन्ताया एकराट्" सम्पूर्ण पृथ्वी पर एक ही शासन है क्योंकि सम्पूर्ण पृथ्वी पर एक ही आर्य-परिवार है यानि "वसुधैव कुटम्बकम्"। ऋग्वेद शायद इसीलिए "कृणवन्तो विश्वआर्यम्" एक उद्घोष करता है। प्रारम्भ में "वैराज्य" (विगत राजकं वैराज्य) की कल्पना थी जो आगे चलकर "स्वराज्य"- "यतेमहि स्वराज्ये" की कल्पना में मूर्तमान हुई। स्वराज्य की कल्पना भी परम वैश्विक ही है।

अत: भारतीय राष्ट्रीयता को "आर्यावर्ते भारतखंडे" के मंत्रोचार के आधार पर क्षेत्रवाद (महाद्विपीय)" में बाँधना न्याय नहीं है। भारतीय राष्ट्रीयता एक आध्यामिक और सांस्कृतिक आदर्श है जिसमें विश्व-कल्याण-भाव (भद्रमिच्छति ऋषय: स्वविर्दस्तपो दीक्षामुपसे दुरग्रे-अथर्ववेद (19/49/9) धर्मपालन (यस्मिन्धर्मो विराजत तं राजान प्रचक्षते- महाभारत, शान्ति पर्व, 90/3/8) एवं प्रजा-रंजन "यथा" प्रहलादनाच्चन्द्र: प्रतापातपनों-यथा। तथैव सोअभुदरावर्था राजा प्रकृति रजंनात्-कालिदास-रघुवंशम् 4/12 देखिये श्रीमद् भागवत महापुराणाम 4/16/15 अपेक्षित हैं। वैदिक राज्य शासन के आठ प्रकार के साथ अश्वमेघ, राजसूर्य यज्ञों और चक्रवर्ती का विधान भारतीय राष्ट्रवाद का विस्तार है, भारतीय राष्ट्रीयता का नहीं। पांडेय जी सही हैं कि "भारतीय राष्ट्रीय की कल्पना मूलत: राजनीतिक कम और सांस्कृतिक अधिक रही है।" चाहे त्रेता हो या द्वापर, हम अनेक राजवंशों को देखते हैं। ऐतिहासिक युग में तो भारत का सम्पूर्ण भूगोल कभी भी एक राजवंश के अधीन नहीं रहा है। इसका एक ही अर्थ है कि "राज्यशासन" ही हमारा सर्वोच्च मूल्य नहीं रहा। हम मूलत: सांस्कृतिक जीवन-प्राणी रहे हैं। भारतीय संस्कृति की सर्वोच्च साधना मानव-समन्वय है। इसीलिए तो गुरुदेव रवीन्द्रनाथ ने भारत को मानव-संस्कृति का सागर कहकर उस पुण्य-तीर्थ में माता के मंगलघट को भर देने के लिए सब लोगों को आमंत्रित किया है। निषाद (नेग्रिटो, निग्रोवदटु) किरात (मंगोलाइड), द्रविड़, आर्य-अनार्य, शक, हूण, सीथीयन, यूनानी आदि न जाने कितने इस संस्कृति के सागर में आते गये। भारतीय राष्ट्रीयता एवं संस्कृति वैदिक के साथ श्रमण और लोकायत-संस्कृतियों की त्रिवेणी बन गयी। फिर यवन और मुगल तथा जरथ्रुरती और ईसाइयत और हाल में सिक्खों का भी योगदान है। यह महसमिश्रण हमारी महासंपदा है। विविधता हमारा दोष नहीं, यह हमारा वैभव है, यही हमारी समृद्धि है।

विविधता में एकता की साधना ही सच्ची भारतीयता है। किन्तु इस समन्वय की साधना का आधार हमारी आध्यात्मिकता है- "एकं सत् विप्रा: बहुधा वदन्ति।" यह सार्वभौम समन्वय की गायत्री है। सत तो एक ही है, लोग अपनी श्रद्धा एवं अनुभूति के आधार पर उसका अलग-अलग वर्णन करते हैं। इस सांस्कृतिक सामासिकता का सारसर्वस्व "साधानानां अनेकता" यानी साधनों की अनेकता। हमारा ही साधन, हमारा ही रास्ता, हमारा ही पंथ, हमारा ही सम्प्रदाय या हमारा ही राष्ट्र सर्वश्रेष्ठ मानना क्षुद्रता तो है ही, हीनभावना का भी परिचायक है। सत्य की प्राप्ति का केवल एक मार्ग नहीं हो सकता "रुचीनाम् वैचित्र्यात्"। अपनी-अपनी रुचि के अनुसार हम ज्ञान, भक्ति, कर्म आदि सीधा या टेढ़ा राह अपनाते हैं। जैनों के अनेकांतवाद और स्याद्वाद ने तो हमें ज्ञान मीमांसात्मक संयंत्र देकर समन्वय-साधना को एक वैज्ञानिकता प्रदान की। भगवान बुद्ध ने "मध्यम प्रतिपदा" का सिद्धान्त देकर जीवन में हमें अंतों के मध्य में रहने की शिक्षा दी। वेद ने तो पहले ही कहा था- "मध्यम अभयं।" समन्वय की साधना की रही सही

कमी अद्वैत ने पूरी कर दी। शंकराचार्य के गुरू गोड़पाद ने तो कह दिया- "दूसरे दर्शन आपस में भले विवाद करते रहे, अद्वेत दर्शन सर्व समन्वयवादी होने के कारण इसका किसी से झगड़ा नहीं है।" "ईशावास्यमिदं सर्वग्। सर्व खल्विर्द ब्रहम्।" सीयाराममय सब जग जानी। इसलिए तो चाहे वैदिक हो या श्रमण-संस्कृति, विचार में चाहे जो भी भिन्नता हो आचार में सब "अहिंसा" को स्वीकार करते हैं। जो विचार में अनेकांत एवं अद्वैत है, वही आचार में अहिंसा है। समन्वय की इस धारा को कुछ आग्रही एवं आक्रमणकारी साम्राज्यवादी मुस्लिम राजाओं से अवश्य चोट पहुँची है लेकिन मध्य कालीन युग में राजनीतिक एवं धार्मिक संघर्षण और विखंडन के बीच भी सामाजिक सामंजस्य और धार्मिक समरसता का प्रवाह अवरुद्ध नहीं हुआ। अलाउद्दीन खिलजी, तमाम क्रूरता के प्रसंगों के वावजूद प्रथम इस्लामी शासक था जिसने धार्मिक मुल्ला मैलवियों को साफ कह दिया था- "मैं नहीं जानता कि मेरे काम इस्लामी कानून के अनुकूल हैं या नहीं। मैं तो वही करता हूँ जिसे मैं राज्यहित में वाजिब मानता हूँ।" मुझे नहीं मालूम कि खुदा मुझे आखिरत में क्या सजा देगे।" काजी मुगीस-उद्दीनकरे अलाउद्दीन द्वारा दिया गया उत्तर देखिये (मिडियावल इंडियन क्वाटर्र ली पृ॰ 5) मुगल बादशाहत के पूर्व इल्तुतमिश, बलबन, मुहम्मद-विन-तुगलक आदि ने साफ तौर पर इस्लामी शरीयत के मुताबिक हुकूमत चलाने में मजबूरी बतायी। फतवा-ए-फहनवारी इतिहासकार जियाउद्दीन बर्नी बादशाह को उद्धृत करते हैं- "सच्चा मजहम पैगम्बर साहब के पदचिन्हों पर चलने में है। परन्तु इसके विपरीत शाही हुकूमत खुसरो परवेज और ईरान के बड़े बादशाहों की नीति पर ही टिक सकती है। यह मानते हैं कि शरीयत के हुक्म और बादशाहत के तौर तरीके बिल्कुल अलग-अलग हैं।" निजामुद्दीन का भी कहना है बलवन ने मजहब से ऊपर बादशाहत को रखा। (तबकात-ए-अकबरी), भाग-1 पृ॰ 82) काजी मुगीसउद्दीन अफसोस के साथ लिखते हैं- "यद्यपि मध्ययुग में भारत में बादशाह मुसलमान थे लेकिन बादशाहत इस्लामी नहीं थी। हुकूमत, कुरानशरीफ, हदीस या सुन्नी शरीयत के मुताबिक नहीं चलता था। इसलिए उस समय के राज्य को धार्मिक राज्य नहीं माना जा सकता। प्रो॰ मु॰ हर्षव ने यही कारण बताया कि 6-7 शताब्दियों तक विदेशी मुस्लिम बादशाहों का राज चलता रहा।

भारत के मुसलमान ने तुर्की या अरबी भाषा या वहाँ की वेशभूषा, गहने-जेवर या दैनंदिन कार्यक्रम नहीं अपनाये। अरब का अमामा, जुब्बा, रत, तहमद, और तस्मा तथा मध्य एशिया का कूलह, नीमा, मेज आदि के बदले हिन्दू पगड़ी, चीरा, कुर्ता, अंगरखा, पद, दुपट्टा, पायजामा और जूते अपनाये। विवाह पद्धति में निस्बत, बलद्री, मेंहदी तेल, मड़वा, बारात, जलवा, कंगन आदि भारतीय प्रभाव के सबूत हैं। मुसलमानों ने भी हिन्दुओं की तरह बाल-विवाह, विधवा विवाह का विरोध, महिलाओं की अपेक्षा, पर्दा-प्रथा को अपनाया। फिर हिन्दुओं के कई व्रत और त्योहार जैसे तीज, दसवीं,

सतमासा भी उन्होंने अपनाये। मार्के की बात है कि कुछ मुस्लिम महिलाओं ने भी जौहर व्रत करके दिखाया। जफरनामा के मुताबिक भटनायर के गर्वनर कमालुद्दीन जब तैमुर सयुद्ध के लिए प्रस्थान किया तो उनकी पत्नी ने जौहर किया था। इसकी तारीफ में अमीर खुसरो लिखते हैं-

"यूजने हिन्दी वशे दर आशिकी दिवाना नैश्त।
सोख्तन बरश्मा शौहर कारहर परवाना नैश्त।"

मुहम्मद विन तुगलक कोई असंतुलित नहीं था, उसने तो दक्षिण की प्रजा का सहयोग करने के लिए अपनी राजधानी दिल्ली से देवगिरि ले आया था। तुगलक नामा में अमीर खुसरो ने जो दक्षिण में अलाउद्दीन खिलजी के अभियान में साथ था, लिखा- "युद्ध में हिन्दू एवं मुस्लिम दोनों तरफ थे। एक तरफ की फौज में यदि अल्लाह हो, अकबर का जयघोष होता तो दूसरी तरफ जयनारायण था। तुगलक जैन विद्वानों का आदर करता था और माउंट आबु की एक पहाड़ी पर भीम सिन्हा प्रसाद की मूर्ति स्थापित की थी एवं गोशाल, ग़ुणदेवी और अम्बिका देवी के मन्दिर बनवाये और उन्हें अनुदान दिया।

मध्यकाल में सबसे अधिक समन्वय का काम संतों एवं फकीरों ने किया। उत्तर में चैतन्य, नानक, निजामुद्दीन औलिया, ख्वाजा, मुइ चिश्ती, कबीर आदि तथा दक्षिण में मध्व, नामदेव, तुकाराम, शेख मुहम्मद आदि सामंजस्य का प्रयास करते रहे। हिन्दुओं में जैसे वैष्णव सम्प्रदाय था वैसे मुसलिमों के बीच सूफी संतों ने भक्ति धारा बहायी। इब्बतुता के अनुसार हिन्दू संतों के भी मुस्लिम शिष्य और मुस्लिम फकीरों के भी हिन्दू शिष्य होते थे। राज्य शासन में भी लगभग हिन्दुओं के एक-तिहाई हिंन्दू अधिकारी थे, जबकि वाणिज्य-व्यापार ज्यादातर हिन्दुओं के हाथ में थे।

मुगलकाल में तो धार्मिक-संघर्ष नहीं बल्कि सत्ता का संघर्ष था। बाबर का सुल्तान सिकन्दर लोदी से, हुमायूँ का शेरशाह से, महाराणा प्रताप का मानसिंह से सामना था। अकबर की फौज में 40 हजार हिन्दू एवं 60 हजार मुसलमान थे। महाराणा प्रताप के अन्दर हकीम खाँ की एक खास पठान फौज थी। जालौर के मुस्लिम राजा ने महाराणा को 1000 घुड़सवार से हल्दीघाटी में मदद की। शिवाजी महाराज के जीवनी लेखक खाफी खाँ ने शिवाजी की उदार धार्मिकता एवं कुरान शरीफ के प्रति उनके आदरभाव की तारीफ की जिसका समर्थन बशीरउद्दीन अहमद एवं अबु अली ने किया। शिवाजी के तोप ब्रिगेड के प्रधान, नौ-सेना के उपाध्यक्ष तथा उनके व्यक्तिगत अंगरक्षक तथा विश्वसनीय सचिव मुगलमान थे। शिवाजी मुस्लिम फकीरों की बेहद इज्जत करते थे। औरंगजेब के हिन्दू-विरोध की कहानियाँ हम सुनते हैं लेकिन वाराणसी के जंगमवाड़ी में शिवमन्दिर उज्जैन में महाकाल, चित्रकूट के बालाजी मन्दिर में अनुदान के फरमान

आज भी अभिलेख मौजूद हैं। औरंगजेब के बनारस के फरमान के अनुसार कहा गया है कि धार्मिक कानून के मुताबिक हम लोगों ने तय किया है कि प्राचीन मन्दिर नहीं तोड़े जायेंगे एवं कोई व्यक्ति ब्राह्मणों एवं अन्य हिन्दुओं को परेशान नहीं करेंगे। (अबुलहसन के दिए फरमान- रायल एशियरिक सोसाइटी ऑफ बंगाल 1911 में प्रकाशित) बनारस के दूसरे फरमान भागवत गोसाई की हिफाजत के लिए 178 बीघे जमीन मिली थी जिसे हाईकोर्ट ने भी सही बहाल किया। पालिटाना, सौरठ, अहमदाबाद में भी मन्दिर निर्माण के लिए सनद दी गयी। (फरमान 10 रज्जब 1070 हिजरी)। गोदावरी के किनारे मोहनपुर में दत्तात्रेय गुरू के मन्दिर को 700 एकड़ जमीन औरंगजेब ने अपने महाराष्ट्र अभियान में मंजूर किये थे (एम॰ के॰ साबअली द रोल ऑफ रिलीजन नेशनल इंट्रीगेशन एण्ड सोश्ल हरमनी 1982 पृ॰ 144) औरंगजेब तो कहता है- "सांसारिक मामले में मजहब से क्या लेना-देना... हमारा धर्म हमारा, आपका धर्म आपका है।" अमृतसर के स्वर्ण मन्दिर के आकाल तख्त के नींव एक मुस्लिम फकीर मियां मीर से रखवायी गयी, गुरुगोविन्द सिंह के सैकड़ों मुस्लिम शिष्य थे। मुगल बादशाह से उनका झगड़ा राज्स्व बसूलने से हुआ। गुरु के दोनों पुत्रों को गंगा राम नामक रसोइया ने पकड़वाया। लेकिन मृत्यु दण्ड का एक मुस्लिम सर हिन्द के नबाव ने विरोध किया जबकि दूसरे प्रतिनिधि जो हिन्दू थे उन्होंने मृत्यु दण्ड का समर्थन किया। इसीलिए गुरूगोविन्द सिंह ने घोषणा कर दी कि सिख फौज सरहिन्द नबाव की रियासत में न जाये। पीर बदरूद्दीन भी सपरिवार एक हजार मुस्लिम फौज के साथ गुरु की तरफ से लड़े। अफसोस हमारे इतिहास को इस प्रकार लिखा गया कि हमने एक-दूसरे को दुश्मन समझा।

हिन्दू एवं इस्लाम दोनों एक ईश्वर को मानते हैं। एको अहमद्वीतीय नासति। एक मेवा द्वीतियम' यदि हिन्दू धर्म में 'सम भवामि युगेयुगे' में अवतारवाद है तो कुरान के अनुसार "दुनिया की कोई कौम व बस्ती नहीं छूटी जहाँ खुदा का पैगाम लेकर उनका रसुल न आया हो।" यदि हिन्दू धर्म में तैंतीस करोड़ देवता हैं तो इस्लाम में एक लाख चौबीस हजार रसूल पैगम्बर हैं।

नैतिकता के क्षेत्र में भी अद्‌भुत समन्वय है। व्यास का प्रसिद्ध वचन "आत्मना प्रतिकूलानि परेषॉं न समाचरेतं" के समान ही हदीस में हजरत मुहम्मद ने फरमाया। कुरान शरीफ से "अशरफ-उल-इमानि-उनयमनक अन्तासो" में यही कहा है। आध्यात्मिक एवं नैतिक जीवन की एकता भारतीय समाजिक संस्कृति का सशक्त आधार है। हो भी क्यों नहीं 90% मुसलमान या ईसाई तो हिन्दू थे। एक ही नस्ल, एक ही रूपरंग, एक ही वेश-भूषा, एक ही भाषा, फिर "हिन्दूराष्ट्र" या "मुस्लिम राष्ट्र" की बातें करना इतिहास को झुठलाना एवं सांस्कृतिक अपराध है। मुगल बादशाह अकबर, जहाँगीर, और

औरंगजेब और बहादुरशाह जफर की पत्नियां हिन्दू थीं। दोनों एक-दूसरे के त्योहार में भाग लेते हैं। रस्म रिवाज में भी बहुत अन्तर नहीं है। जिसे हिन्दू मुण्डन कहतें हैं वहीं मुस्लिम समाज में अकीका। अगर विवाह है तो उधर निकाह। यदि हिन्दुओं में दशकर्म है तो मुसलमानों में दसवां है। हिन्दू को यदि नाम माला है तो मुसलमान को तसबीह। यदि मुसलमान रोजा रखते हैं तो हिन्दू चांदायण व्रत करते हैं। मुसलमान यदि प्रातः अजान पढ़ते हैं तो मन्दिरों में भी प्रातः घंटे बजते हैं। प्रार्थना, ध्यान, पंडे पुजारी की तरह मअजिन्स, मुजाबिर, धर्मशाला की तरह दरगाह यज्ञोपवित्र की भाँति हिलाल और सितार है। मुस्लिम कवि रहीम, रसखान, कबीर, यारो साहब, ताज, शेख, नजीर, कारे खाँ, दीन दरवेश, आदि दर्जनों मुस्लिम कवियों ने भक्तिभाव से हिन्दी में कवितायें की हैं। भारतेन्दु ने इसीलिए कहा "इन मुसलमान हरिजन पै कोटिल हिंदुन बारिये"। वास्तव में यदि सूर, तुलसी, मीरा आदि कवियों को बाद कर देने से हिन्दी साहित्य का सूर्यास्त हो जाएगा, मुस्लिम कवियों को हटा देने से उसका चन्द्रास्त हो जाएगा। हिन्दी के संस्थापकों में अमीर खुसरो को कौन भूल सकता है? रहीम की राम चरित मानस की भक्ति, रसखान की कृष्णा भक्ति भी अनुपम हैं। साहित्य एवं कला की साधना में भी अदभुत एकता है। तानसेन के दो गुरू थे हरिदास और गौश। आज भी पं० ओंकार नाथ का अपूर्व संगीत है तो बिस्मिला खाँ का तबला वादन एक चमत्कार है यद्यपि चित्रकला की परम्परा इस्लाम में नहीं है, फिर भी अभी फिदा हुसैन की कला हैं। हिन्दुओं का भक्ति मार्ग एवं सूफी मत बहुत कुछ एक आधार पर है। मौलाना हाली में मस्ती में लिखा- वह दिने हिजाजी देवाक बड़ा। निशा जिसका अंग साये आम में पहुंचा। किये पै सिपर जिसने सातों समुन्दर। वह डूबा बहाने में गगा में आकर। "आगे हाली कहते हैं- वह दीन जिससे तौहीद फैली जहाँ में। हुआ जलवागर हक जमी आसमां में।" जो "तौहीद" है वहीं तो "अद्वेत" है।

इस्लाम भारत में आकर जरूर बदला भी है और इंसाइयत भी बदला है। हिन्दुओं की भावनाओं का आदर करते हुए मुसलमान बादशाहों ने गोहत्या पर पाबन्दी लगायी थी जिसका सबूत बाबरनामा और औरंगजेब की अदबे आलमगीरी एं रूकात आलमगीरी है। यदि रवीन्द्रनाथ ने "ऐसों हे आयं ऐसा अनार्य हिन्दू मुसलमान" गाया तो मुहम्मद इकबाल का "सारे जहाँ से अच्छा हिन्दोस्तां हमारा" राष्ट्रगीत की तरह लोकप्रिय बना। ऋग्वेदकाल से ही संज्ञान-सूक्त में "समाना व आकूति, समाना हृदययानि व" का स्वर है, वही भाव स्वामी विवेकानन्द ने उच्चारित किया- "हमारी मातृभूमि के लिए एक ही आशा है और वह इस्लामी शरीर एवं वेदान्ती मस्तिष्क का संयोग।" साम्प्रदायिक धर्म एवं सकीर्ण राष्ट्रीय राज्य के दिन लद चुके हैं। अब विश्व-धर्म एवं विश्व-राज्य का युग आ रहा है।

हमारी गलती यह रही कि हमने कभी भू-खण्ड को, कभी भाषा, कभी वेश-भूषा को राष्ट्रीयता माना। इतिहास में भी तख्त की लड़ाई को मजहव की लड़ाई समझ लिया। सच्चा धर्म और सच्चा दीन एक ही है। अध्यात्म एक और अखंडित है तथा नैतिकता में अत्यधिक समानता है। धर्म-दर्शन एवं नीति दर्शन में इतना साम्य है तो फिर राष्ट्रीयता को व्यक्तिगत या साम्प्रदायिक धर्म से बाँधना गलत है इसीलिए स्वामी विवेकानन्द ने साम्प्रदायिक धर्म के बदले विश्व धर्म का विचार प्रस्थावित किया। रवीन्द्र नाथ ठाकुर ने समाज धर्म के बदले "मानव धर्म" को श्रेष्ठ माना। यही वैश्विकता और मानवतावाद भारतीय राष्ट्र-दृष्टि का मूल भ्रांत धारण पर गढ़ी गयी जिससे पाकिस्तान स्वयं खंडित हुआ उसी प्रकार "हिन्दूराष्ट्रवाद" की राजनीति यदि इसी दिशा में बढ़ती रही तो भारत विखंडित तो होगा ही, भारतीय संस्कृति के साथ विश्वासघात होगा। फिर हमें विश्व-शक्ति या विश्व-गुरु बनने का स्वप्न तो छोड़ना ही होगा, और दासता का भी पुनः खतरा उपस्थित हो जाएगा। हम अमृतपुत्र हैं- अमृतस्य पुत्राः। अमृत वही प्राप्त कर सकता है जो "भूमा" की ओर बढ़ेगा- "सा वै भूमा न अल्पसुखं"। हमारी नियति मात्र मानव-एकता नहीं बल्कि मानवेतर एकता भी है। हमारे लिए तो पृथ्वी भी छोटी है, नक्षत्रों में जाने की जब तैयारी हो रही हो तो हिन्दू-अहिन्दू, हिन्द-पाक आदि से ऊपर उठकर "जयजगत्" का मंत्र सीखना पड़ेगा। सर्वेभवन्तु हमारा स्वधर्म आत्मोपम्य हमारी निष्ठा एवं सर्व-धर्मसमभाव ही नहीं, सर्वधर्मम भाव हमारी साधना होगा।

2 समन्वय ही भारत है

भारत में संस्कृति और परम्पराएं बहुलतावादी और वैविध्यपूर्ण हैं। ऐसे में क्या किसी एक जाति, धर्म व व्यक्ति की सत्ता हो सकती है? आज के दौर में हमारे सिर पर मंडराते साम्प्रदायिकता के संकट पर प्रस्तुत है एक दार्शनिक का यह आलेख।

विश्व में प्रत्येक देश का अपना-अपना मिशन होता है। रोम का मिशन साम्राज्य एवं शक्ति का विस्तार था। यूनान का मिशन ज्ञान प्राप्त करना था। अरब राष्ट्रों के आविर्भाव के पूर्व मिश्र, पिरामिड में मृत व्यक्ति को जीवित रखने की, अर्द्ध-अमरता की भावना को संजोता था। इसी प्रकार भारत का भी एक मिशन है- समन्वय की साधना। चाहे दर्शन हो या साहित्य, स्थापत्य हो या कला, सब जगह वैविध्य है, लेकिन इन विविधताओं में एकता देखना भारतीय मनीषी की अभीप्सा रही है। आत भी भारतीय राष्ट्र इसी का एक प्रतिदर्श है। राष्ट्र के निर्माण में भाषा, धर्म, प्रजाति आदि प्रमुख तत्व माने जाते हैं। किन्तु यूरोप में एक ही ईसाई धर्म है, लेकिन दर्जनों राष्ट्र हैं। मध्यपूर्व या दक्षिण एशिया में एक ही धर्म इस्लाम है, किन्तु 40 से ऊपर राष्ट्र हैं। एक ही बौद्ध धर्म को मानने वालों के अनेक राष्ट्र हैं। लेकिन भारत में कम-से-कम आधे दर्जन वैदिक, इस्लाम, ईसाइयत, बौद्ध, जैन, सिख एवं जरथुस्त धर्मों को मानने वाले सैकड़ों सालों से बस रहे हैं। जहाँ भाषा को लेकर पाकिस्तान के दो टुकड़े हो गए और हाल में कनाडा में जनमत संग्रह के आधार पर देश का विभाजन बिल्कुल समीप आ गया था, वहां भारत में 18 तो संविधान स्वीकृत राष्ट्र भाषाएं हैं, बोलियां तो एक हजार से ऊपर हैं। नस्ल भी एक नहीं, उत्तर भारत के आर्य, दक्षिण के द्रविड़, पूर्वोत्तर भारत के मंगोल सब एक साथ रह रहे हैं। इसी प्रकार खान-पान, पोषाक, त्योहार, संगीत, साहित्य में विविधता स्पष्ट है। शायद भिन्नता में एकता हमारी प्रकृति भी है और नियति भी।

जैसे यहूदी धर्म-परम्परा में अपने प्रजाति के नाम पर जेवोह और यूनानी परम्परा में अन्य कोई को एकेश्वर रूप में प्रतिष्ठित कर दिया, भारत में एकेश्वरवाद में भी वैचित्र्य है। एक ही परम सत्य है। लोग उसे अलग-अलग नाम देते हैं- 'एक सत विप्राः बहुधा वदन्ति।' तत्व एक ही है, कल्पनाएं विविध हैं। कोई उन्हें ब्रह्मा, कोई इन्द्र, कोई

वरुण आदि कहते हैं। आधुनिक परिप्रेक्ष्य में हम कह सकते हैं कि जिन्हें एक ईश्वर कहते हैं, वही खुदा या गाड कहलाता है। 'ईश्वर अल्ला तेरो नाम।' यही नहीं, भारतीय श्रुतियों में देव-कल्पना एकेश्वरवाद से भी बढ़कर 'अद्वैत' तक चली गई है। 'एकमेवाद्वितीयम्। एकोडहं द्वितीयों नास्ति।' वह एक तत्व सगुण-निर्गुण, से परे है। यही नहीं, वह आत्मा, अनात्मा, जगतकर्त्ता, अकर्त्ता आदि कल्पनाओं से परे है। उपनिषद् में उसे 'नेति-नेति' कहा गया है क्योंकि वह शब्दातीत ही नहीं मनसातीत, वचनातीत एवं कल्पनातीत है। इसी प्रकार यहां एकेश्वरवाद की कल्पना से अधिक आगे जाने का उपक्रम प्रकट हुआ है।

दर्शन-भेद को भी देखिए। वैशेपिक, जैन, मीमांसा में अनेकता प्रतिष्ठित है, संख्या में पुरुष-प्रकृति द्वैत है और अंत में अद्वैत का दर्शन आता है। किन वैशेपिक का पंचभूत एवं सांख्या का पुरुष-प्रकृति द्वैत, अद्वैत की जगत-व्याख्या में समाहित कर दी जाती है। प्रपंच के अन्तर्गत सभी को स्वीकार करते हुए व्यवहार सत्ता में सबों को समविष्ट किया गया है। 'सर्व खलु इंद ब्रह्म' या 'ईशावास्यमिद्' कहने से ही सभी का अन्तर्विधान हो जाता है।

धर्म-समन्वय की साधना भी हमारी सांस्कृतिक विरासत है। यहाँ नास्तिक और आस्तिक, सभी सनातन धर्म में स्थान पाते हैं। चाहे वे वेद को मानते हैं या नहीं, किसी को बहिष्कृत करने की परम्परा नहीं है। इसी प्रकार शैव, शाक्त, वैष्णव, उदासी आदि सभी का वैदिक धर्म समावेश है। इसमें कम से कम 300-400 विभिन्न पंथ हैं। असल में भारतीय मनीषा धर्म को सम्प्रदाय या पंथ विशेष की सीमा में नहीं रखना चाहती। सभी धर्मों एवं धर्म प्रवर्त्तकों तथा सभी धर्म स्थानों के प्रति आदर एवं पूजा का भाव भारतीय धर्म की विशेषता है। इसीलिए विश्व धर्म संसद में स्वामी विवेकानंद ने 'विश्वधर्म' की कल्पना प्रस्तुत की जिससे विभिन्न धर्मों के विशिष्ट अवदानों से मानव जाति को लाभान्वित होने का निर्देश दिया। हिन्दू धर्म की आध्यात्मिकता एवं सात्विकता, इस्लाम का मातृत्व भाव एवं समानता एवं ईसाइयत की सेवा एवं त्याग भावना आदि मानव जाति की समान सम्पत्ति है। विनोबा ने तो स्पष्ट कहा है कि 'साम्प्रदायिक धर्म के दिन बीत गए हैं अब आध्यात्म एवं विज्ञान के समन्वय का युग आया है। इसी प्रकार नीति एवं राजनीति की कल्पना में भी विश्वव्यापकता है। राजनीति को ही देखें, आठ प्रकार के राज्यों का वर्णन है। स्वराज्य, वैराग्य, महाराज्य, साम्राज्य आदि। राजसूर्य यज्ञ और अश्वमेध यज्ञ तथा चक्रवर्ती राज्य की कल्पना में अनेकता में एकता का दर्शन है। राष्ट्र विशेष की संकुचित सीमा में भी रहने की हमारी वृत्ति नहीं। इसीलिए तो 'बसुधैव कुटुम्बकम्' की कल्पना रखी गयी है। राज्य की भौगोलिक सीमा से उठकर 'मातृ भूमि' की भावना भी वैश्विकता की ही परिचायक है। आधुनिक समय में विनोबाभावे ने जय-हिन्द से ऊपर उठकर जय-जगत का उद्घोष आरम्भ किया था।

1978 में विश्व राज्य के लिए प्रयत्न करने का एच॰वी॰ कामथ का प्रस्ताव भारतीय संसद ने पारित किया गया था। राष्ट्रीय परिधि से बाहर 'जाकर भारत-पाक महासंघ' या 'दक्षिण एशियाई भाईचारा' या विनोबाजी द्वारा "ए॰बी॰सी" का प्रस्ताव वैश्विकता की ओर बढ़ते चरण हैं। भारत आज 50 सालों से जो गुट-निरपेक्षता के मंच में अपना योगदान दे रहा है, इसे भी नई विश्वव्यवस्था के निर्माण में एक प्रभावशाली कदम माना जा सकता है। भले ही चीन से धोखा हुआ हो लेकिन पंचशील वं सह-अस्तित्व की भावना पुष्ट करना राजनीतिक दृष्टि से समन्वय है।

साहित्य और कला के क्षेत्र में विभिन्न तो स्वाभाविक है। इसमें अपनी-अपनी प्रतिभा होती है। यहां भाषा एवं साहित्य का धर्म विशेष से संबंध नहीं माना जाता। उत्तर भारत में हिन्दी भाषा के सूत्रधारों में अमीर खुसरो को कोई भूल नहीं सकता। कितने मुस्लिम कवि हैं जिन्होंने न केवल हिन्दी भाषा को समृद्ध किया है बल्कि राम एवं कृष्ण की भक्ति में वे किसी हिन्दू भक्त से कम सराबोर नहीं दिखते। भारतेन्दुजी ने ठीक ही कहा है- "इन मुसलमान हरिजन नौ कौटिन हिन्दु न बारि हैं।" ऐसे अनेक मुसलमान भक्त कवि हो गए हैं जिन्होंने कृष्ण मन्दिर में मक्के का नूर देखा और ब्रजवासियों का धूल में लौट-लौटकर अपने इष्टदेव को रिझाने के लिए स्वयं होश-हवास भूल गए। रसखान और उनकी टोली तो कृष्ण-भक्ति में सराबोर हो गए, जबकि यारी या दरिया साहब राम-कर्तार को रिझाने के लिए कबीर की सुहागिन का साज सजाया। रहीम खान खाना तो रामचरित मानस को साक्षात कुरान मानते थे- 'जमनहि प्रकटकुरान।' रसखान की कृष्ण भक्ति किसी हिन्दू से कम नहीं थी-

मानुष हो तो वही रसकानि,
    बसो ब्रज गोकुल गांव के ग्वारन।।
जो पशु हों तो कहा बसु मेरी,
    चरौ नित नंद की धेनु मंझारन।।

रहीम एवं रसखान के अलावा यारी साहब, दरिया साहब (मारवाड़ वाले), शेख, वजीर, कारे खा, करीम बख्श, इन्शा, वाजिन्द, वुल्हे शाह, व्यादिल, मकसूद, मौजदीन, वाहिद, दीन दखेश, अफसोस, खालस, वहजन, मंसूर, लतीफ हुसैन, चकरंग, काबस, निजामुद्दीन औलिया, फ्ररहत, काजी महमूद, आलम, गालिब शाह, महबूबा, नफीस खलीला, सैयद कासिम अली आदि अनेक भक्त मुस्लिम कवि हैं। उर्दू एवं फारसी में भी अनेक हिन्दू लेखक हुए। फिराक गोखपुरी, प्रेमचन्द, कृष्णचन्द्र आदि अनेक उर्दू के स्वनाम धन्य लेखक हैं।

मोक्ष-साधन के लिए भी यहां एक मार्ग नहीं माना गया। ज्ञान-मार्ग, भक्ति मार्ग या कर्मयोग का मार्ग या ध्यान मार्ग आदि सभी उपयोगी हैं। बल्कि आपस में भी इनमें

विरोध नहीं है। सबो का समन्वय भी हो जाता है श्री अरविंद ने पूर्णयोग एवं कहीं समग्रयोग इस समन्वय को प्रकट करता है। गीता में कहा ही गया है-

यथा नदीनां बहवो अम्बु वेगाः
समुद्र मेवा भिमुखा-बहन्ति।

यहां तो एक निष्ठावान् हिन्दु बुद्ध, जिन ही नहीं सूफी संतों की दरगाह एक मजार पर भी भक्तियुक्त पूजा करते हैं। इस्लाम की सूफी धर्मधारा में भी अपार उदारता है।

कहीं समन्वय की यह साधना हमारी दुर्बलता तो नहीं है या इससे सचमुच हमारा नुकसान तो नहीं हुआ है? इतिहास साक्षी है कि समन्वय की साधना के विपरीत मानसिकता वाली संस्कृतियों के नामोनिशां मिटा गए। जो जुलियस सीजर एवं सिकन्दर विश्व विजयी बनने की इच्छा करता था आज वे इतिहास के कूड़ेदान में चले गए हैं। जो धर्म या सम्प्रदाय आग और तलवार लेकर फैलाना चाहता था उसका वेग थम गया, उसकी प्रतिष्ठा गिर गयी है। ईसाइयत जो विश्व विस्तारक धर्म बनना चाहता था, उसके धर्मगुरु को रोम में 'धर्म-समन्वयक' का सचिवालय बनाना बड़ा। आज धर्म के क्षेत्र में यदि हम सह-अस्तित्व की संस्कृति धारण नहीं कर सकते हैं तो धर्म का अस्तित्व ही संकट में हो जाएगा।

भारत इसलिए जगत गुरु माना जा सकता है कि वह समन्वय की संस्कृति का पोषक है। विविधता को विनष्ट करने से देश की एकात्मकता सशक्त नहीं हो सकती। विविधता हमारी अक्षय निधि है। हमारा दायित्व है कि विविधता में एकता का अन्वेषण करें। विविधता में एकता हमारी नियति है। इसमें विविधताओं का वैभव भी मिलेगा और एकता का सूत्र भी। जिस प्रकार किसी पुष्प-माला में अनेक रंग के पुष्प गुथे होते हैं लेकिन एक अदृश्य सूत में सब गुथे होते हैं, उसी प्रकार विभिन्न एकता के सूत्र में पिरोये रहेंगे। हीगेल ने अपने तत्वज्ञान में भी इसी प्रकार और अनेकता का समन्वय कर उसे शक्तिशाली तत्वज्ञान के रूप में प्रस्तुत किया था। इस तत्वज्ञान में विरोधों का समागम भी है लेकिन भारतीय मनीषा ने अनेकता का विरोध तत्व नहीं मानकर एक-दूसरे को पूरक एवं संवर्द्धक माना है। इस दृष्टि से यहां की समन्वय-साधना में आरंभ और अंत दोनों में विरोध नहीं। भिन्नता विरोधिता नहीं है। हमारे शरीर में हाथ, पैर, आँख, नाक, कान आदि सब पृथक-पृथक तत्व हैं लेकिन सब के बीच समन्वय है। समन्वय के बिना शरीर का संचालन असम्भव है। भारत में हिन्दू, मुसलमान, ईसाई, सिख आदि के गुण अलग हैं, लेकिन उनके समन्वय में हमारी समृद्धि बढ़ती है। स्वामी विवेकानन्द ने इसलिए कहा था कि 'भारत में इस्लामी शरीर एक वेदान्ती मस्तिष्क का समन्वय जरूरी है।'

3 सहिष्णुता ही सहजीवन का मंगलसूत्र है

ऋग्वेद के संज्ञान सूत्र में सहजीवन का दिव्य संगीत है-

संगच्छध्वं संबदध्वं संमनासि जानताम्
समानो व आकूति समानो हृदयानि वा
सहचित्त मे वाम्।।

उपनिषदों में भी शांति मंत्र के रूप में सहजीवन की भावना को पुष्ट किया गया है- सहनावतु सहनो भुनक्तु सहवीर्य करवाव है। सहजीवन पर इतना अधिक जोर देने का समाजशास्त्रीय महत्व है। इतिहास साक्षी है कि जिन संस्कृतियों ने सहजीवन को अपना जीवन-दर्शन एवं अपनी जीवन शैली बनाया उनके जीवन में ईर्ष्या-द्वेष की आग नहीं लगी, वे सुख से जीए एवं शांति से मरे। लेकिन जब भौतिकवाद का प्रचंड तांडव हुआ और हम व्यक्तिवाद के शिकार हो गये तो फिर हमारा सामाजिक जीवन क्षत-विक्षत हो गया। जो संस्कृतियां सहजीवन को अपना कर सामूहिकता को देती रही, उनकी जीवन शक्ति तो बढ़ी ही वे अधिक सुखी एवं संतुष्ट रहे। उदाहरणस्वरूप, हम अमेरिका के रेड इंडियन्स को लें। उन्हें किसने नहीं कष्ट दिया अंग्रेज, फ्रांसीसी, डच आदि सब ने सदियों तक प्रताड़ना देकर उनकी नस्ल उन्मूलन करने का पूरा प्रयत्न किया, फिर भी लगभग पांच हजार वर्षो के बाद भी अवशेष के रूप में कम हैं। भारत में ही जंगलों में रहने वाले आदिवासी वनवासी-संताल आज भी सहजीवन के कारण आधुनिक सभ्यता की त्रासदी और मानसिक क्लेश से बचे हुए हैं। सामूहिक भोजन एवं पान, गान और नृत्य, त्योहार एवं पर्व समाज में एक दुर्लभ संजीवनी-शक्ति प्रदान करते हैं। मनुष्य एक सामाजिक प्राणी है, वह अकेला रह नहीं सकता। अकेला रहना उसके लिए एक यातना है। लेकिन यह भी अन्तर्विरोध है कि जब वह मिलकर रहता है तो अनेक कारणों के कारण परस्पर संघर्ष और कलह का शिकार होता है। इन्हीं के निरसन के लिए उसने एक मनोवैज्ञानिक दवा का आविष्कार किया जिसको हम सहिष्णुता के नाम से जानते हैं। आदिम सभ्यता में जब जनसंख्या कम थी और सृष्टि ने विपुल साधन दिया था, कलह के भौतिक कारण कम थे लेकिन आधुनिक युग में जीवन-संग्राम कठिन हो गया। जनसंख्या के अनुपात में साधन के अभाव एवं भोगवाद की अदम्य लालसा ने हमारे

जीवन-संग्राम को प्रचंड एवं कठोर बना दिया। हम प्रकृति से दूर होकर अपनी आवश्यकताओं को सुरसा की तरह बढ़ा दिया है, दूसरी ओर हम सहजीवन से व्यक्तिवाद की ओर अग्रसर हो गए हैं। इसलिए तो हमारा जीवन परिवार से लेकर विश्व तक कलहपूर्ण हो गया है। धर्म के नाम पर इतिहास में लगभग 6500 युद्ध हो चुके हैं। यूरोप जैसे उन्नत देशों में ईसाई धर्म के दो सम्प्रदायों के बीच सौ वर्षों की लड़ाई चली। आज भी मध्यपूर्व की धरती धर्म के नाम पर रक्तरंजित है। उधर संकीर्ण राष्ट्रवाद के ज्वार ने भी दुनिया भर में लगभग 7000 युद्ध हो चुके हैं और अपने समय में तो दो-दो घातक विश्वयुद्ध हो चुके हैं। आज भी कभी कोरिया, कभी वियतनाम, कभी फिलस्तीन, कभी कश्मीर, यूगोस्लाविया आदि के नाम पर हम भेड़ियों की तरह विनाश की लीला में संलग्न हैं। इससे भी बढ़कर आज तो हटिंगटन के अनुसार संस्कृतियों का संघर्ष चल रहा है।

इन सभी संघर्षों के लिए हमें सहिष्णुता की देवी का आह्वान करना होगा। धार्मिक संघर्ष को ही लें- प्रत्येक धर्म के लोग कहते हैं- हमारा धर्म सबसे पुराना, सबसे श्रेष्ठ एवं मुक्ति का एकमात्र साधन है, इसीलिए मेरी शरण में आओ- "सर्वधर्मान् परित्यज्य मामेकं शरणं प्रजा"। इसीलिए एक तरफ राष्ट्रवाद के नशे में उन्मत्त होकर जिस प्रकार चक्रवर्ती या जुलियस सीजर या सिकन्दर की तरह "विश्वविजय" का अभियान चलाते थे उसी प्रकार अपने-अपने धर्म को विश्व-विस्तार की आकांक्षा होने लगी। फिर जिस साम्राज्य की अक्षोहिनी सेनायें सजने लगीं उसी प्रकार धर्म के नाम पर धर्मान्तरण के लिए मिशनरी, तब लीग जमात या धर्म परिवर्तन के जत्थे निकलने लगे जहाँ धर्म प्रचार के साथ सम्पत्ति, शासन तंत्र एवं बल प्रयोग भी होते रहे। इसीलिये जब 1993 में शिकागो में विश्व धर्म संसद हुआ व्यक्तिगत धर्म के विजय के स्थान पर स्वामी विवेकानन्द ने विश्व धर्म की बात बुलन्दी से रखी, रवीन्द्रनाथ ठाकुर ने मानव-धर्म का विचार रखा। डॉ॰ भगवान दास ने थियोसोफी "सभी धर्मों की आधारभूत एकता" के द्वारा समन्वय का प्रचार किया। महात्मा गांधी और उनके शिष्य विनोबा ने सर्व धर्म प्रार्थना को लोकप्रिय बनाया। इसी प्रकार श्री अरविन्द ने भी धर्म को सार्वभौम रूप से प्रस्तुत किया। गुरुनानक देव ने तो पहले ही धार्मिक सम्प्रदायों की संकीर्ण दीवारें तोड़ डाली थीं। व्यक्तिगत रूप से यदि कोई किसी धर्म को स्वीकार करता है, उसमें कुछ नहीं लेकिन धर्म परिवर्तन करने के लिए संगठित संस्थाओं और प्रचारकों को भेजना धार्मिक कलह को बढ़ाना है। यदि मेरा धर्म सर्वश्रेष्ठ है तो इसका अर्थ हुआ कि शेष अन्य सभी के धर्म हमसे हीन हैं। यह एक प्रवंचना है। गांधी ने इसीलिए कई ईसाइयों के तीव्र अनुरोध पर भी उन्हें हिन्दू बनाने से यह कहकर इन्कार किया कि एक सच्चा ईसाई सच्चा हिन्दू है। अतः धर्म परिवर्तन व्यर्थ है। हमारे वेद में तो कहा ही गया है- "एकं सद्विप्ता बहुधा बदन्ति एकं देवों बहुधं कल्पयन्ति।"

धार्मिक विग्रह को दूर करने के लिए जैसे धर्मों का सहअस्तित्व, धर्मों के प्रति समभाव आवश्यक है, उसी प्रकार संस्कृतियों के संघर्ष के लिए हमें सामाजिक संस्कृति या वैश्विक संस्कृति का विकास करना होगा। भारत तो संस्कृतियों का संगम है ही। यह आर्य-अनार्य, शक-शीथियन, गुर्जर, प्रतिहार, यवन, मुगल, आंग्ल आदि अनेक संस्कृतियां आयी हैं और हम एक-दूसरे के प्रति सहिष्णु बने रहे, इसलिए हम भी हमारी संस्कृति-समृद्धि सबसे अधिक है। विश्व का ऐसा कोई देश नहीं जहाँ इतने धर्म, इतने सम्प्रदाय, इतनी भाषाएं, इतने प्रकार की वेश-भूषा, खान-पान हों। यदि कभी कुछ कलह होते हैं तो यह आश्चर्य नहीं, हम साथ-साथ शांति से एवं सहजीवन से रहते हैं, यही हमारा गौरव है।

सामाजिक जीवन में अभियोजन शायद सबसे महत्व का है। हर व्यक्ति की अपनी अभिरुचि, अपनी इच्छा और अपनी जीवन-शैली होती है। लेकिन निरपेक्ष होकर उसका संपादन नहीं कर सकता। उसे दूसरे की भी अभिरुचि आदि का ख्याल रखना होता है। इसके लिए सहिष्णुता आवश्यक है, सहिष्णुता के बिना परस्पर अभियोजन असंभव है। थोड़ी-सी सहिष्णुता के द्वारा हम दूसरे के हृदय में स्थान एवं सहानुभूति प्राप्त करते हैं और वह भी हमारे किसी कर्म के लिए सहिष्णुता प्रदर्शित करता है।

मनोविश्लेषण की दृष्टि से मनुष्य स्वाभाविक रूप से अपने अहं और अपनी इच्छा की पूर्ण संतुष्टि चाहता है फिर जब उसमें अवधान या प्रतिरोध होता है तो उससे वह विमुख होता है, लेकिन यह मात्र लाभ-हानि पर निर्भर है।

4 साम्प्रदायिकता : सांस्कृतिक मूर्च्छा का रोग

साम्प्रदायिकता को लेकर इन दिनों हमारे देश में कई प्रकार के विचार उभर रहे हैं और उनमें ईमानदारी से मौजूदा परिस्थितियों तथा उसके नतीजे में पैदा हुए गंभीर संकट को समझने की चेष्टा दिखाई देती है। प्रस्तुत है इसी तरह के एक दृष्टिकोण से लिखा गया यह आलेख।

'पूर्णाहुति' के प्रथम खंड में गांधीजी के सचिव प्यारेलालजी ने 'साम्प्रदायिक त्रिकोण' की चर्चा करते हुए माना है कि सम्प्रदायवाद किसी राजनीतिक नाम से चलाया जाने वाला धार्मिक संघर्ष या धर्म की आड़ में चलाया जाने वाला कोई आर्थिक संघर्ष नहीं था। वह तो केवल विचारों की गड़बड़ का ही परिणाम था जो ऐसे वर्गों में हुआ ही करता है, जो राजनीतिक सत्ता के लिए खेल खेलते हैं और इन विचारों को तोड़-मरोड़कर अपने स्वार्थ के लिए दुरुपयोग करते हैं। अंग्रेजों के आने के पहले धार्मिक मतभेद एवं साम्प्रदायिक झगड़े कभी हो जाया करते थे, लेकिन समूचा चित्र विचारधाराओं के संगम और समन्वय का ही था। मुस्लिम शासकों के हिन्दू सेनापति और सलाहकार रहते थे, जिन पर उनको विश्वास एवं गर्व होता था। उसी तरह हिन्दू शासकों के मुसलमान मंत्री, सेनापति एवं सलाहकार रहते थे। यही नहीं मुस्लिम और हिन्दू राज्यों के राज्यसंघ भी थे। सूफियों के कई उदार आंदोलनों में दोनों समुदाय के लोग, साधु-संत एवं फकीर-औलिया शामिल होते थे। उर्दू भाषा भी तो इसी प्रकार फारसी और संस्कृत से निकली बोलियों के सम्मिश्रण से बनी है। कितने ही मुसलमान कवि हुए हैं जिन्होंने हिन्दी, अवधी, ब्रज आदि भाषाओं में कृष्ण और राम पर भक्ति से ओत-प्रोत कविताएं लिखी हैं। बाबर से बहादुरशाह तक गोवध बंदी थी। हैदर अली एवं टीपू सुल्तान के समय में गोवध करने वालों के सजा में हाथ काट दिए जाते थे। बाबरनामा और औरंगजेब की मशहूर पुस्तक 'अदबे-आलमगीरी' एवं 'सकात आलमगीरी' में मुगल बादशाहत में गोवध बंदी का जीवंत सबूत है। संक्षेप मे सत्ता की लड़ाई में जनता में अलगाव नहीं आया था। सत्ता की लड़ाई में तो खुद औरंगजेब ने अपने भाई का कत्ल किया और बाप को कैदखाने में रखवाया। उधर, बाबर से सिकन्दर लोधी, हुमायुं से शेरशाह और राणा प्रताप से मानसिंह भिड़े। निष्कर्ष यह कि भारत की संस्कृति सामाजिक रही है। यही कारण है कि शासन और सत्ता साम्प्रदायिक सद्भाव का कुछ

बिगाड़ नहीं सकी। इस सच को ध्यान में रखकर अंग्रेजों ने साम्प्रदायिक-त्रिकोण के अन्तर्गत रोमन बादशाहत की 'फूट डालो और राज करो' की नीति को अपनाया, जिससे विघटन की वृत्ति का जन्म हुआ। इसी ने उनके शासन की नींव मजबूत की।

आज पुनः सत्ता की राजनीति हिन्दू कार्ड और मुस्लिम कार्ड के खेल में हमारी परम्परागत सामाजिक संस्कृति को समझ नहीं पा रही है। सामाजिकता कोई आदर्शवाद या गांधीवाद की सनक नहीं, यह तो हमारे राष्ट्र के अस्तित्व के लिए एक अनिवार्यता है। जिस देश में अल्पसंख्यक के रूप में इंडोनेशिया के बाद सबसे ज्यादा यानी लगभग 14 करोड़ मुसलमान हों, सवा करोड़ जैन हों, कुछ पारसी एवं बौद्ध हों, वहां हिन्दू राष्ट्र की बात भारत विभाजन का प्राक्कथन है। इसका अर्थ यह नहीं कि हिन्दू भाई-बहन हिन्दू धर्म की उपेक्षा करें। हिन्दू धर्म हिन्दुओं के लिए माता के समान है, जिससे उसका जुड़ना स्वाभाविक है। हजार दुष्टों से अधिक मूल्यवान एक आदर्श एवं अच्छा हिन्दू बनना है। यहां की नियति सामाजिकता में है, इसलिए हिन्दू धर्म के महान् शिरोमणि स्वामी विवेकानंद ने उद्घोष किया था कि 'भारत को इस्लामी शरीर एवं वेदान्ती मस्तिष्क' के बीच समन्वय करना होगा। मुस्लिम भाइयों को भी समझना होगा कि इस्लाम के नाम पर बने तथाकथित इस्लामी मुल्कों में लोकतंत्र एवं व्यक्तिगत स्वातंत्र्य की स्थिति अत्यंत दयनीय है। भारत में चाहे लूला-लंगड़ा हो, लेकिन लोकतंत्र प्राणवान है। असल में वीर सावरकर जैसे देशभक्त ने भी 'हिन्दू राष्ट्र' की बात कर सम्पूर्ण भारत के सच को भुला दिया, उधर जिन्ना साहब एवं मुस्लिम लीग ने अंग्रेजों की शह पाकर 'हिन्दू राष्ट्र' के मुकाबले 'मुस्लिम राष्ट्र' के रूप में पाकिस्तान का सपना रखा।

साम्प्रदायिकता भारत का एक राष्ट्रीय रोग है। वह मूलतः एक सांस्कृतिक संकट है। राजनीति के स्तर पर साम्प्रदायिकता से जिनको लड़ना हो लड़ें, लेकिन वे भी कहीं प्रति-साम्प्रदायिकता के मकड़जाल में न फंस जाएं। उदाहरणस्वरूप हमें हिन्दू साम्प्रदायिकता से लड़ने में मुस्लिम साम्प्रदायिकता को हरगिज प्रत्यक्ष या परोक्षरूप से प्रोत्साहन नहीं देना चाहिए। स्वतंत्रता के बाद भारत की सबसे बड़ी पार्टी कांग्रेस ने ऐसी कई गलतियां की हैं, जिससे मुस्लिम साम्प्रदायिकता को प्रश्रय मिला है। शाहबानो के मामले में सर्वोच्च न्यायालय के प्रगतिशील फैसले को संसद से उलटवा देना और बिहार में मुस्लिम वोट बैंक के लिए उर्दू को द्वितीय राजभाषा बनाना आदि कई ऐसे गलत काम हुए हैं जिनसे हिन्दू साम्प्रदायिकता बढ़ी है।

देश में यदि साम्प्रदायिकता जहर है तो जातिवाद की राजनीति भी कम जहरीली नहीं है। सामाजिक न्याय के नाम पर बिहार और उत्तरप्रदेश आदि में जातिवाद की राजनीति का राक्षस सशक्त हुआ है। सम्प्रदायवाद यदि भारत को 5-6 खंडों में विभाजित कर सकता है तो जातिवाद तो सैकड़ों टुकड़ों में भारत को तोड़ सकता है। सामाजिक

न्याय से हमें विरोध नहीं होना चाहिए। दलित उत्थान या अन्त्योदय ही सर्वोदय का आरम्भ है, लेकिन सम्प्रदायवाद से लड़ने के लिए जातिवाद से समझौता करना घातक होगा। अत: हमें एक-साथ सम्प्रदायवाद एवं जातिवाद दोनों को देश की अखंडता एवं इसकी सामाजिक संस्कृति का विनाशक समझना और समझाना होगा। मंडल की काट कमंडल हो सकता है लेकिन देशहित में जातिवाद एवं सम्प्रदायवाद दोनों गलत हैं।

सम्प्रदाय का विरोध राजनीतिक स्वरूप में आए तो वह एकपक्षीय एवं जातिवाद या भ्रष्टाचार का हरगिज समर्थक न हो। बिहार में लालूप्रसाद यादव द्वारा आयोजित 'भाजपा भगाओ, देश बचाओ' के महारैली की चोट सम्प्रदायवाद पर इसलिए नहीं पड़ सकी क्योंकि इसका आधार अपनी सत्ता बचाना था। इस रैली को सफल बनाने के लिए जितने प्रकार के भ्रष्ट काम संभव थे सब हुए। इससे भाजपा की शक्ति छंटने के बजाए बढ़ी ही ।

सम्प्रदायवाद से जूझने के लिए राजनीतिज्ञों को, राजनीतिक हथकंडा अपनाना या चुनाव में शिकस्त देना, शोभा देता है, लेकिन सर्वोदयवालों का स्वधर्म अलग है। राजनीतिक हथकंडे के रूप में भ्रष्टाचार, हिंसा, गलत पैसे जमा करना आदि, के अतिरिक्त चुनाव-चक्र है। सर्वोदय के कार्यकर्ताओं की एक मर्यादा एवं सीमा है। चुनाव-चक्र में सम्प्रदाय, जाति, पैसे एवं माफिया के साथ समीकरण बिठाना पड़ता है। यदि सर्वोदय के लोकसेवक इस स्तर पर चुनाव में काम करेंगे तो व न सर्वोदय सिद्धान्त पर रह सकेंगे, न लोकसेवक ही रहेंगे। यह हमारा क्षेत्र नहीं है। इन हथकंडों का इस्तेमाल करना सर्वोदय विचार और आचार की आत्महत्या करना है।

मतदाता शिक्षा हमारा जन्मसिद्ध अधिकार है, हमें इसका भी प्रशिक्षण लेना पड़ेगा। राजनीतिक दलों के कार्यकर्ता जिस प्रकार मिथ्या एवं पाखंड का आधार लेते हैं, वह करना सर्वोदय के लिए अभीष्ट नहीं है। मतदाता शिक्षा हमारा तात्कालिक एवं स्थायी कार्यक्रम होना चाहिए, लेकिन हमारा मुख्य कार्य विचार क्रान्ति एवं सांस्कृतिक क्रान्ति है। राष्ट्रीय स्वयंसेवक संघ को देखिए, जब उन्होंने गत 85 वर्षों में साधना की तो लाखों कार्यकर्ता मिले एवं करोड़ों लोगों को अपने विचारों का समर्थक बनाया। हजारों सरस्वती विद्या मन्दिर स्थापित किए और अन्य संगठन भी बनाए। हम ने भी यदि ग्राम स्वराज्य बनाए होते तो आज दूसरी परिस्थिति होती। ग्राम स्वराज्य तो दूर की बात यदि हम गांव-गांव में ग्राम शांति सेना का संगठन किए होते तो आज सम्प्रदायवाद एवं जातिवाद का भूत नाचता नहीं। लेकिन हम लोग अपने स्थायी और कुछ कठिन काम को भूलकर राजनीतिक प्रवाह में पड़ जाते हैं। इसलिए न हम राजनीति पर असर डाल पाते हैं न अपनी आधारभूत निष्ठा के साथ न्याय पर पाते हैं। हमें तो अभी सांस्कृतिक जागरण, विचार क्रान्ति का सार अपनाना होगा। आचार्यकुल हर शिक्षण संस्था में हो

एवं हर गांव में ग्राम शांति सेना खड़ी हो तो साम्प्रदायिकता का सही एवं स्थायी इलाज होगा। कहा जाता है कि साम्प्रदायिकता का समाधान करने के लिए हमें धर्म एवं धार्मिकता से ऊपर उठना होगा। मार्क्स ने तो धर्म को अफीम का नशा कहा है।

इसमें सच्चा धर्म विशुद्ध मानव प्रेम है। बादशाह खान ने कहा है कि 'मुहब्बत ही मजहब है।' मुहम्मद इकबाल ने भी कहा है कि 'मजहब नहीं सिखाता आपस में बैर रखना।' मनु ने धर्म के जो दस लक्षण बताए हैं उनसे किसी का विरोध नहीं हो सकता। लेकिन धर्म के नाम पर धार्मिक कट्टरतावाद या संकीर्णता सचमुच धर्म के नाम पर कलंक है। अपने ही धर्म को सर्वश्रेष्ठ मानने का अर्थ है कि दूसरे धर्म हीन हैं। यह व्यर्थ का कुत्सित अहंकार है। सभी धर्मों की बुनियादी एकता तो है ही, साथ-साथ सभी धर्मों के मूल में सत्य, प्रेम, दया, त्याग, सेवा ही है। इसलिए यह ठीक है कि हम अपने-अपने धर्म के नियमों का निष्ठापूर्वक पालन करें लेकिन दूसरे धर्म से विरोध, उसके प्रति वैमनस्य या घृणा के भाव गलत हैं। वह धर्म नहीं अधर्म है। इसी दृष्टि से धर्म परिवर्तन भी यदि व्यक्तिगत रूप से स्वेच्छापूर्वक होता है तो उसमें कोई विरोध नहीं। लेकिन सामूहिक रूप से संस्था एवं संगठन बनाकर धर्म परिवर्तन करना गलत है जिस प्रकार राजनीतिक क्षेत्र में सह-अस्तित्ववाद चलता है उसी प्रकार धर्म के क्षेत्र में सह-अस्तित्व को प्रतिष्ठित करना चाहिए। यह तभी हो सकता है जब हम सभी धर्मों के प्रति समान आदर का भाव रखें। रवीन्द्रनाथ ने इसलिए साम्प्रदायिक धर्मों के बदले एक मानव धर्म की बात कही थी। स्वामी विवेकानंद ने भी सार्व भौम धर्म की कल्पना रखी थी, जिसमें सभी धर्मों के विशिष्ट गुणों के समन्वय की बात थी। हिन्दू धर्म की सात्विकता एवं त्याग, इस्लाम का मातृत्व एवं समानता, ईसाइयत की सेवा-भावना, बौद्ध धर्म की करुणा, जैन धर्म की अहिंसा किसी एक धर्म की नहीं बल्कि सबो की निधि है। धर्म तो भारत का भी मिशन है। इसलिए राजनीति, अर्थनीति, साहित्य यानी सब कुछ धर्माधारित माना जाएगा। इसीलिए धर्महीन राजनीति को गांधीजी ने जहर के समान माना था। इसलिए धर्मों का सही अध्ययन आवश्यक है। अगर धर्म के मानवनिष्ठ स्वरूप को हर शिक्षण संस्था में पाठयक्रम में रखकर पढ़ाया जाए तो सम्प्रदायवाद स्वयं ही विदा हो जाएगा।

5 हिन्दू जीवन-शैली की वर्णमाला

राष्ट्रीय स्वयंसेवक संघ के सर संघ संचालक श्रद्धेय सुदर्शन जी का एक गर्वोन्नत वक्तव्य देखा कि "हिन्दू जीवन-शैली विश्व का मार्ग-दर्शन करेगी।" लगा कि यह तो मनुस्मृति की ही वाणी का प्रगल्भ उच्चार है-

"एत्तदेश प्रसूतस्य सकाशदग्र जन्मनः।
स्वय स्वय चरित्रं शिक्षेरेण पृथिव्यां सर्वमानवाः।"

लेकिन जब 1893 ई० में शिकागों में आयोजित विश्व धर्म-संसद में हिन्दू धर्म के एक अनामंत्रित प्रतिनिधि की ओर से स्वामी विवेकानन्द ने व्याख्यान दिया तो उसमें भाव की ओजस्विता भले ही थी लेकिन वाणी की विनम्रता थी। उन्होंने कभी अपने धर्म को 'सर्वश्रेष्ठ' नहीं कहा, बल्कि ऐसा कहने में उन्होंने अहंकार एवं अस्वस्थ धार्मिक प्रतिद्वन्द्विता का कारण बताया। यह दुर्भाग्य है कि हमें जो धर्म "धृति, क्षमा, दम, इन्द्रियनिग्रह", "बिस्मिल्लाहेरहिमने रहीम" या "गरीब धन्य हैं, भगवान उन्हीं को भरेंगे" आदि सिखता हो उस धर्म के नाम पर विश्व-इतिहास के लगभग 66 प्रतिशत युद्ध हुए हों और आज भी मध्य पूर्व, रूस, भारत-पाक आदि देश उसके शिकार हैं। लगता है, सर मुहम्मद इकबाल की भावना केवल भावना ही थी- "मजहब नहीं सिखाता आपस में बैर रखना।" समकालीन दार्शनिक डॉ० राधाकृष्णन ने भी "हिन्दू जीवन दृष्टि" पर अपने व्याख्यानों को पुस्तक का रूप दिया, वहाँ भी गर्वोन्नत वाणी का स्पर्श नहीं यद्यपि हिन्दू जीवन-दर्शन के लिए सशक्त प्रतिरक्षात्मक तर्क हैं। महात्मा गाँधी जी ने सनातन हिन्दू धर्म के प्रति अनी आसक्ति प्रदर्शन करने में पराकाष्ठा दिखा दी जब उन्होंने सनातन धर्म से वही सम्बन्ध बताया जैसा एक शिशु अपनी माता के वक्षस्थल से अमृतोपम दुग्ध का पान करके पाता है। लेकिन उनकी वाणी में कभी अहंकार नहीं आया। लगता है निष्ठा की अभिव्यक्ति और विनम्रता में कोई आत्मविरोध नहीं है। अपने पंथ, धर्म या विचार को श्रेष्ठ कहने में अभियान की अभिव्यंजना तो है ही, मनोविज्ञान के सिद्धांत के अनुसार उससे हीनता की ग्रंथि भी स्पष्ट हो जाती है। हाँ, इसमें सत्यांश है कि हिन्दू अपने को हिन्दू कहने में चूंकि संकोच का अनुभव करते थे, उसके प्रतिकारस्वरूप 'गर्व से कहो हम हिन्दू हैं' का नारा प्रचलित किया गया। वैचारिक रूप

से देखें तो यदि हम अपने धर्म को सर्वश्रेष्ठ मान लें तो इसका अभिवार्थ यही हुआ कि शेष धर्महीन हैं। अब यह विचार सर्व-धर्म-समभाव या "सभी धर्मों की बुनियादी एकता" के सिद्धान्त का खंडन तो है ही, व्यावहारिक रूप से ऊँच-नीच के भेद-भाव की जननी है। फिर सत्य के भी अनेक रूप होते हैं। उसके अनन्त आयाम होते हैं- "अन धर्मात्मकै वस्तु:" फिर हम यह माने कि सत्य को जानने का एकाधिकार हमें ही है तो यह भी मिथ्या अहंकार है। अत: ज्ञानदृष्टि से भी हम अपने को सर्वश्रेष्ठ न कहें, तो विनम्रता के साथ सत्य की भी मर्यादा रहती है।

इस सम्बनध में एक प्रश्न "हिन्दू" शब्द की व्युत्पत्ति से है जिस पर ऐतिहासिक रूप से ध्यान तो देना चाहिए लेकिन उसके खींचतान की आवश्यकता नहीं। 'हिन्दू' शब्द आधुनिक समय में इतना प्रचलित हो गया है कि इसके प्रयोग के प्रति कोई दुराग्रह नहीं होना चाहिए।, हाँ इसके प्राचीन अधिक गंभीर पर्यायवाची शब्द जैसे "वैदिक धर्म", "सनातन-धर्म" "आर्य-धर्म" आदि के भावार्थ और शब्दार्थ समझना चाहिए।

यह तो स्पष्ट है कि "हिन्दू" शब्द फारसी के "सिन्धु" से आया है क्योंकि फारसी में 'स' का उच्चारण 'ह' से होता है। लेकिन फारसी में "हिन्दू" का शब्दार्थ "चोर, बदमाश" है, गलत है। फारसी और अरबी भाषा में हिन्दू के मायने भौगोलिक अर्थ है। संस्कृत में संत विनोवा ने "हिन्दू" शब्द की एक मनोरम व्याख्या कर दी- "हि"=हिंसा, "दू"=दूर, यानी जो हिंसा से दूर रहता हो, वह हिन्दू है। सच तो यह है कि चारों वेदों एवं लगभग सभी प्रमुख उपनिषदों, गीता और महाभारत यहाँ तक कि मनुस्मृति में "हिन्दू" शब्द का उल्लेख नहीं है। फिर भी चूंकि यह प्रचलित हो गया है और इसके पीछे गौरमय इतिहास भी है, अत: यह विवाद का विषय बनाना बेकार है। भाषा और संस्कृति विंध्याचल की तरह जड़ नहीं बल्कि गंगा की तरह गतिशील एवं प्रवाहमान है। आज अंग्रेजी भाषा, अंग्रेजी वेशभूषा, अंग्रेजी खेल क्रिकेट आदि को हम अपनाते जा रहे हैं, आदि, आदि। इस संदर्भ में एक पादटिप्पण और है कि "हिन्दू है कौन? क्या इसकी भौगोलिक या ऐतिहासिक परिभाषा दी जाये या धार्मिक या सांस्कृतिक? यह सचमुच एक कठिन कार्य है। जो आस्तिक यानी ईश्वर के अस्तित्व में विश्वास रखता है, वह भी हिन्दू, जो नास्तिक है वह भी हिन्दू। इस प्रकार चार्वाक, जैन, बौद्ध, सांख्य, मीमांसा तो जगत:कर्त्ता ईश्वर को नहीं मानते। साथ-साथ अद्वैत वेदांत के अनुसार "ईश्वर" भी माया है। यानी जगत्कर्त्ता ईश्वर को भी वे सत्य नहीं मानते। "ब्रह्म सत्यं जगन्मिथ्या।" इसी प्रकार भले ही मनुस्मृति के अनुसार "नास्तिको वेद निन्दक:" कहा गया हो लेकिन लोकायत-चार्वाक तो "त्रयोवेदस्य कर्त्तार: भंड भूत निशाचरा:" तथा वेदों को "धूर्त्त प्रलापस्त्रयी" कहते हैं। जैनों के आगम वेदों से सर्वथा स्ववतंत्र तथा बौद्धों के त्रिपिटक भी अलग हैं। इसी प्रकार मोक्ष की कल्पना एवं धारणा में भी भिन्नता है

तथा मोक्ष मार्ग तो अलग-अलग हैं ही। जो ज्ञान मार्ग मानते हैं, वे भी हिन्दू, जो उसका विरोध करते हैं, वे भी हिन्दू। जो ज्ञान, भक्ति, कर्म किसी को या सबो को औपनिषदिक जीवनादर्श या जीवन-मूल्य मानते हैं वे भी हिन्दू कहलाते हैं। इतनी स्वतंत्रता अथवा भिन्नता तो कहीं दीखती नहीं। संक्षेप में, न कोई एक केन्द्रित ग्रंथ है, न एक खास स्वरूप ईश्वर, न एक मोक्ष मार्ग, फिर भी हिन्दू एक हैं। इन भिन्नताओं में अभिन्नता ही हिन्दू धर्म का सौंदर्य है। इस विभिन्नताओं को एकत्व प्रदान करने वाला तत्व है इसकी व्यापकता या सर्व-समावेशकता।

ऋग्वेद के "नासदीय-सूक्त" में चरम तत्व को जिस प्रकार सत्, असत्, सत्-असत् एं "न सत्-न असत्" से भी भिन्न कहा जाना या फिर यजुर्वेद के पुरुष-सूक्त में सहर्षशीर्ष, सहस्त्रमुख, सहस्त्रनेत्र आदि की कल्पना है या फिर त्रिमूर्ति, विश्वेदेवा, आदि की अवधारणा है, उससे तो केवल "एकत्व" का दर्शन होता है- "एकं सत् विप्राः बहुधा वदन्ति। एकं देवो बहुधा कल्पयन्ति।" असल में हमारे ऋषियों की मनीषा में कोई संकीर्णता या तुच्छता थी ही नहीं। इसीलिए तो हमारा वैदिक औपनिषदिक जीवनादर्श या जीवन मूल्य था "भूमा"। "यो वै भूमा न अन्य सुखम्।" भूमा में सुख है, अल्प में नहीं। इसीलिए संकीर्णताओं का परित्याग करना हमारा पाठ रहा है-

त्यजदेकं कुलस्यार्थे ग्रमस्यार्थे कुलं त्यजेत।
जनपदस्यार्थे ग़ामं, आत्मार्थे पृथ्विनाम्।।

यानी चाहे हमारा धर्म हो या हमारी राष्ट्रीयता, हमारी दृष्टि एवं निष्ठा सदा-सर्वदा वैश्विक रही है। "अयं निजः" तो हमारी वर्णमाला में ही नहीं है। हमारा मंत्र "वसुर्धव कुटुम्बकम्" या "जय जगत्" है। अथर्ववेद में पृथ्वी-सूक्त का मंत्र ही है- "माताभूमिः पुत्रोहं पृथिव्याः। ध्वजारोहण के समय भी हम गाते रहे "देश विजय की नहीं कामना आत्मविजय है इष्ट। इससे ही उसके चरणों में नत होता संसार।।"

हर देश का अपना मिशन होता है। प्राचीन रोम का मिशन साम्राज्य-विस्तार था, यूनान का मिशन ज्ञान-प्राप्ति एवं मिश्र पिरामिड बनाकर मृत व्यक्ति को भी अमर बनाना चाहता था। लेकिन भारत का मिशन धर्म का विस्तार था- "धर्म संस्थापनार्थाय संभवामि युगे-युगे।" धर्म का मतलब मानव-धर्म है, धर्म का अर्थ नीति-धर्म है, मनु का "दशकम् धर्म" है। संक्षेप में, वैश्विक धर्म, वैश्विक राष्ट्रीयता, वैश्विक संस्कृति, यही हमारी पहचान थी। आज जब हम मंगल और चन्द्रमा पर बसने की बातें कर रहे हैं तो संकीर्ण पंथ या संकीर्ण राष्ट्रीयता की बात सोचना अपने ही आदर्शों का परित्याग करना है। आज तो एक विश्व सरकार, एक "सार्वभौम धर्म" (विवेकानन्द) एवं विश्व अर्थव्यवस्था से कम की बात सोचना ही प्रतिगामी चिंतन का प्रमाण है। इसका अर्थ

नहीं कि हम अपना अस्तित्व या अपनी अस्मिता को भूल जायें लेकिन आक्रामक धर्म दृष्टि एवं आक्रामक राष्ट्रीयता कभी हिन्दू दृष्टि नहीं हो सकती। ऋग्वेद में वर्णित "एकं सत्" को विविधाओं के बीच एकता को ही प्रकारान्तर से जैनों ने "अनेकांवाद" के द्वारा एवं बौद्धों ने "मध्यम प्रतिपदा" के रूप में बताया है। मध्य मार्ग अतिरंजित या एकांगी नहीं होता, इसीलिए "मध्यम अभयम्" माना गया है। "एकता" यदि भारतीय दृष्टि की वर्णमाला का ह्रस्व है तो "विविधता" इसका दीर्घ है। विविधतायें ही भारतीय जीवन की मांसल काया है। इसे चाहे दर्शन में देखें या धर्म या पंथ में। रूप-रंग में देखें या कला या संस्कृति में। अतः विविधताओं की कीमत पर एकता की बातें अयथार्थ हैं। अतः सच्चे हिन्दू जीवन-शैली समग्रता की भारतीय जीवन शैली है। चाहे काव्य को देखें या कला को, स्थापत्य को या दर्शन को, यहाँ के जीवन में अद्‌भुत समन्वय है। ईश्वर तत्व को ही लें- उपनिषद् में "ईशावास्यमिदं सर्वम्" या "सर्वं खलु इदं ब्रह्म" या "सियाराममय सब जग जानी" की हिन्दू भावना से कुरानशरीफ के लाइल्लाहिअललिल्हाह" या मंसूर के "अनहलक" या बाइबल के प्रथम उपदेश कि "एक ही ईश्वर है", में बुनियादी एकता है बल्कि हिन्दू दर्शन में तो अनेकानेक विभेद हैं। यहाँ सांख्य का द्वैत, वैशेषिक का बहुत्ववाद और शंकर का अद्वैत है। यदि चार्वाक का भौतिकवाद है तो वेदान्त का प्रत्ययवाद, न्याय-वैशेषिक का परमाणुवाद एवं सांख्य का विकासवाद। एक वेदान्त के अन्तर्गत यदि शंकर का अद्वैत है तो रामानुज का विशिष्टाद्वैत, मध्व का द्वैतवाद, निम्बार्क का द्वैताद्वैत, बल्लभ का शुद्धाद्वैत, श्रीकंठ का अचिंत्याद्वैत आदि अनेको हैं। असल में विचारों की स्वतंत्रता और आचरण का सयंम हमारा चरित्र रहा है। काव्य की साधना में सैकड़ों मुस्लिम कवि हुए हैं जिन्होंने हिन्दू देवों- राम, कृष्ण एवं शिव पर भावपूर्ण रचनायें लिखी हैं। स्वयं हिन्दी भाषा के आदि संस्थापक प्रणेताओं में अमीर खुसरो का नाम हिन्दी साहित्य में आदर से लिया जाता है। रहीम का रामायण-भक्ति रसखान की कृष्ण-भक्ति की तुलना में तुलसी एवं सूर के सिवाय बैठने की कौन हिम्मत कर सकेंगे? संगीत में हिन्दू-मुस्लिम का ताना-बाना ऐसा बुना हुआ है कि दोनों को अलग किया ही नहीं जा सकता। खेल हो या हुनर दोनों में हिन्दू-मुस्लमान को भारत और पाकिस्तान के बीच विभाजन रेखा खींचना दुस्तर है। इसलिए जब हिन्दू दृष्टि या हिन्दू जीवन शैली की बात हो तो उसे अपने प्रांगण में अपनी बीच आध्यात्मिक और नैतिक हिन्दुत्व को सशक्त करने तथा अपने बीच के अंधविश्वास, रूढ़िवादिता आदि पर प्रहार करने के लिए करना अधिक उपयोगी होगी और मुस्लिम, ईसाई, सिख, जैन एवं बौद्ध पृथकतावाद को बढ़ावा देने का अवसर नहीं मिलेगा। जहाँ अनेक धर्म के लोग एक-साथ रहते हैं, वहाँ बहुसंख्यक समाज की जिम्मेवारी अधिक होती है। वहाँ यदि बहुसंख्यक अपने संगठन, शक्ति, सामर्थ्य और पृथक अस्तित्व पर जोर देते हैं तो अल्पसंख्यकों के मानस में आशंका, भय एवं आतंक पैदा होना स्वाभाविक है। इसका कभी यह अर्थ

नहीं कि हिन्दू दूसरों का तौर-तरीका, खान-पान, रस्म-रिवाज अपना लें। हिन्दू समाज में भी तो इन बातों मे एकरूपता नहीं रहती।

संक्षेप में हम कह सकते हैं कि हिन्दू जीवन शैली का प्राण समन्वय और सामासिकता है। इसके बिना हिन्दू जीवन शैली की कल्पना हो ही नहीं सकती क्योंकि चाहे धर्म-दर्शन हो या साहित्य-संगीत, हम कोई एक वृत्त के अन्दर हिन्दू या हिन्दुत्व को रख नहीं सकते। इतिहास साक्षी है कि प्रारम्भ में निषाद, किरात, द्रविड़ अनार्य, शक, शीथियन, गुर्जर, प्रतिहार, पठान, मुगल, ईसाई, पारसी आदि न जाने कितने इस महासागर के बीच आये और सब मिलकर एक हो गये। स्वामी विवेकानन्द ने तो इसीलिए 'इस्लामी काया और वेदान्ती मस्तिष्क' की एकता में ही भारत का भविष्य माना था। हिन्दू जीवन-शैली का अर्थ है- आध्यात्मिकता की गहराई, सात्विकता का आवेष्ठन, त्याग का आचरण, सेवा का आदर्श, वसुधैव कुटुम्बकम् की भावना और नैतिकता की जीवन शैली। अध्यात्म हिन्दू जीवन-शैली का अर्थ और ऊँ है तो निष्काम कर्मयोग। इसका वैभव, भक्ति इसका अमृत-रसायन है तो योग-साधना इसका अक्षय कवच और कुंडल। सत्ता और सम्पत्ति इसका वैभव नहीं, आत्मशुद्धि एवं समाज-सेवा इसका जीवन है- "आत्मनो मोक्षार्थं जगत् विहाय च।"

6 फसाद और जेहाद

यह दुर्भाग्य है कि बिल इस्लाम शब्द का शाब्दिक अर्थ "शांति" है। इस्लाम वालेकम-वालेकम सलाम), जिसके पवित्र धर्मग्रंथ कुरान शरीफ भी हर आयत "विष्मिलिहपूर रहीमाने रहीम" से आरम्भ है। (भगवान ध्यावानों के ध्यावान हैं) उल इस्लाम धर्म को आज हिंसा, आत्मं और जेहाद का पर्याय माना जा रहा है। पाश्यात्य विचारकों ने तो इस्लाम ईषाइयत-सभ्यता संघर्ष को बेहद उछाला है जबकि धर्मयुद्ध (कुषेउ) कि अवधारणा ईषाइयत में ऐतिहासिक दृष्टि से पहले आयी। यों तो वैदिक (हिन्द) धर्म में भी "धर्म संस्थायनाय संभवाति युगे-युगे" सुनते रहे हैं। आज उलटों भी बात छोड़ें यहाँ तक कि मुस्लिम-मानसिकता को यह विश्वास नहीं होता कि इस्लाम शांति का धर्म है और जेहाद के नाम पर हिंसक से हिंसक घटनाओं को अंजाम देने के लिए "जिहादी" बने जेहादी संगठनों में शामिल होने में इस्लाम की निष्ठा मानते हैं। यह सही है कि आधुनिक युग से जगत प्राय: युग की मुख्य धारा से नहीं जुट पाते हैं और वे अलग-अलग होकर द्वितीय प्रेरित के वाशिन्दे के समान ही रहे हैं। इससे उनमें पृथकता का भाव आना स्वाभाविक है, फिर भी उनके आक्रोश एवं हिंसक भावों का उदय होगा ही। यह कहना कि सभी के सभी मुस्लिम हिंसा प्रवत्त, आतंकी और जेहादी हो जाते हैं, गलत है। लेकिन यह भाव बना होगा कि बहुसंख्यक मुस्लिम समाज भले ही हिंसक-प्रवृत्तियों में शामिल नहीं होते लेकिन यह भी सही है कि अल्पसंख्यक मुस्लिम समाज के हिंसक कृत्यो भी नव रक्षक का निन्दा करते हैं, न उनको मानसिक रूप से बहिष्कृत मानते हैं। इस दृष्टि से सम्पूर्ण मुस्लिम समाज भी कलंकित हो जाता है जिसे मुस्लिम समाज के धार्मिक साम्प्रदायिक और तथाकथित धर्म निरपेक्ष नेता बनाने में जिम्मेदार हैं। यह ठीक है कि चाहे मध्यपूर्व के फिलस्तीन, इजराइनल, लेबवान, रूस में, चेचनिया, भारत में कश्मीर आदि का सवाल हो यहाँ जब उनके साथ जुल्म होते हैं और उन्हें लगता है कि वे पराजित एवं अपमानित हुए हैं तो वे सबके सब जेहाद का आह्वान करते हैं और एकमात्र "जेहाद" को ही समस्या का समाधान मानते हैं। यह समस्त मुस्लिम- संसार में भावना फैल रही है- "जेहाद, जेहाद एकमात्र जेहाद।" दुख यही है कि वर्तमान समय के रूस भावना को फैलाने में कथित उनके बुद्धजीवी एवं धार्मिक नेतागण हैं। यही कारवां हैं कि जब एक मुसलमान सख्यि या नसरीना जैसे

लोग इस्लाम की जातिया आतोय करते हैं कि उनको खुलेआम हत्या करने की धमकी दी जाती है। यह सरासर इस्लाम के खिलाफ हैं क्योंकि इस्लाम के मुताबिक उन्हें हत्या और हिंसा करने के बदले बिल्कुल खामोश रहकर जैसा उमर फालक ने कहा है कि उन आसोयनाओं की उपेक्षा करनी चाहिए। आज तो कोई भी क्षेत्रीय या पैसे सम्बन्धी विवाद होता है तो तुरन्त तलवार और युद्ध की बात होने लगती है। जबकि इस्लाम की यह नसीहत दी नहीं है। कुरानशरीफ में रकवा का नाम 3 बार आया है कि पृथ्वी पर पैगम्बर की इन्सान या दया करने के लिए भेजा गया है। (कुरान 21.107)। मुस्लिम मुजाहिदीन चाहे जेहाद कि बात करें लेकिन कुरानशरीफ में "अल्लाह शांति का घर बनाने" (कुरान 1.24) पर ही जोर देते हैं। जो फसाद करता है, वह सबकवादी हो सकता है लेकिन वह मुसलमान नहीं हो सकता क्योंकि अल्लाह कएशा के प्रतीकं हैं। खुद हजरत मुहम्मद साहब के जीवन-चरित्र इसके अनेको उदाहरण हैं। उनकी बीबी आरुसा ने भी साफ बताया है कि जब हजरत साहब के सामने एक नाम सरल-सीधा रखा और दूसरी गरम कठिन और भारी रास्ता अपनाते थे। उन्होंने जिन्दगी में कभी भी अपनी ओर से फौजी कार्यवाही शुरु नहीं की जब भी उनके विद्रोहियों ने उन्हें मुद्दे से वसीटने की कोशिश की तो उन्होंने मरसर उससे बचने की तरकीब निकाली। सुन्ना के मुताबिक इस्लाम के अनुसार कोई भी आक्रामक युद्ध वर्जित है और केवल प्रतिरक्षात्मक युद्ध की ही अनुमति है, वह भी जब कोई दूसरा रास्ता नहीं है। हुजूर के जीवन का इतिहास इतना सबूत हैं कि उन्होंने हर वक्त मगदा, कंकर, फसादं और संघर्ष के बदले शांतिपूर्ण, सुलह का व्यावहारिक रास्ता दिखाया। उदाहरण के तौर पर तत्कालीन मक्का में व्रत पर रखी थी और उस में मूर्तियां थीं। लेकिन काबाको व्रतों से जब कभी साफ करने के बजाय उन्होंने एकेश्रावाद पर केवल शांतिपूर्ण धर्मोपदेश का रास्ता अपनाया, संघर्ष नहीं किया। इसी हरद मक्का में 13 लाख सब रखना धर्म प्रचार करते रहे और वहाँ के हुकमरां कुरैश से लडाई न मोल कर खुद मदीना चले गये ताकि कही जंग न हो। मदीना में भी जब उनका चढ़ाई करने के लिए चढ़ाई हुई तो उन्होंने फिर जंग से बचने के लिए एक सुरंग खोद डाली यह कि दोनों की फोजों को खतरनाक जंग से बचाया जाय। इसी तरह जब हुजूर मक्का शरीफ की तीर्थयात्रा पर कुरैशी नेताओं द्वारा रोक कर सैनिक चुनौती दी जाती तो रुकने के बजाय हुजूर ने अपनी तीर्थयात्रा को छोड कर उनकी शर्तो को मानकर एक शांति संधि कर ली ताकि उनकी जिद रह जाये और लोग जाती-फसादों से बचें। मक्का शरीफ के निर्णायक युद्ध में भी उन्होंने युद्ध कम से कम किया और युद्ध का ज्यादा प्रदर्शन ही किया ताकि प्रत्यक्ष युद्ध से बचा जाये। यही हुआ और उन्होंने कुशलता से कुरैशी पर हावी होकर शांति से मक्का पर फतह हासिल की।

असल में हम जेहाद का सही मायने भी नहीं समझते और जजबाद में हिंसा और

फसाद को अपनाकर जेहाद के नाम गैर-जैहादी काम करते हैं। एक मुजाहित या जेहादी की कहन के मुताबिक की जरूरी शर्तें हैं। (1) मजाहिद खुदा के लिए अपने से संघर्ष करता है (कहन 6/20) वह खुदा के हुक्म को पूरा करने के लिए खुद को मशक्कत में डालता है। (कहन 6/22)

इस्लाम के अनुसार सच्चा जेहाद एक परमसात्विक, भावात्मक और रचनात्मक जीवन प्रक्रिया है जिसमें स्वार्थ और द्वेष, सुविधा और मौज का स्थान नहीं है। इसमें वह अपने अहंकार को पूर्ण शून्य कर सत्यनिका पर आसद रहना पड़ता है। अतः जेहाद भगवान का हुक्म एवं स्वर्ग का भ्रम संदेश है। कुरान शरीफ का वचन भी है- "नास्तिकों के सामने समर्वशा मत करो बल्कि पूरी आत्मा से उससे संघर्ष करो।" (25/52) कहन के वचन में जेहाद के नाम पर किसी भी सैनिक क्रिया का उल्लेख या शारीरिक-संघर्ष या नास्तिकों के साथ संघर्ष का उल्लेख नहीं है। यह संघर्ष आत्मा के स्तर परैद्य सैनिक संघर्ष में भी शत्रु के साथ शांतिमय विकल्प का रास्ता ढूंढने का निर्देश है। अतः परम्परा (सुन्ना) के अनुसार यह जेहाद तो रोज हमारे मन में कौरव-पांडव या राम-रावण के भीतर युद्ध चलता है। इस तरह जेहाद का रास्ता सचमुच शांति और अहिंसा का रास्ता है जैसा इस युग में महात्मा गांधी ने सिखाया है। इसीलिए जेहाद की नये युग में नवी व्याख्या होनी चाहिए और फसाद के बदले अमन और मुहब्बत का रास्ता मानना चाहिए। आज जेहाद के तीन रूप हो सकते हैं-

1. दावाह-जेहादः इसमें ईश्वर की आज्ञा सर्वोपरि है लेकिन मानव के प्रति करुणा एवं प्रेम रहता है। इसीलिए इसको सर्वश्रेष्ठ जेहाद कहा जाता है।
2. जेहाद-नकलः इसमें हम अपने काम, क्रोध, लोभ आदि निषेधात्मक वृत्तियों के साथ संघर्ष का उस पर सयंम बताते हैं। यही ईश्वर की आज्ञा है।
3. जेहाद- जब किसी धर्म विरोधी व्यक्ति से विरोध हो तो शांतिमय ढंग से, बिना सशस्त्र क्रिया के सुलझाने का प्रयास करना चाहिए। अतः जेहाद शांतिमय या संघर्ष है। असल में इस्लाम और फसाद दोनों आत्मविरोधी विचार है। आज के विश्व में तो हिंसा का स्थान ही नहीं है। हिंसा का गतितत्व समाज हो गया है। अतः इस्लामी युद्ध या इस्लामी आतंकवाद बिल्कुल अटपटे हैं क्योंकि इस्लाम के सारे उपदेश शांति पर आधारित हैं। सुन्नी के मुताबिक अल बरवादी में शांति को ही इस्लाम कहा गया है। ह्रदीस शरीफ में साफ कहा गया है। शांति उल्लास की पहली शर्त है। वही सच्चा मुसलमान है जिसका वचन एवं कर्म शांतिमय है। ईश्वर की शांतकार है। इसीलिए कुरान में दैवी आदेश शांति का पथ माना जाता है। (कुरान 5.16) इस्लाम के अनुसार स्वर्ग शांति का ही घर है। इसीलिए समन्वय या समर्यीपता को सर्वश्रेष्ठ माना गया

है क्योंकि उसका परिणाम फसाद एवं संघर्ष से बेहतर होता है। संघर्ष से नहीं, समन्वय से ही सफलता होगी। जहाँ शांति का विकल्प खुला है, वहाँ संघर्ष व्यर्थ है। आक्रमण का उत्तर आक्रमण, क्रोध का उत्तर क्रोध के बदले हमें शांति और धैर्य का रास्ता ढूंढना चाहिए। वह सरल भी है। कुरान के अनुसार युद्ध करने की भी परिस्थिति एवं शर्तें बतायी गयी हैं और इसमें निरंकुशतया मनमानी नहीं है। यहाँ तक कि प्रतिरक्षात्मक युद्ध से भी अपने विरोधियों के साथ बेरहमी की मनाही है। (कुरान 8.58) इस्लाम के अनुसार हम शहीद हो सकते हैं लेकिन हम जान-बूझकर शहीद बनने की कोशिश नहीं करें। इस्लाम में अपने-अपने शत्रु को भी शांतिमय साधनों का प्रयोग कर मित्र बनाया जा सकता है। (कुरान 20.123)। अच्छा और बुरा काम जैसा नहीं होता। अत: बुरे का भले से मुकाबला होना चाहिए ताकि जो अपना दुश्मन भी दोस्त बन जाएगा। (कुरान 41.33-34) कहा गया है कि "भगवान जो विनम्रता से देते हैं, वह अहधन्यता या आक्रोश में संभव नहीं है।" युद्ध से मृत्यु एवं विनाश ही मिलता है जबकि शांति से सृजन होता है। हां यह कहा है कुरानसरीफ वे क्या ऐसी आयतें हैं जो आक्रामक दिखती हैं, जैसे "उन्हें यहाँ देखो, धन्य करो।" (कुरान 2.191) लेकिन इसका मतलब है कि यदि कोई एक तरफा वार करता है तो उसका उसी प्रकार सामना करना होगा। कुरान की आयतें एक बार नहीं कही गयीं, 23 वर्षों में पूरा हुआ जिसमें 20 वर्ष वह शांति काल रहा, केवल बाकी के 3 वर्ष युद्ध काल था। इसलिए हमें देखना होगा कौन-सी नसीहत किस समय की है। गीता में कृष्ण ने तीसरे अध्याय के 30वें शोध में अर्जुन को युद्ध करने का आदेश दिया, लेकिन उसी गीता से कामगीरी ने अहिंसा का पाठ पाया। इसी प्रकार सभी इसामसीह मैथ्यु (अध्याय-10) में कहा- "मैं शांति के लिए नहीं कि ईलामसीद का संदेश युद्ध का था। आखिर पैगम्बरों को दुनिया में शांति एवं करुणा के लिए भेजा जाता है। (कुरान 21.107) और भगवान को तो सभी समान हैं, उनकी दया सबो पर होती है। अत: जो देश से प्रेम करते हैं, वे शांति का रास्ता अपनाते हैं। (कुरान 16.5) कुरान में भगवान का एक नाम "शांति" भी है। (कुरान 59.23) एवं ऊँ "शांति का मंदिर" (कुरान 89.30) भी माना गया है। इस्लाम में, इसीलिए धीरज (सब) को सभी सदगुणों में श्रेष्ठ कहा गया है। हिंसा से विनाश एवं अहिंसा से सृजन होता है। इसलिए जेहाद का अर्थ एक वैपारीका आख्यायिक संघर्ष है। अहिंसा संघर्ष अन्तरात्माा को जाग्रत करती है एवं व्यक्ति अति निर्मल हो जाता है, जो हमारा दुश्मन है वह भी एक दोस्त बन जाता है। (कुरान 41.34)

नकल "अमारा हमारा" अहं मगबात करके सामाजिक संतुलन को बिगाड़ता है। अहिंसक संघर्ष में हमारा समय एवं शक्ति का क्षय नहीं होता जबकि हिंसक संघर्ष से हमारी बहुत शक्ति का क्षय होता है, हमारे सामाजिक सम्बन्ध क्षतिग्रस्त होते हैं। एक क्रिया दूसरी प्रतिक्रिया हो जाती है जिसका कभी अंत नहीं होता है। अहिंसक संघर्ष में सभी परिवर्तन क्रमशः एवं शांति ढंग से परिवर्तन होते हैं। अतः यदि इस्लाम में संघर्ष एवं शांति का संघर्ष का रास्ता अपनाया जाता तो आज तक इसका नामो-निशां मिट गया होता। इस्लाम वहाँ जिस समय हुआ जहाँ उसने बस प्रयोग सभी किया। यदि आज भी मुसलमान हिंसा त्याग कर समाज में रहे तो शेष लोग मुख्य धारा में उनका कृपया से स्वागत करेंगे एवं समाज की सभी संस्थाओं में समानता के स्तर पर जगह पायेंगे। इसीलिए मुस्लिम समाज की इस दुरावस्था को समाप्त करना है। उन्हें अहिंसक या शांतिपूर्ण इस्लाम की ओर तैरना होगा। फिर लोग भी उनसे आशंकित और भयभीत नहीं रहेंगे। उन्हें सम्पूर्ण विश्व को यह दिखाना है कि इस्लाम समाज में शांति का धर्म है। ऐसा करना एक प्रकार से सुन्नी दुवयवीमा का पुनर्जीवन ही होगा। असल में जैसा संयुक्त राष्ट्र सेवा द्वारा जब 1995 की बहिष्कृत का वर्ष घोषित किया गया था वहीं उसका उद्देश्य यही था। विचार, व्यवहार और विश्वास में दूसरों के प्रति सहिष्णुता होना विश्वशांति को प्रशस्त करना है। आज सहिष्णुता युग की आवश्यकता है, इसके द्वारा विश्व में एकता और मातृत्व संभव है।

मुंडे मुंडे मति भीन्नाः इसलिए विभिन्नता स्वाभाविक है। विभिन्न विचारों, आदर्शों एवं मूल्यों के लोगों के बीच जब विनिमय होता है, तभी इस विचार मंथन से बौद्धिक विकास होता है और व्यक्तिगत विकास होता है। इसलिए सहिबृद्धता जो जीवन की एक अनिवार्यता है। शांति के लिए तो साहिष्णुता एक मूल्यवान् फलित है। हम लोगों की बहुत सारी समस्याओं की जड़ में शांति पथ से हम लोगों को भटकने में है। शांति के लिए हमें सहिष्णुता की संस्कृति अपनानी ही होगी। मनुष्य को तो व्यापक आकाश मे सभी गतिमान ग्रहों नक्षत्रों से सीख लेनी चाहिए जो गतिशील रहकर परस्पर टकराते नहीं।

7 लोकतंत्र में हिंसा क्यों होती है? अनुचिंतन

लोकतंत्र केवल एक शासन तंत्र ही नहीं, यह समाज व्यवस्था का एक रूप और उससे भी बढ़कर एक विशिष्ट जीवन-शैली है। इसीलिए चाहे परिवार हो या पाठशाला, कार्यालय हो या कर्मशाला, धर्मसंघ हो या राष्ट्रसंघ हर जगह इस जीवन-मूल्य की प्रासंगिकता है। यही नहीं, रूप और ढ़ाँचा लोकतांत्रिक हो सकता है लेकिन उसकी अन्तर्निहित भावना विपरीत हो सकती है या फिर ढाँचा या बाह्य औपचारिक आवरण भले ही हो अलोकतांत्रिक हो लेकिन इसका अन्तस्थल पूर्णत: लोकतांत्रिक हो सकता है। इटली में मुसोलिनी और जर्मनी में हिटलर ने लोकतंत्र की सीढ़ी पर चढ़कर फासिस्टवाद एवं नासीवाद तक पहुँचे। स्वयं अपने देश में श्रीमती इंदिरा गाँधी ने निरंकुश बहुमत के आधार पर आपातकाल की घोषणा कर लोकतंत्र का मार्ग-दर्शन किया। ठीक इसके विपरीत ब्रिटेन में पुरतैनी राजतंत्र व्यवस्था में भी दिव्यतक लोकतंत्र का दर्शन हो सकता है। अन्तर्राष्ट्रीय स्तर पर इराक के साथ विध्वंसकारी युद्ध में सुरक्षा परिषद् के बहुमत की तानाशाही परिलक्षित हुई, दूसरी ओर संयुक्त राष्ट्रसंघ या सुरक्षा-परिषद् आम राय और उससे भी बढ़कर सर्वसम्मति से निर्णयों में हम स्वस्थ लोकतंत्र का दर्शन कर सकते हैं।

प्रश्न है, लोकतंत्र के मूल्य का आधार क्या है? सर्वप्रथम, लोकतंत्र में जोर जबर्दस्ती या दबाव नहीं है। जहाँ दबाव है, वहाँ हिंसा है और जहाँ हिंसा है, वहाँ लोकतंत्र नहीं हो सकता। लोकतंत्र लोकमत पर आधारित है। लोकमत का अधिष्ठान विचार है, बन्दूक नहीं। यदि लोकतंत्र को लोकमत का बल नहीं है तो वह लाठीतंत्र हो सकता है, लोकतंत्र नहीं। जिस लोकतंत्र में आन्तरिक विधि-व्यवस्था के लिए जितनी अधिक पुलिस आदि का सहारा लिया जाता है, उसमें उतना ही कम लोकतंत्र माना जाना चाहिए। इसका अर्थ यह नहीं कि पेशेवर असामाजिक अपराधियों एवं आतंकवादियों को अशांति एवं उपद्रव, अपहरण एवं नरमेध के लिए स्वच्छन्द छोड़ दिया जाए। लेकिन देनन्दिन के कार्यों में जैसे शिक्षण संस्थाओं या देवस्थानों की व्यवस्था, नागरिकों के पर्व एवं त्योहार आदि सेंकड़ों कामों में पुलिस आदि का उपयोग लोकतंत्र को अपंग करना है। लेकिन पुलिस का अधिकाधिक उपयोग बीमारी के उपलक्षण हैं, बीमारी के कारण

नहीं। मूल प्रश्न है कि हमारे यहाँ वास्तविक लोकतंत्र है नहीं, लोकतंत्र का ढाँचा है। जिस बहुमत को हम लोकतंत्र का व्यावहारिक रूप मानते हैं, उसी में हिंसा निहित है। जो लोकतंत्र अल्पमत की भावनाओं का आदर नहीं करे, जिसमें लोकतंत्र के नाम पर बहुमत का "रालर" चलाया जाता हो, वह सच्चा लोकतंत्र नहीं है। फिर तथाकथित बहुमत का भी यदि हम विश्लेषण करें तो उसमें भी हमें अल्पमत ही मिलेगा। उदाहरण-स्वरूप, आज सामान्य रूप से समस्त जनसंख्या का लगभग दो-तिहाई ही मतदाता होता है और सम्पूर्ण मतदाताओं के लगभग 50% से अधिक मतदान में हिस्सा नहीं लेते हैं फिर मतदान में भी कितने प्रकार के छलछन्द होते हैं। सबसे मजाक तो तब होता है जब अनेक पार्टियों एवं उनके उम्मीदवारों के खड़े होने के कारण अकसर 25%-30% मत प्राप्त करने वाला भी विजयी घोषित होता है क्योंकि मत विभाजित हो जाते हैं और विजयी भी वास्तव में बहुत कम मत प्राप्त करते हैं। ऐसे उम्मीदवार को न तो लोकमत का आधार है न बहुमत का, ऐसी स्थिति में उसके प्रति लोक सम्मान भी नहीं होता। समाज के बीच वह सुरक्षित भी नहीं रहता क्योंकि विरोध की राजनीति ही उसके राजनीतिक अस्तित्व का आधार है। वह कुर्सी पाने के लिए न जाने कितने तरह के कुकर्म करता है? जाति एवं सम्प्रदाय, दल एवं पार्टी के नाम पर समाज को तोड़ना ही उसका राजनीतिक अस्त्र-शस्त्र है। इसके अलावा चुनाव में धनतंत्र एवं गुंडातंत्र का भी खुलकर उपयोग होता ही है। इस तरह लोकतंत्र का केवल ढाँचा रहता है, वस्तुत: यह निघृण नासीवाद है। इन्हीं कारणों से ऐसे विकृत दूषित एवं छदम्म लोकतंत्र को टिकाने के लिए पुलिस एवं अर्द्धसैनिक बलों की अधिकाधिक आवश्यकता पड़ती है।

लोकतंत्र में हिंसा का दूसरा कारण है कि हम लोकतंत्र को केवल राजनीति के शासन तंत्र तक सीमित रखते हैं जबकि लोकतंत्र एक समग्र सामाजिक-आर्थिक-सांस्कृतिक अवधारणा है। मार्क्सवाद ने चाहे आज "सोवियत भूमि" में जिस दु:स्थिति में हो, एक सही सवाल उठाया था कि आर्थिक लोकतंत्र के बिना राजनीकि लोकंत्र एक मजाक है। आर्थिक समता के बिना राजनीतिक समता अधुरी है। आज इस देश में जिस प्रकार से चुनाव में वैसी ही होली जलती है और उधर भूख से जनता कराहती है, बेकारी से नौजवान अक्रान्त होकर असामाजिक की ओर अग्रसर होते हैं या महँगाई के कारण जनता के हृदय में लोकतंत्र के नाम पर चलने वाली सत्ता के प्रति गुस्सा बढ़ता रहता है। उससे हिंसक वातावरण होना अनिवार्य है। यही नहीं, जनता के पसीने की गाढ़ी कमाई का जनप्रतिनिधियों द्वारा दुरुपयोग, फिजूलखर्ची, धन-पतियों एवं पूँजीपतियों तथा मुट्ठीभर लोगों के हित के लिए आर्थिक योजना को उधर उन्मुख करना आदि अनेकों आर्थिक पापाचार हैं जो लोकतंत्र में हिंसा के तत्व को सशक्त करते हैं।

आर्थिक लोकतंत्र के साथ सामाजिक एवं सांस्कृतिक लोकतंत्र भी आवश्यक है। लोकतंत्र के साथ रंगभेद, अस्पृश्यता और जाति-पाति आदि सामाजिक विषमताओं का

नैसर्गिक विरोध है। आज ब्रिटेन जैसे लोकतंत्र में भी आतंकवाद का कारण आयरलैन्ड के ऊपर अनुचित अधिकार है, दक्षिण अफ्रीका में तो हिंसा का मूल कारण ही रंगभेद है और भारत में लोकतंत्र के साथ सामाजिक न्याय को जोड़ना कितना प्रासंगिक है, हम समझ सकते हैं। सत्ता में समाज के दलित और पिछड़े वर्गों की भागीदारी को जब बाधा मिलती है तो वही कुंठा बनकर हिंसा का रूप लेती है।

इस तरफ केवल राजनीतिक लोकतंत्र अधूरा एवं अपंग लोकतंत्र है, उसमें हिंसा अनिवार्य है।

लोकतंत्र में हिंसा का एक बड़ा कारण है कि हम जाने या अनजाने हिंसा की संस्कृति की तरफ उन्मुख होते जा रहे हैं। शिक्षा को ही लें, यह हम धनुर्वेद से लेकर आज एन॰सी॰सी॰ या सैनिक-शिक्षा का स्वागत करते हैं लेकिन शान्ति-शिक्षा या शान्ति-शोध के प्रति उपेक्षा का भाव है। भारत के 180 विश्वविद्यालयों में मुश्किल से 7-8 विश्वविद्यालयों में शान्ति आदि का अध्ययन-अध्यापन होता है। शिक्षा हमारे संस्कार को बनाती है। उसी तरह हम खेलों में भी स्पर्धात्मक खेलों के बदले सहयोगात्मक खेलों को डाल सकते हैं। बच्चों के खिलौनों एवं लिवासों से बन्दूक एवं सैनिक वर्दी देकर हम क्या हिंसा को बढ़ावा नहीं देते हैं? उसी प्रकार हमारे फिल्म एवं जासूसी उपन्यासों में अपराध और हिंसा को प्रोत्साहन मिल रहा है। जब तक हम अहिंसा की संस्कृति का विस्तार नहीं करेंगे तो लोकतंत्र से भी हिंसा का निराकरण संभव नहीं।

लोकतंत्र में हिंसा तब समुत्यन्न होती है जब धर्म का राजनीतिकरण और राजनीति का धर्मीकरण किया जाता है। उसी तरह चाहे भाषा का राजनीतिकरण हो या जाति का, इन सब संवेदनशील सवालों से हिंसा की आग प्रज्वलित होती है। इसीलिए लोकतंत्र के स्वास्थ्य के लिए यह जरूरी है कि राजनेता एक आचार संहिता का निर्माण करें एवं उस पर चलें। आज तो अपहरण एवं हत्या की राजनीति चल रही है। इसका पूर्णविराम भी आवश्यक है। हमें राजनीतिक हिंसा के साथ घरेलू हिंसा को भी भूलना नहीं चाहिए। परिवार में न केवल बहुएं एवं बेटियां प्रताड़ित होती हैं बल्कि जलती भी हैं। नौकर-नौकरानियों के साथ अमानुषिक व्यवहार भी होते हैं। उसी प्रकार से बच्चों को राह पर लाने के लिए चाहे परिवार हो या पाठशाला मार-पीट और दंड व्यवस्था के कोई दूसरा रास्ता नहीं। इस तरह बच्चों के मानस में घुटन पीछे हिंसा को जन्म देती है। धर्म संघों में भी धर्म के नाम पर ही तो सतीप्रथा, प्रताड़ना आदि के कार्य होते रहे हैं।

संक्षेप में, लोकतंत्र की हिंसा समाज की समग्र हिंसा का दर्पण है। यदि हम सम्पूर्ण समाज को हिंसामुक्त नहीं कर सकते हैं तो फिर लोकतंत्र में हिंसा बनी रहेगी।

8 बहु-दलीय प्रजातंत्र बनाम राष्ट्रीय सरकार

हमारे देश में प्रजातंत्र का मौजूदा स्वरूप 'प्रजा' पर 'तंत्र' की प्रधानता और दलों की दादागिरी का पर्याय बन गया है। ऐसे में कौन-से विकल्प कारगर हो सकते हैं, प्रस्तुत है कुछ राज्यों में हो रहे चुनावों की पृष्ठभूमि में इसी विषय पर गंभीर आलेख।

आजादी के 56 सालों के बाद लगता है संसदीय लोकतंत्र के पैर बुरी तरह लड़खड़ाने लगे हैं। पहले तो कांग्रेस के एक-छत्र आधिपत्य के विरुद्ध गैर-कांग्रेसवाद के दौरान दलों का सिद्धांतहीन प्रयोग चला, जिससे संविद (संयुक्त विधायक दल) सरकारें और फिर कुछ परिष्कृत होकर जनता पार्टी के 'एक पार्टी अनेक घटक' के प्रयोग चले। फिलहाल मुख्यतः गैर-भाजपावाद का दौर है लेकिन यह भी उतना ही सिद्धांतहीन है जितना संविद सरकारों के प्रयोग। शिष्ट भाषा में इसे 'सिद्धांतों से परे' का गठबंधन कहा जा सकता है। राजग में एक ओर प्रखर हिन्दुत्व तथा देशी पूंजीवादी मुक्त व्यवस्था और विदेशी वैश्वीकरण का राग है तो दूसरी ओर समाजवादी दलों की लाश ढोती हुई समता-जद (यू) आदि का मंद-मंद तिरोहित समाजवाद एवं गैर-साम्प्रदायवाद लिए सर्प-नकुल समन्वय दिख रहा है।

उधर, कांग्रेस के साथ कुछ छुटभैयों एवं समाजवादी खेमे के एक दलपति (राजद) का सहयोग है तो दूसरे दलपति (सजपा) का असहयोग। दूर से साम्यवादी वामपंथी मोर्चे का एक-साथ सहयोग एवं असहयोग एक राजनीतिक अजायबघर के रूप प्रकट कर रहा है। यही कारण है कि कुछ प्रादेशिक सरकारें राजग की वंशवर्तिनी हैं तो कुछ कांग्रेस के साथ। संक्षेप में कहें तो अब गैर-कांग्रेसवाद और भाजपा दोनों ही अप्रासंगिक हो गए हैं।

ऐसे में सवाल है कि विकल्प क्या हो? एक तो अस्थिरता और राजनीतिक सिद्धांतहीनता आदि से ऊबकर हम किसी हिटलर-मुसोलिनी या सैनिक तानाशाही के लिए तैयार हो जाएं या फिर लोकतंत्र के प्रति निष्ठा हो तो हम निर्दलीय प्रजातंत्र का प्रयोग करें, जिसमें अस्वस्थ्य दलीय प्रतियोगिता, भ्रष्टाचार एवं दल के नाम पर राजनीतिक सिद्धांतहीनता नहीं रहे। यदि वह नहीं हो सके तो दलों की स्थिति एवं ताकत

के अनुसार किसी राष्ट्रीय सरकार का गठन कर लें। इसकी अस्थिरता रोकने और सरकार बनाने-बिगाड़ने की बचकानी हरकतों से बचने के लिए संविधान संशोधन या संसद में एक अधिनियम पारित करना होगा, जिसमें किसी भी सरकार के प्रति अविश्वास का प्रस्ताव भी करना लाजिमी होगा। इससे सरकारें बदलेंगी लेकिन लोकसभा या विधानसभाओं की अकाल-मृत्यु नहीं होने से काफी हद तक स्थिरता रहेगी। बार-बार चुनावों के भारी व्यय से राष्ट्र बच पाएगा एवं लोकसभा तथा विधानसभाओं के चुनाव भी एक साथ हो सकेंगे। इसके अलावा चुनावों की व्यापक तैयारी एवं चुनावों में होने वाली कलह, हिंसा, जोड़-तोड़ से भी कुछ राहत मिलेगी।

दलविहीन प्रजातंत्र के विषय में कई घिसे-पिटे आरोप हैं कि यह तानाशाही का मार्ग प्रशस्त करेगा क्योंकि हिटलर, मुसोलिनी या स्टालिन आदि भी बहुदलीय लोकतंत्र के एक दलतंत्र का व्यवहार चलाते थे। इसे लोकतंत्र तो कहा ही नहीं जा सकता, क्योंकि यह दल भी तानाशाह विशेष की अनुवर्ती दास होता है जो तानाशाह की इच्छाओं और आदेशों का पृष्ठपोषण करता है। हम इसे दलविहीन लोकतंत्र नहीं, शुद्ध तानाशाही मानते हैं।

दलविहीन प्रजातंत्र का दूसरा आरोप है कि यह बहुदल प्रणाली के विरोध में जाता है। मिश्रित समाज में एक नहीं अपितु अनेक दल होते हैं और उन्हें स्वतंत्र अस्तित्व प्राप्त होना चाहिए। स्टालिन ने भी साम्यवादी लोकतंत्र का बचाव करते हुए दल को निहित स्वार्थ का कारण माना था। कोई दल किसी खास आर्थिक वर्ग का प्रतिनिधित्व करता है, न कि समग्र जनता का प्रतिनिधि है। यदि इसको मान भी लिया जाए तो फिर किसी वर्ग-विशेष, यानी साम्यवादी दल, को सम्पूर्ण समाज या पूरे सर्वहारा समाज का प्रतिनिधि मानना भी कठिन है, जैसा कि मिलवन जिलास ने अपनी पुस्तक में 'साम्यवादी दल' को भी निहित स्वार्थ का एक नया वर्ग ही माना था, जो सर्वहारा की तानाशाही के नाम पर चलता था।

मानवेन्द्रनाथ राय या जयप्रकाश नारायण के निर्दलीय लोकतंत्र में किसी दल विशेष की तानाशाही का कोई तत्व नहीं मिलता बल्कि इसमें दलवाद के दोषों का निराकरण करके जनता की संप्रभुता को एक दिशा मिलती है। यही कारण है कि संसदीय या दलीय प्रजातंत्र के विषय में गांधीजी ने कठोर आलोचना करते हुए इसे मिश्रित फासीवाद या नाजीवाद कहा था। आज सचमुच लोकतंत्र दलतंत्र का पर्यायवाची बन गया है। यहां लोक का स्थान क्षीण हो रहा है एवं उस पर दल हावी होता जा रहा है।

अब समय आ गया है कि हम लोकतंत्र को दलतंत्र के ग्राह से बचाने के लिए 'लोकतंत्र' की संरचना एवं ब्यूह-रचना इस प्रकार करें ताकि उस पर जनता का शासन हो। यहाँ पर गांधीजी द्वारा दिए गए लोक स्वराज्य एवं जनता के वर्तुलाकार जन-स्वराज्य

के संकेत देखें। यहीं हमें विकेन्द्रित स्वराज्य का भी अतिरिक्त लाभ मिलेगा और जनता का शासन नीचे से ऊपर जाएगा। नीचे के स्तर पर प्रत्यक्ष चुनाव होंगे जो ठीक भी है, क्योंकि लोग अपने स्थानीय उम्मीदवार को जानते हैं। विधानसभा और लोकसभा के लिए निर्वाचन क्षेत्र इतना बड़ा होता है कि मतदाता विभ्रम में पड़ जाता है। यदि ग्रामसभा प्रतिनिधि चुनकर प्रखंडसभा को भेजे, फिर जिला और प्रांत को जाएं तो हर स्तर पर प्रत्यक्ष चुनाव से भी हम बचेंगे।

राजनीतिक विकेन्द्रीकरण आर्थिक विकेन्द्रीकरण के बिना अपूर्ण है, इसलिए ग्रामसभा को अधिक से अधिक अधिकार एवं दायित्व देना होगा। जो कार्य ग्रामसभा नहीं कर सकेगी, वे ही प्रखंडसभा के द्वारा होंगे और जो प्रखंड सभा नहीं कर सकती है वे जिला सभा को और फिर इसी क्रम से प्रदेश एवं केन्द्र के कार्य रहेंगे। इससे शासनतंत्र का भार हल्का होगा और वह अधिक सक्षम भी हो जाएगा। कहा भी गया है कि 'वही शासन सर्वोत्तम है, जो कम-से-कम शासन करता है।' आज शासन के पास इतना अधिक दायित्व है कि वह अकुशल एवं अक्षम होता जा रहा है और दूसरी ओर इससे नागरिक का अभिक्रम भी क्षीण होता जा रहा है। यह लोक-शक्ति के विकास को अवरुद्ध करता है। जनतंत्र में यदि जनता मालिक है तो हे राज्य की शक्ति पर अंकुश लगाना ही होगा। राज्य की शक्ति की वृद्धि का प्रत्येक कदम व्यक्तिगत स्वतंत्रता के लिए अपशकुन है। आज राज्य की बागडोर दल एवं दलपतियों के हाथों में आ जाने से दलवाद के सारे दुर्गुण यानी पक्षपात, भ्रष्टाचार आदि बढ़ते जा रहे हैं।

निर्दलीय लोकतंत्र स्थापित करने के लिए वर्तमान विधान में भी कोई रोक नहीं है। संविधान के अनुसार उस व्यक्ति को सदन का नेता माना जाता है जिसको सदन का विश्वास प्राप्त है, लेकिन इसमें किसी दल के विषय में कोई उल्लेख नहीं है। आज तो जिस प्रकार राजग एवं प्रगतिशील, दोनों ही अनेकानेक छोटे-बड़े दलों का गठबंधन है, जिनकी एक निष्ठा, एक संविधान, एक संगठन, एक कार्यक्रम भी नहीं है। कभी-कभी तो केन्द्र में दोनों दल साथ हैं और प्रदेश में एक-दूसरे के विरोधी, जो संसदीय प्रथा का भी स्वत:-सिद्ध श्राद्ध है।

हममें यदि अभी दलवाद की मोह-माया समेटने का साहस नहीं हो तो राष्ट्रीय सरकार स्थापित की जाए जिसें एक न्यूनतम साझा कार्यक्रम के आधार पर काम चले। नेता-उपनेता आदि भी सांझा समिति तय करे। अभी प्रधानमंत्री को जो विशेष प्रधानता है वह भी कम की जाए एवं मंत्रियों के मनोनयन साझा समन्वय समिति करे। एक साझा घोषणा-पत्र, एक साझा कार्यक्रम, साझा नेतृत्व एवं साझा दायित्व हो। यही राष्ट्रीय सरकार की रूपरेखा होगी। आज वापपंथी बाहर से नियंत्रण रखते हैं और सरकार कुछ सुनती है, कुछ नहीं। राष्ट्रीय सरकार में सभी दलों की समन्वय समिति में सबो का

सानुपातिक प्रतिनिधित्व होगा तो फिर बाहर एवं भीतर के कलह तो होंगे, लेकिन कलह-शमन का संयंत्र स्वतः विकसित होगा। राजग में शामिल दलों के नेताओं ने भले ही सत्ता सुख भोगा है लेकिन भाजपा ने ही इसका सर्वाधिक लाभ लिया है और वैश्वीकरण, साम्प्रदायिक एजेंडे आदि हर मामले में उसके सहयोगी दल, द्वितीय दर्जे के नागरिक की तरह रहे हैं। हिन्दुत्व का एजेंडा एवं गुजरात जैसे सवाल पर प्रखर से प्रखर समाजवादी जार्ज, शरद, नीतिश आदि श्रीहीन और मौन रहे। लेकिन राष्ट्रीय सरकार में वे सभी समान संहिता से बंधे भी रहेंगे और सबकी समान प्रतिष्ठा भी रहेगी।

9 एकला चलो रे : निषेधात्मक मत का अधिकार

लगभग ढाई हजार वर्ष पूर्व प्रसिद्ध जैन दार्शनिक आचार्य समन्तभद्र ने अपनी पुस्तक युक्त्यानुशासन में "सर्वोदय तीर्थ" का उच्चारण किया था तो किसी ने सोचा भी नहीं होगा कि बीसवीं सदी में महात्मा गाँधी अपने सपनों के भारत की कल्पना में "सर्वोदय" की कल्पना और योजना के रूप में पेश करेंगे। बापू ने अपनी शहादत के दिन अपनी आखिरी वसीयत के दस्तावेज में एक ओर तो कांग्रेस की महान ऐतिहासिक भूमिका स्वतंत्रता मिलने के साथ समाप्त होने पर उसे आदरपूर्वक भंग कर नागरिक जीवन में स्वेच्छापूर्वक राजनीतिक दल निर्माण करने की स्वतंत्रता दे दी, लेकिन स्वतंत्रता के बचे हुए आर्थिक, सामाजिक एवं सांस्कृतिक कार्यों को पूरा करने के लिए सत्ता और दल की राजनीति से अलग निष्ठावान् संकल्पित सेवकों के संगठन का आह्वान किया जिसे उन्होंने "लोकसेवक संघ" का अद्‌भुत नाम दिया। उन्होंने सत्य और अहिंसा इसका आधार एवं लोकसेवा इसका स्वधर्म माना। राजनीति को उन्होंने अस्पृश्य नहीं माना लेकिन रचनात्मक कार्य को उन्होंने स्वराज्य की कुंजी मानकर इसके लिए विधान किया। इसी सपने ने बापू की शहादत के बाद सभी प्रकार के गाँधीजनों की सभा में सर्वोदय-समाज और सर्वसेवासंघ को जन्म दिया जो आज तक गाँधी जी की बिरासत को सजीव भाव से ढो रहा है। सर्वोदय समाज यदि बापू के सपनों की भावना के प्रचार एवं विस्तार का महत् कार्य कर रहा है तो सर्वसेवासंघ सर्वोदय के लोकसेवकों की संगठित-शक्ति से भूदान, ग्रामदान, आचार्य कुल, शांति सेना, ग्रामाभिमुख खादी, ख़ादी मिशन, सर्वोदय पात्र, आदि छोटे-बड़े अनेकों अभियानों का सारथ्य का यश पा चुका है। यह राष्ट्र की नैतिक-शक्ति का अधिष्ठान है। सत्ता के लोभ से मुक्त होकर निष्पक्ष और निर्भय भाव से राष्ट्र की समस्याओं का चिंतन एवं अपने संकल्प एवं सामर्थ्य के अनुसार निरन्तर कार्य में लगे रहना इसकी प्रतिष्ठा की पूंजी है। समय के प्रयास से इसकी शक्ति और सदस्यों की संख्या न्यूनाधिक होती रही है लेकिन यहाँ संख्या या संस्था के स्थूल शरीर का महत्व नहीं, इसकी नैतिक शक्ति का प्रभाव है। आचार्य विनोबाभावे, काका कालेलकर, आर्चनायकण्, दादा धर्माधिकारी, शंकरा देव, रविशंकर महाराज, आशा देवी, लक्ष्मी बाबू, गोकुल भाई मह, गोप बाबू, नवकृष्ण एवं मनमोहन चौधरी, आदि-आदि कम से कम एक हजार ऐसे महापुरुषों के नाम गिनाये जा सकते हैं जिन्होंने

अपनी सम्पूर्ण क्षुद्र राजनीतिक महत्वाकांक्षाओं को सहज परित्याग कर गाँधी के अधूरे सपनों को साकार करने में सर्वोदय-पथ पर अपने को होम कर दिया। आज भी सर्वोदय जमात में जितने त्यागी एवं तपस्वी तथा गाँधी-पथ से समर्पित व्यक्ति हैं, वह इसकी नैतिक-शक्ति का आदि-स्रोत हैं। आज भी भीष्म पितामह की तरह सिद्धराज दद्दा, आचार्य राजमूर्ति, जगन्नान जी, सुंदर लाल बहुगुणा, डॉ० गंगा प्रसाद अग्रवाल, गोपीनाथ नायार, विमला बहन, निर्मला बहन, प्रो० बनवारी लाल शर्मा, नारायण देसाई, चुन्नी भाई, आदि अनेको जाज्वल्यमान हीरे-मोती हैं जिन पर उनकी निस्पृह सेवाओं के लिए किसी को गर्व हो सकता है।

इसी भूमिका में हमें आज की असाधारण परिस्थिति में सर्वोदय के महत्व और उसके दायित्वों को समझना होगा। राजनीति के झंझावत चलते रहेंगे। आज देश में राजनीतिक ग्रहण छाया हुआ है। सिद्धान्त एवं सेवा की राजनीति का सूर्य अस्ताचल की ओर चला जा रहा है। आज राष्ट्र-मंगल और लोक-कल्याण की राजनीति के बदले सत्ता का घृणित व्यापार देश को मरघट में ले आया है। राष्ट्र की राजनीति के बदल आज सम्प्रदाय या जाति की राजनीति युग-धर्म बन गया है। येन-केन प्रकारेण सत्ता के शीर्ष पर पहुँचने का अश्लील व्यापार एवं हिन्दुत्ववादी भाजपा, समाजवादी समता, तेजतर्रार तृणमूल, स्थिति स्थापक अन्नाद्रमुक, सोनिया के विदेशी मूल को चुनौती देने वाले ईसाई-प्रदेशों के तेजस्वी संगमा, तेलगूदेशम् आदि न जाने कैसे-कैसे प्राणी हैं क्या सत्ता के अतिरिक्त इनमें कोई समान-तत्व है? उसी तरह विपक्ष तो यहाँ है लेकिन विपक्षी एकता अदृश्य है। वामपंथ जो राजनीतिक ध्रुवीकरण का नेतृत्व कर सकने की दम भरता वह स्वयं केवल ढेर संगठनों का एक क्षुद्रमंच बनकर रह गया। कांग्रेस पहले तो अपनी अहमन्यता के कारण अकेले हिमालय को टपना चाहती थी, लेकिन आज वास्तविकता समझ कर जब तालमेल पर उतर आयी है तो उसकी अपना ही स्वास्थ्य जर्जर है। अत: आज गैर-कांग्रेसवाद की तरह गैर-भाजपावाद भी बहुत दूर तक निरर्थक दीखता है क्योंकि गैर-भाजपावाद न तो सत्ता की राजनीति की धुरी है और न विपक्षी ही, उसे अपनी एकता की धुरी बन पा रहे हैं। फिर भाजपा कर हिन्दुत्व यदि खतरनाक है तो बिहार में राजद और उत्तर प्रदेश में मुलायम का सामाजिक न्याय के नाम पर चलने वाला जातिवाद या बसपा का अस्पृश्यवाद क्या कम खतरनाक है? मात्राभेद से गुणात्मक भेद नहीं होते। जहर जहर है। समाज का विखंडन राष्ट्र का विखंडन है। राष्ट्र की कीमत पर असीम सम्पत्ति बटोर कर भ्रष्टाचार की संस्कृति शिष्टाचार बन गया है। फिर तो राजनीति का अपराधीकरण और अपराध का राजनीतिकरण अवश्यम्भावी ही था जिससे आज देश के विभिन्न भागों में हिंसा की ज्वाला सुलगने लगी है। विकास के नाम पर जिस प्रकार विषमतायें और बेरोजगारी बढ़ी है, अगर यही हाल रहा तो दस वर्षो के पूर्व ही देश अराजकता और सामाजिक भूकम्प से ध्वस्त हो सकता है।

ऐसी ही परिस्थिति से हमारे सामने देश में राष्ट्रीय स्तर पर समय से कुछ पहले आम चुना की रणभेड़ी बजा दी गयी है। शायद समय से पूर्व चुनाव मन के अन्दर किसी अव्यक्त अशुभ आशंका हो या भविष्य में किसी भयंकर दुष्चक्र की योजना की पूर्व तैयारी हो, यह कहा नहीं जा सकता। ऐसी परिस्थिति में देश के नागरिक स्वस्थ रूप से मतदान नहीं कर सकेंगे तो इस महानिर्वाचन के बाद जनता का लोकतंत्र से विश्वास तेजी से घटेगा। लेकिन ऐसी परिस्थिति में सर्वोदय के लोगों की भूमिका का भी महत्व है। आज तो हमारे सामने पक्ष और विपक्ष दोनों ही अस्पष्ट एवं विभ्रम में दीखते हैं। गठबंधन तो है लेकिन किसी में वैचारिक बंधन नहीं है। राष्ट्रीय लोकतांत्रिक गठबंधन ऐसी परिस्थिति में किसी एक धुरी के साथ सती हो जाने में कौन-सा लाभ हो सकता है? आज जो गुर बन रहे हैं, सत्ता प्राप्ति या सत्ता से बाहर होने पर वे पुन: बालू की भीत की तरह बिखर कर नये-नये समीकरण बना लेंगे, तब सर्वोदय किसके सहारे रहेगा? सचमुच एक बड़ा धर्म संकट है। गुजरात में हिन्दुत्व के नाम पर जो भारतीयता के विरुद्ध षड्यंत्र हुआ है उसके विकल्प में हमने कांग्रेस की जर्जर नैया और भाजपा से आये हुए कांग्रेस के भ्रष्ट व्यक्ति को भावी मुख्यमंत्री मान लिया। आज भी गुजरात में कांग्रेस क्षत्रपों की चाल-ढाल के साथ चलना सर्वोदय-भावना का अपमान तो है ही, राष्ट्र की शक्ति का अपमान है। फिर वैश्वीकरण, उदारीकरण एवं निजीकरण के जैसे प्रश्न पर कांग्रेस एवं भाजपा की दृष्टि में गुणात्मक भेद तो है नहीं, दूसरे दलों में भी विरोधाभाव है। आखिर नई आर्थिक नीति का विषवृक्ष का कांग्रेस राज्य में बीजा रोपण हुआ था और चला। आज भी उनका वही अर्थ-धर्म है। फिर कांग्रेस तो तानाशाही का स्वाद एक बार चख चुकी। भाजपा का सांस्कृतिक तानाशाही का खतरा जरूर है, लेकिन कांग्रेस की लोकतांत्रिक तानाशाही का तो हमने भी स्वाद चख लिया है।

इस तरह एक और सूबा बिहार को टेस्ट केस के लिए लेता हूँ। मान लें हम सर्वोदय के लोग भाजपा-धुरी का विरोध करें तो फिर क्या लालू के वंशवाद, भ्रष्टाचार एवं आपराधिक राजनीति ,तथा जातिवाद की राजनीति का समर्थन करने का नैतिक साहस कर सकते हैं?

संक्षेप में हमारा धर्मसंकट और बढ़ गया है, अत: इस परिस्थिति में हमें अपने मूल सिद्धांत और स्वधर्म को ही देखना चाहिए। हम यदि लोकसेवक की निष्ठा को अभी जलांजलि नहीं दे पाये हैं तो क्या आज राज़नीति के इन पार्टियों के सामने निर्वस्त्र हो जायें? हमें क्या मिलेगा? फिर हमारी भौतिक विरासत ही क्या है? हम तो एक नैतिक शक्ति के प्रतीक हैं न?

नागनाथ और सांपनाथ के विकल्प के विषय में हम सुनते रहे हैं? क्या सत्ता और विपक्ष वैसे ही नहीं हैं? तो क्या हम दोनों को त्यागकर इस निर्वाचन से अलग रहकर

निष्पक्ष एवं निर्भयभाव से राष्ट्र की लोकनीति एवं मतदान की महत्ता का छोटा-सा कर्त्तव्य पालन नहीं कर सकते? काश! निषेधात्मक मत देने का अधिकार रहता तो हम कह देते कि इसमें कोई भी उम्मीदवार योग्य नहीं है? यदि ऐसा संभव नहीं हो तो जहाँ तक संभव हो, मतदान से सामूहिक असहयोग कर जनता के सामने एक नैतिक प्रश्न खड़ा कर उन्हें सोचने को बाध्य नहीं कर सकते, इस धर्म-संकट में यदि नागनाथ से खतरा है तो दया सांपनाथ कम खतरनाक है? क्या भोजन नहीं मिलता तो क्या जहर खा लेना चाहिए?

10 जहानाबाद : नेपाल का पूर्वाभास

जहानाबाद की घटना "हैरतअंगेज" भले हो लेकिन यह तो उस ज्वालामुखी की तरह था जो वर्षों से धुआँ फेंक रहा था। बस 13 नवम्बर की रात में आग उगलने लगी। पिछले दशक में नक्सवादियों ने बिहार में लगभग पाँच हजार हमलों को अंजाम दिया जिसमें लगभग ढाई हजार लोग मारे गए। इसके अतिरिक्त लगभग 80 पुलिसकर्मियों ने अपनी जान गंवाई एवं तीन दर्जन से अधिक राजनैतिक छोटे-बड़े नेता भी मौत के घाट उतारे गए। जेल पर जहानाबाद में भले ही भयंकर आक्रमण था लेकिन इसके पूर्व 70-80 के दशक में नक्सलवादियों ने 1970 में बाकीपुर से कई नक्सलवादियों को निकाल ले गए, 1971 में हजारीबाग से भागने के क्रम में 14 नक्सलवादी मारे गए, 1970 में भागलपुर कैंप जेल से भागने में 14 नक्सलवादी नृशंसात्र से मारे गए जो पकड़े भी जा सकते थे, 1976 में मुजफ्फरपुर जेल से भागने में 3 नक्सली मारे गए। सरकारी रिपेर्ट के अनुसार 1994-2005 तक नक्सलवादियों ने तीस संगठनों में एम०सी०सी० ने 5593 हमलों को संगठित कर 2514 लोगों को मौत की सजा दी। एम०सी०सी० ने 2544 हमलों में 1261, पीपुल्सवाद ग्रुप ने 720 घटनाओं में 1204 वर्ग-दुश्मनों का सफाया किया। फिर जब एम०सी०सी० एवं पीपुल्सवाद के विलय के बाद पुलिसकर्मी निशाने पर आये। फिर तो मुंगेर में आरक्षी अधीक्षक समेत सात पुलिस जवान मारे गये। खिंजिर सराय एवं मधुबन में पुलिस चौकियों पर दिन दहाड़े हमले हुए। पुलिस पर हमले का मकसद हथियार छीनना और उनको भयभीत करना है ताकि वे नक्सल पर हाथ नहीं उठावें। झारखंड एवं छत्तीसगढ़ को जोड़ दें तो बिहार से आंध्र तक एक "नकस्ली राजपथ" बन गया है जो किसी दूसरे राज्य से अतिरिक्त पुलिस बल को आने से रोक सकता है।

जहानाबाद भी दुर्द्रान्ति घटना के पीछे शासन की विफलता तो स्वयं महामहिम राज्यपाल एवं केन्द्रीय गृहमंत्री, बिहार के सचिव आदि ही जब स्पष्ट रूप से स्वीकारने पर बाध्य हो गये हैं तब हम लोगों को ज्यादा माथापच्ची करने की जरूरत नहीं। फिर जाँच समिति भी बन गयी है और जनहित याचिका पर इसकी जाँच के लिए पटना उच्च न्यायालय ने भी पहल की है। धीरे-धीरे राज खुलते जा रहे हैं। यहाँ मेरा मकसद इसके बुनियादी कारणों पर ध्यान देना है और इसके उपाय ढूंढना है।

प्रथम सत्य तो यह है कि प्रथम दृष्टया यह प्रशासनिक विफलता है कि गुप्तचर सूचना को पढ़ा नहीं गया, क्योंकि अफसर आदि इसको मात्र 'रूटीन वर्क' समझते हैं, ध्यान नहीं देते। यह बिहार भर में कार्य संस्कृति के लोप का कारण है। दूसरे जहानाबाद में इतने सशक्त बल एवं बिहार पुलिस विद्यमान थे कि वे मुकाबला कर सकते थे और गया, पटना से सहायता आ जाती। जरूरी काम करने का अभ्यास नहीं। आरक्षी अधीक्षक को पहुँचने में देर हुई, डी॰एम॰ उनके पहले पहुँचे। मुझे लगता है कि कुछ अच्छे लोगों को छोड़ पुलिस अधीक्षक के पदों पर तुरन्त तैयार होने एवं जोखिम उठाने वाले अर्द्धसैनिक बलों या फौजी अफसर की नियुक्ति होनी चाहिए।

लेकिन इसे केवल विधि-व्यवस्था एवं प्रशासन की समस्या समझना गलत है। देश में बढ़ते हुए राजनैतिक एवं प्रशासनिक भ्रष्टाचार ने पुलिस-प्रशासन का मेरुदंड ही तोड़ दिया है। शायद 100 पुलिसकर्मी भ्रष्टाचार में निमग्न है। बीच में दरोगा-इन्सपेक्टर भी लगभग वैसे हो गए हैं, ऊपर के भी बहुत सारे अफसर भी उसी रास्ते पर जा रहे हैं, हालांकि उसमें भी कुछ अभी भी दिव्य रूप से ईमानदार हैं। असल में सभी थानेदारों को अफसरों को और अफसरों को मिनिस्टरों को अनिवार्य रूप से चढ़ावा देना पड़ता है। इसीलिए कार्य की संस्कृति समाप्त होती जा रही है। थाने में संसाधन की कमी जरूर पूरी हो लेकिन भ्रष्ट प्रशासन की हवा तो छूटनी होगी। प्रशासन के निक्कमेपन का एक बड़ा कारण प्रशासन का राजनीतिकरण है। अंतिम जहर है—राजनीति का अपराधीकरण एवं अपराध का राजनीतिकरण।

एक तीसरा कारण है, बिहार में जातिवाद। अफसरों की नियुक्ति, प्रोन्नति एवं भ्रष्टाचार एवं अनुशासनिक जाल में फँसने में जाति की राजनीति बेहद हावी है। यह भी उनकी कार्यकुशलता में हार का कारण है। नियुक्ति के साथ प्रोन्नति भी स्वतंत्र सेवा आयोग करे तो ठीक रहेगा।

लेकिन जहानाबाद की घटना को केवल विधि-व्यवस्था या प्रशासनिक विफलता के रूप में देखना भयंकर भूल होगी। वहाँ की सामाजिक-आर्थिक परिस्थितियां शायद असंतोष की आग के लिए घी का काम करती हैं। जहानाबाद सामंतवाद का एक गढ़ रहा है। वहाँ के बहुसंख्यक जमींदार एवं बड़े जोतदात लोगों के पास 90% जमीन का स्वामित्व रहा और एक जाति विशेष के हाथ था। लेकिन वर्तमान समय में यहाँ न बड़े किसान या जमींदार रहे हैं न वह सामंती-संस्कृति सशक्त हैं। लालूजी को यह श्रेय जाना चाहिए कि सामाजिक न्याय का रथ चलाकर उन्होंने जातिवाद के घोड़े के सहारा दीर्घकाल तक सत्ता में तो रहे ही, जो पिछड़ी जाति के लोग हैं उनके मुँह पर बोली दी। लेकिन जातीय संघर्ष एवं जातिगत विद्वेष का जहानाबाद प्रखर रंगमंच बन गया। धीर-धीरे जहर इतना बढ़ा कि इस क्षेत्र में जातिगत नरसंहारों का सिलसिला चल पड़ा।

मध्य बिहार में 1980 से 1994 तक में लखाबर (घरेसी-गया), दीमापुर (ममौदा), तिसाबोरा (मसौदी), देवसहिवारा (तरारी), सावनबिगहा (पालीगंज), तीनडीहा, मेनबरसिन्हा (कुर्था), बारा (टेकारी), सकबारी (सहार) एवं मैनीगढ (करपी) में नरसंहार हुए जिनमें चार तो जहानाबाद जिले में थे, जिसमें 107 व्यक्ति मरे। रणवीर सेना के जन्म के बाद 20 नरसंहार हुए जिसमें 187 व्यक्ति तथा अखिलेश गिरोह द्वारा सात जगह ऐसे नरसंहार हुए। इस कारण जहानाबाद में नरसंहारों का जातीय रूप बन गया जो अभी तक कायम है। उग्रवादी भी भले ही नक्सलवाद का नाम लेते हैं लेकिन वे भी जातीय रंग में रंगे दीखते हैं। माओवादी और उसके लगभग एक दर्जन एवं सी॰पी॰ आदि (एम॰एस॰) पी॰ डब्लू के 9 संगठन हैं। यदि कोई संवेदनशील एवं जागरूक सरकार रहती तो इन संकेतों को समझ लेती। यहाँ की गरीबी, बेरोजगारी, अवशेष सामन्तवाद को समाप्त करती। प्रशासन को लोकाभिमुख बनाती। मच्छर एवं मक्खियां वहीं पैदा होते हैं जहाँ गन्दगी होती है। उसी तरह उग्रवाद और नक्सलवाद वहीं बढ़ते हैं, जहाँ अभाव, अन्याय और शोषण रहता है। इसलिए मध्य बिहार के उग्रवाद से लड़ना हो तो भूमि सुधार को ठीक से कार्यान्वयन किया जाए एवं प्रगतिशील आर्थिक कार्यक्रम चलाए जाए जिसमें ग्रामीण रोजगार को प्रमुखता देना जरूरी है। आज जहानाबाद इलाके के तथाकथित ऊँचे वर्ग के युवाओं के पास मात्र अपहरण और लूट के अलावा कोई दूसरा रोजगार नहीं है। पिछड़े एवं दलित वर्ग तो आर्थिक एवं उच्च जाति के द्वारा पूर्व में प्रवारण के यथार्थ मिथक से उग्रवादी संगठनों में शामिल होने को मजबूर हो रहे हैं। कांग्रेस या राजद के गाँव स्तरीय संगठन भी ध्वस्त हो चुके हैं। इसीलिए तो गैर-मजरूआ आम और अन्य सरकारी जमीन तो बड़े लोगों के द्वारा हड़प ही लिए गए हैं यहाँ तक कि भूदान में दी गयी जमीन का लगभग 40% से अधिक जमीन की बेदखल हुई है। पंचायत भी निहित स्वार्थ की कैद तथा राजनीतिकरण से इतनी अधिक दुष्प्रभावित हो गयी है कि मुक्ति का एकमात्र रास्ता उग्रवाद दस्ते में शामिल होना है। पुलिस एवं अदालत भी समर्थ लोगों के लिए उन्हीं के हित-संरक्षण के लिए। अनपढ़ गरीबों के अन्याय की शिकायत सुनी ही नहीं जाती।

पुलिस, प्रशासन और सरकार पर किसी का भरोसा नहीं। ऐसी हालत में एक शून्यता है। इसका एक उपाय है कि यदि हम हर गाँव के युवकों का शान्ति एवं न्याय को ध्यान में रखकर संगठन खड़ा कर सकें तो कुछ आशा संभव है। पुलिस के बाद अद्धसैनिक दल और उसके बाद फौज के बल पर यदि हम शासन व्यवस्था चला दें तो फिर तानाशाही का आना अवश्यस्भावी है। इसलिए नागरिक शक्ति को मजबूत करने के लिए गाँव-गाँव में शान्ति सेना का गठन ही व्यावहारिक उपाय है। आज तो पुलिस आदि पर हम अरबों रुपये खर्च करते हैं फिर भी स्थिति बदतर ही होती जा रही है। शान्ति सेना से नागरिक शक्ति मजबूत होगी, जनता का धन बचेगा और गाँव-गाँव में शान्ति का अभेद्य किला बनेगा।

11 जिन्ना के बहाने फिर उछलीं बेबुनियादी बातें

देश की एक बड़ी राजनीतिक पार्टी भाजपा में इन दिनों जिन्ना की धर्मनिरपेक्षता को लेकर पाकिस्तान में दिए गए आडवाणीजी के बयान से खलबली मची है और कहा जा रहा है कि संघ परिवार के दबाव में उन्हें पार्टी अध्यक्ष के अपने पद से इस्तीफा भी देना पड़ सकता है। लेकिन क्या यह मुद्दा बेरोजगारी, भूखमरी, जलसंकट आदि के बुनियादी सवालों से ज्यादा अहम् है? क्या इस मुद्दे को उछाल कर विपक्ष में बैठी भाजपा अपनी बुनियादी जिम्मेदारी से पल्ला नहीं झाड़ रही है?

जब जनता के रोटी, रोजगार, महंगाई, गैर-बराबरी जैसे बुनियादी सवालों से संघर्ष करने की इच्छा दब जाती है तो राम जन्मभूमि, बाबरी मस्जिद, संविधान की धारा-370 जैसे गैर-बुनियादी मुद्दों को उछालकर जनता को भरमाने की राजनीति के खेल का मजा लिया जाता है। ऐसा ही एक मुद्दा अभी-अभी उछाला गया है कि पाकिस्तान के निर्माता कायदे आजम मुहम्मद अली जिन्ना धर्म निरपेक्ष थे या नहीं। इतिहास के गड़े मुर्दे को उखाड़ने से अच्छा होगा कि हम वर्तमान को देखते हुए भविष्य की चिंता करें। जिन्ना साहब और उनकी मुस्लिम लीग साफ तौर पर एक इस्लामी राष्ट्र बनाने के लिए उद्यत थे। यह ठीक वैसा ही है जैसा राष्ट्रीय स्वयंसेवक संघ और उसके अनुषांगिक संगठन हिन्दू राष्ट्र की मांग कर रहे हैं। कांग्रेस जरूर एक धर्म निरपेक्ष राष्ट्र के विषय में प्रतिबद्ध थी। गांधीजी तो हिन्दू और मुसलमान, ईसाई और सिक्ख को अलग-अलग मानते ही नहीं थे। इसलिए धर्म निरपेक्षता उनका जीवन धर्म था। यह उनका मात्र स्वप्नदर्शी आदर्शवाद ही नहीं बल्कि जीवन-व्रत भी था और उनके 18 रचनात्मक कार्यक्रमों में सर्वप्रथम था। यह सर्व-धर्म समभाव उनकी सनक नहीं थी बल्कि भारत की यथार्थवादी राजनीति की अनिवार्यता और भारत-विभाजन को रोकने का एक व्यावहारिक प्रयास भी था। आज यदि भाजपा के शिखर पुरुष अटलजी या आडवाणी 'हिन्दू राष्ट्र' के बदले धर्म निरपेक्ष भारतीय राष्ट्र की बात कहते हैं तो उस पर संघ-परिवार के कुछ वरिष्ठ लोगों की भौहें तनना दुर्भाग्यपूर्ण तो है ही, शायद मूर्खतापूर्ण भी है। जब मात्र चार करोड़ मुस्लिम आबादी थी तब 'आत्मनिर्भरता के अधिकार' और साम्प्रदायिकता के आधार पर भारत

का विभाजन हो सका। आज तो उनकी संख्या 14 करोड़ हो चुकी है, ऐसे में भारत के शासन तंत्र पर 'हिन्दू राष्ट्र' की मोहर लगाकर रखना अव्यावहारिक तो है ही, हास्यास्पद भी कम नहीं है। यदि इसे मान लिया जाए तो फिर ईसाई राष्ट्र और खालिस्तान को भी बनने से रोकना कठिन होगा। भाजपा सरकार भी केन्द्रीय मंत्रिमंडल या प्रादेशिक सरकारों में मुस्लिम मंत्रियों को रखती है एवं मेल-जोल बढ़ाने के लिए प्रयत्नशील रही है। असल में भारत की राजनीति की यह विवशता भी है और धर्म निरपेक्षता की मांग भी।

भारतीय संस्कृति वस्तुः संस्कृति संगम ही है। यह सामाजिक संस्कृति है। रवीन्द्रनाथ ने ठीक ही गाया है- यहां आर्य-अनार्य, द्रविड़ सब आए। शक, हूण, गूर्जर, प्रतिहार, यवन, पठान, मुगल, ईसाई, पारसी, यहूी सबको यहां स्थान दिया गया। इसको किसी एक धर्म, एक संस्कृति से कैसे समझ सकते हैं, जिस 'हिन्दुत्व' की चारों ओर हाहाकार मची है वह हिन्दू शब्द चारों वेदों, प्रमुख उपनिषदों, गीता यहां तक कि मनुस्मृति में भी नहीं दिखता, फिर भी कोई हर्ज नहीं। हिन्दुत्व के मूल वेद, उपनिषद और गीता को माााना जाए तो उनका संदेश जाति, सम्प्रदाय विशेष के लिए नहीं है- 'एकं सत् विप्रा बहुधा वदंति।' यह समरसता की गायत्री है। 'वसुधैव कुटुम्बकम' हिन्दुत्व का महामंत्र है। हिंसा से दूर रहना उसकी प्रकृति है। ऐसी स्थिति में भारतीय संस्कृति को 'हिन्दू संस्कृति' के नाम से सम्बोधित करना एक भ्रम तो है ही, हिन्दू संस्कृति को भी साम्प्रदायिक बनाना है।

संभवतः इस दृष्टि से और सामान्य शिष्टाचार का पालन करते हुए आडवाणी द्वारा पाकिस्तान जाकर कायदे-आजम को श्रद्धांजलि देना उपयुक्त था। कायदे-आजम ने पाकिस्तान की संविधान सभा में जो कुछ कहा है, उसमें भारत-पाक मैत्री के सूत्र खोजे जा सकते हैं। उन्होंने साफ कहा था- 'हमारा जो हक था वह हासिल हो गया, लेकिन हमें अब भारत के साथ मिलकर रहना होगा और जरूरत पड़ी तो हम संयुक्त सुरक्षा कमान भी बना सकते हैं।' वे दूरदर्शी थे और समझते थे कि भारत-पाक की मैत्री से दोनों देशों का साथ तो होगा ही, अनिच्छित विदेशी हस्तक्षेपों से भी बच सकेंगे। आज हम देखते हैं कि पाकिस्तान, अफगानिस्तान, ईराक आदि देश साम्राज्यवादी ताकतों के आक्रमण के शिकार हो ही रहे हैं। एक ध्रुवीय विश्व में अन्य देशों की संप्रभुता पर भी खतरा बढ़ रहा है। इसी स्थिति को भांपकर दो वियतनाम एक हुए, बर्लिन की दीवार टूटकर दोनों जर्मनी एक बने। दोनों कोरिया मिलने को छटपटा रहे हैं। इक्कीस पूर्वी यूरोपीय देशों को साझा बाजार, संसद, मुद्रा एक हो गई है लेकिन हम दो पड़ोसी देश यही तय करने में लगे हैं कि जिन्ना साहब साम्प्रदायिक थे या धर्म निरपेक्ष? हम धर्म निरपेक्षता का दम तो भरते हैं, लेकिन अपने गिरेबां में झांककर देखें कि गुजरात में हमने-

क्या किया। 58 साल की आजादी के बावजूद अभी तक हमारा 'हिन्दू राष्ट्र' का साम्प्रदायिक मुखौटा नहीं उतरा है। कम-से-कम वे हिन्दू राष्ट्र के बदले 'भारतीय राष्ट्र' की तो बातें करें और हिन्दू संस्कृति के बदले 'भारतीय संस्कृति' का नाम लें। इसमें बिगड़ता कुछ नहीं है। यदि हमें तुलसी, सूर, मीरा पर अभिमान है तो क्या रहीम, रसखान, रज्जब हमारे नहीं हैं? यदि रामेश्वरम्, जगन्नाथपुरी के स्थापत्य पर हम गर्व कर सकते हैं तो फिर ताजमहल, कुतुब मीनार पर हम गर्व करना कैसे छोड़ दें? सरदार भगतसिंह एवं राजगुरु यदि हमारे शहीद हैं तो अशफाकउल्ला जैसे मुस्लिम शहीदों को हम कैसे भूल जाएं? भाषा, साहित्य, कला, स्थापत्य, संगीत आदि सब में जब समन्वय है तो हम किसी को साम्प्रदायिक क्यों मानें?

अलग राज्य की मांग तो सिक्ख भी कर रहे थे। नागा लोगों की पृथकता की मांग अभी भी जारी है। कुशलता इसी में है कि हम उन्हें एक-साथ मिला लें, वरना् सबको साम्प्रदायवादी, सबको पृथकतावादी कहना होगा। अटलजी भारत को किसी संघ के नेता से कम प्यार नहीं करते लेकिन वक्त की नजाकत समझते हुए उन्होंने भारत-पाक मैत्री का अभिक्रम प्रकट किया था। आडवाणीजी भी एक परिपक्व नेता एवं देशभक्त हैं। क्या उन्हें देशहित का ध्यान दिलाना होगा? आज के बदलते परिप्रेक्ष्य और भारत की विविधता में एकता की अनिवार्यता के लिए धार्मिक राष्ट्रवाद की सीमाओं को भी संघ परिवार को समझना होगा, वरना वे हिन्दू समाज की भी सेवा नहीं कर सकेंगे। आज उन्नीसवीं सदी के राष्ट्रवाद या सांस्कृतिक नस्लवाद के दिन लदते जा रहे हैं। भारत-पाक की मैत्री केवल एशिया एवं विश्व शांति के लिए ही नहीं भारत के भविष्य के लिए भी अपरिहार्य है।

12 नरेन्द्र मोदी की वीजा नामंजूरी और 'सम्प्रभुता' व 'स्वाभिमान' के प्रश्न

हाल ही में गुजरात के मुख्यमंत्री नरेन्द्र मोदी को उनकी निजी यात्रा के लिए अमेरिकी सरकार ने वीजा अनुमति देने से इन्कार कर दिया था और नतीजे में केन्द्र सरकार के विरोध समेत कई तरह के बवाल खड़े हुए थे। किसी देश में यात्रा करने की अनुमति देने के उसके अधिकार के बावजूद क्या यह मामला देश के स्वाभिमान और सम्प्रभुता का भी है, प्रस्तुत है इस विषय का खुलासा करता यह आलेख।

देश के सर्वाधिक विवादग्रस्त मुख्यमंत्री नरेन्द्र मोदी अमेरिका के अपने गैर-सरकारी दौरे के कारण एक बार फिर विवादों के भंवरजाल में फंस गए हैं। भाजपा ने इस मुद्दे को स्वाभिमान का मुद्दा बनाया था, जो अधिक चमक नहीं सका। यदि भाजपा ने तत्कालीन प्रधानमंत्री अतिराष्ट्रवादी अटलबिहारी वाजपेयी की सलाह मानकर मोदी को स्वेच्छापूर्वक त्यागपत्र देने के लिए राजी करा लिया होता तो कभी समाप्त न होने वाले विवादों के दंश से बचा जा सकता था और उसमें मोदीजी का भी नुकसान नहीं होता। लेकिन अनुचित राष्ट्राभिमान के नाम पर गलतियों को ढंकने का भाजपा का प्रयास शायद उसे महंगा ही पड़ेगा। जनतंत्र में इस्तीफ देने से विवाद स्वयं शांत होते हैं और व्यक्ति की गरिमा भी बढ़ती है। एक जमाने में स्वाभिमान का सवाल तब भी आया था, जब डॉ॰ रामनोहर लोहिया को अमेरिका में एक रेस्टोरेंट में जाने से इसलिए रोक दिया गया था क्योंकि वे श्वेत वर्ण के नहीं थे। लेकिन जब उन्होंने इस पर अमेरिकी राष्ट्रपति को पत्र लिखा तो जबाव में क्षमायाचना हुई, जिससे अमेरिकी लोकतंत्र का कद ऊँचा हुआ और डॉ॰ लोहिया ने सभी अश्वेत लोगों के स्वाभिमान को ऊँचा भी किया।

स्वाभिमान के बाद दूसरा स्थान राजनीतिक शिष्टाचार एवं सम्प्रभुता का आता है। तत्कालीन प्रतिरक्षा मंत्री राजग के जार्ज फर्नांडीस के कपड़े उतरवाकर अमेरिका में तलाशी ली गई, जो शिष्टाचार का हनन था, लेकिन भाजपा ने उसको पता नहीं क्यों, स्वाभिमान का मुद्दा नहीं बनाया।

जहाँ तक मोदीजी के प्रवेश-पत्र (वीजा) को अमेरिका द्वारा अस्वीकृत करने का प्रश्न है तो मोदीजी अवश्य ही भारत के एक राज्य के संविधान-सम्मत मुख्यमंत्री हैं,

उनका सरकारी ओहदा है। वे यदि सरकारी काम से अमेरिका जाते और अमेरिका उन्हें अनुमति नहीं देता तो यह संवैधानिक तो नहीं किन्तु पारम्परिक राजनीतिक शिष्टाचार का हनन जरूर होता। लेकिन मोदीजी तो एक गैर-सरकारी दौरे पर प्रवासी भारतीयों के बीच जाने वाले थे। यह स्पष्ट है कि इनमें से अधिकांश प्रवासी मोदीजी की राजनीतिक विचारधारा के समर्थक हैं एवं उसके मुख्य आयोजक व कार्यकर्ताओं में प्राय: वे ही लोग हैं जो विदेशों में राष्ट्रीय स्वयंसेवक संघ को किसी दूसरे छद्म नाम से चलाते हैं।

अमेरिकी सरकार समझती है कि इससे हिन्दू साम्प्रदायिक शक्तियों को ताकत मिलेगी और कट्टरपंथी मुस्लिमों पर हिंसा भी संभव है। लेकिन इससे भी बड़ी बात, जो अमेरिका ने वीजा अस्वीकृति के संबंध में रखी है, कि भारत सरकार द्वारा गठित संवैधानिक 'मानवाधिकार आयोग' ने मोदीजी को गुजरात के नरसंहार में दोषी माना है। अटलजी इसे अमेरिका की राजनीति कहते हैं। जिस हद तक मोदीजी की यात्रा राजनीति की परिधि से बाहर नहीं थी, अमेरिका की प्रतिक्रिया भी उतनी ही राजनीतिक थी।

इस प्रसंग में भारत सरकार की भूमिका भले ही राष्ट्रीय स्वाभिमान के रंग में रंगी हो और शिष्टाचार का कर्मकांड हो लेकिन धर्मनिरपेक्षता, नैतिकता और मानवता की दृष्टि से यह गलत है। यह इससे भी स्पष्ट हो जाता है कि भारत सरकार के प्रवक्ता ने खुलासा करते हुए मोदीजी के विचारों को समर्थन नहीं देने की बात दुहराई और मोदीजी के प्रति कोई सहानुभूति रखने से इन्कार किया। इसमें अच्छा होता यदि भारत सरकार चुप ही रह जाती या फिर साहस था तो जांच आयोग या मानवाधिकार आयोग की रिपोर्ट के आलोक में कोई राजनीतिक वक्तव्य देती। भारत सरकार कह सकती थी कि उसका मोदीजी के बचाव का कोई इरादा नहीं है और चूंकि मोदीजी सरकारी कार्य से नहीं गए हैं, अत: अमेरिकी सरकार के स्वेच्छापूर्वक कदम उठाने पर भारत सरकार कोई टिप्पणी नहीं करना चाहती। नौकरशाही की ताकत पर चलने वाली राजनीतिक रूप से एक कमजोर सरकार की इस स्थिति की पुनरावृत्ति नहीं होनी चाहिए। इसका निहितार्थ यह भी लगाया जा सकता है कि भारत सरकार मोदीजी के क्रियाकलापों को माप कर रही है, जबकि मानवाधिकार आयोग उनके खिलाफ अधिक मुखर है।

लगता है कि भारत सरकार इस प्रश्न पर राजनीति बनाम नैतिकता के भ्रमजाल में पड़ गई है। राजधर्म अवश्य महत्वपूर्ण होता है, लेकिन राजनीति का आधार भी नैतिकता है। हमारा ही धर्म, हमारा ही राष्ट्र सर्वश्रेष्ठ है, यह अप-सिद्धांत है। जहाँ राजधर्म एवं मानव धर्म के बीच द्वंद्व हो वहां हमें निश्चय ही विश्व मानवता का पक्ष लेना होगा। भारत के अहिंसक संग्राम में अनेक प्रबुद्ध अंग्रेज नागरिकों और विद्वानों ने भारत का समर्थन किया था, तो क्या वे राष्ट्रद्रोही हो गए थे, आज भी बुश सरकार की अन्यायपूर्ण युद्ध-निति का विरोध कर रहे लाखों अमेरिकी क्या राष्ट्रवादी नहीं हैं?

आज सवाल किसी व्यक्ति का नहीं, बल्कि विचारधारा का है। मोदीजी एक मानवता विरोधी विचारधारा के प्रतिनिधि हैं। गुजरात का नरसंहार केवल उनके कार्यकाल में ही नहीं हुआ, बल्कि उसे निर्बाध होने देने के लिए शासन को, निष्पक्ष एवं निर्भय रहकर, प्रजा की रक्षा करने के अपने कर्त्तव्य का निर्वाह नहीं करने दिया गया। यदि आज हिटलर के यहूदी नस्ल के विनाश एवं विश्व विजयी युद्ध को अमानवीय माना जा सकता है तो मोदीजी का प्रत्यक्ष या परोक्ष समर्थन या बचाव भी मानवता विरोधी ही है।

13 विश्वशांति बंधक है एक ध्रुवीय विश्व व्यवस्था की

प्रख्यात क्रांतिकारी एवं विचारक स्व० मानवेन्द्र नाथ राय ने आज से 530 वर्ष पूर्व पटना विश्वविद्यालय सीनेट हॉल में "क्या विश्वयुद्ध अपरिहार्य है"? विषय पर भाषण करते हुए कहा था कि "विश्वयुद्ध का होना न होना भारत पर निर्भर है।" उस समय भारत एक नवोदित राष्ट्र था और उसकी आबादी लगभग 40 करोड़ थी। उस समय भारत यदि अमेरिका या सोवियत संघ के खेमे में चला जाता तो शक्ति-संतुलन गड़बड़ हो जाता और विश्वयुद्ध हो जाता। लेकिन पं० नेहरू ने सुकर्णो, टीटो, नसर को साथ कर "तटस्थ या निर्गुट राष्ट्र संगठन" की स्थापना की। उस समय यह उपहास और तिरस्कार का विषय था। लेकिन आज तो निर्गुट राष्ट्र संगठन में सौ से ऊपर सदस्य हो गए हैं। फिर तो साम्यवादी विश्व राजनीति ने भी "युद्ध की अनिवार्यता" के सिद्धान्त में संशोधन कर "सह-अस्तित्ववाद" को अंगीकार किया गया। लेकिन यह कोई बुद्ध या गांधी का नहीं बल्कि आणविक युग की अनिवार्यता थी लेकिन भारत ने जो तटस्थता की विश्व राजनीति के सूत्रपात का नेतृत्व किया वह गांधी की विरासत थी। भारत को इसकी गहरी कीमत चुकानी पड़ी। सोवियत संघ ने कश्मीर मुद्दे पर सुरक्षा परिषद् में वीटो पर वीटो दिया, उधर अमेरिका एवं पश्चिमी राष्ट्रों ने भारत में अन्तर्राष्ट्रीय राजनीति में बेतरह परेशान किया। आर्थिक विकास में बाधा थी एवं सैन्यबल का संतुलन पाकिस्तान की तरफ देते रहे जो आज तक जारी है। इसीलिए कोरिया, नियतनाम, अफगानिस्तान, युगोस्लाविया एवं कश्मीर-फिलीस्तीन भी हिरोशिमा-नागाशाकी नहीं बन सका और विश्वयुद्ध भी रुका रहा। सोवियत संघ के विखंडन एवं पतन के बाद विश्व व्यवस्था में गुणात्मक अंतर आ गया क्योंकि एक ध्रुवीय विश्व-व्यवस्था में अमेरिका मालिक बन गया है। इसलिए आज विश्वशांति को खतरा बढ़ गया है। आज अमेरिका है- "परम सुतंत्र न सिर कोउ"। संयुक्त राष्ट्र संघ और विश्व जनमत को धता बताकर आक्रामक और उच्छृंखल हो गया है। दूसरी तरह अन्तर्राष्ट्रीय मुद्रा कोष, विश्व बैंक और विश्व व्यापार संघ के माध्यम से विश्व को आर्थिक गुलामी से जकड़ रहा है।

दुर्भाग्यवश भारत अपनी ऐतिहासिक भूमिका को उसी दिन भूल गया जिस दिन आर्थिक स्वावलम्बन और स्वदेशी का बलिदान कर निर्लज्ज कर्जखोर बन गया। इसीलिए अन्तर्राष्ट्रीय स्तर पर फिलस्तीन या अफगानिस्तान या ईराक में भारत की आवाज दुर्बल

हो गयी है। ईराक के ऊपर नग्न आक्रमण पर भारत की संसद ने सत्ता पक्ष के असमंजस एक तेजहीन प्रस्ताव पारित किया। लेकिन इस समय उससे अधिक लज्जाजनक त्रासदी पैदा हो रही है तब भारत सरकार अमरीकी-ब्रिटिश अन्यायपूर्ण आक्रमण को मान्यता दिलाने के लिए असमंजस में है। जो काम अमेरिका ने युद्ध के समय हासिल नहीं किया, वह चाहे घूस (पाकिस्तान को 3 बिलियन डालर) या धौंस के द्वारा हो। यह केवल गुट निरपेक्ष आंदोलन का ही श्राद्ध नहीं होगा, विश्व शांति के लिए घातक सिद्ध होगा। अफगानिस्तान और ईराक अमरीकी विश्व विजय का पूर्वाभास है। इसका एक उत्तर तो होगा कि विश्व स्तर पर आणविक आतंकवाद पैदा होगा या फिर भारत-चीन-रूस दूसरे शक्ति ध्रुव का केन्द्र होगा। इसीलिए रूस के अतिरिक्त भारत को चीन से अच्छे से अच्छे संबंध बनाने चाहिएँ और दो ध्रुवीय विश्व व्यवस्था का नेतृत्व करना चाहिए। इसकी शुरुआत भारत-पाक मैत्री एवं दक्षिण एशिया की बिरादरी को सशक्त करने से होगी और देश के अंदर मंदिर-मस्जिद आदि के फिजूल मुद्दों पर राख डालकर सद्भाव का वातावरण बनाना होगा। भारत की संस्कृति भी वैदिक काल से समन्वय एवं सामाजिक रही है- "एकं सद्विप्रा बहुधा बदन्ति" कि एक मंत्र से कोटि-कोटि देवी देवताओं का समन्वय हो जाता है। यहीं का दर्शन भी सामाजिक है- आस्तिक-नास्तिक, बौद्धिक श्रमण, वैष्णव-शैव सब का समन्वय है। यहीं का समाज भी सामाजिक है शक, शीथियन, गुर्जर, यवन, मुगल, खिष्टी, पारसी, जैन, बौद्ध, सिक्ख हैं लेकिन समन्वय का इतिहास है।

लेकिन इस सांस्कृतिक एकता को मजबूत करने के लिए आर्थिक स्वावलम्बन का मार्ग अपनाना होगा। दादा भाई नौरोजी ने जिस स्वदेशी की अवधारणा दी और जिसे गांधी ने चरितार्थ किया था, उसी मार्ग को अपनाकर हम वैदेशिक गुलामी से छुटकारा पा सकते हैं। जो देश आर्थिक रूप से गुलामी में रहता है, उसकी संप्रभुता एवं आजादी भी दूसरों के यहाँ गिरवी रखनी पड़ती है। गांधी ने स्वदेशी का मंत्र ही नहीं रखा उसे राष्ट्रीय आंदोलन का भी तेजस्वी आयुध बना दिया। आज हमें राष्ट्रीय संकल्प लेना होगा कि इसे जहाँ तक संभव हो उपभोक्ता सामानों में विदेशी वस्तुओं का व्यवहार नहीं करेंगे। इससे बेरोजगारों को रोजगार एवं देशी उत्पादकों की समृद्धि बढ़ेगी। विकास के नाम पर विदेशों से कर्ज लेने की हबस कम करनी होगी। इसी क्रम में हमें अब अमेरीकी विश्वविद्यालयों एवं शिक्षण संस्थाओं से ललक कम करनी होगी। विश्व स्तर पर हमें या तो संयुक्त राष्ट्र को सशक्त करना होगा अन्यथा वैकल्पिक राष्ट्र संघ का निर्माण करना होगा। अमरीकी जनता से हमारा द्रोह है, वहाँ के लोकतंत्र के संस्थापकों के प्रति आदर है, लेकिन आज वहाँ के शासक लोकतंत्र के सबसे बड़े शत्रु बन गए हैं। जैसे इस्लामी हिजरत में जुल्मी हुक्मरान का अगर मुकाबला करते तो उससे असहयोग करते हुए मुल्क छोड़ देते हैं। गांधी जी ने भी खिलाफत आंदोलन का इसीलिए समर्थन किया

था। आज सम्पूर्ण विश्व को एक लोकतंत्र के सबसे बड़े देश भारत को इस विरोध को स्वर देने के लिए अपने मूल के लोगों को भी अपने साथ करना चाहिए। अत: गांधी जी का अहिंसक प्रतिकार-असहयोग एवं बहिष्कार ही एक ध्रुवीय विश्व संकट से हमें मुक्ति देगा।

14 शांति की संस्कृति और स्त्री-शक्ति

सभ्यता की यह विडम्बना है कि एक तरफ हमारे धार्मिक संतों एवं महात्माओं तथा सामाजिक-राजनीतिक विचारकों के द्वारा शांति की कामनायें और प्रार्थनायें होती रही हैं, वही यह दुर्भाग्य है कि इतिहास में लगभग साढ़े चौदह हजार छोटे-बड़े युद्ध हो चुके और हिंसा आतंकवाद तक पहुँच चुकी है। अकेले धर्म के नाम पर लगभग 6½ हजार युद्ध हो चुके हैं जो आज "सभ्यताओं के संघर्ष" का अंतहीन कार्यक्रम हो चुका है। आणविक आयुद्धों के निर्माण की प्रतिद्वन्द्विता किसी भी समय महाप्रलय उपस्थित कर सकती है।

संयुक्त राष्ट्र संघ इतना दुर्बल है कि उसकी अनुमति के बिना संयुक्त राज्य अमरीका आज चाहे जिस देश पर भी युद्ध के द्वारा उसका विनाश कर सकता है। अत: युनेस्को का यह कहकर संतोष करना कि "युद्ध मानव मस्तिष्क से आरम्भ करता है। उसी प्रकार शांति का दुर्ग भी मानव-मन में ही निर्मित है।" यह सुन्दर सुभाषित हो सकता है लेकिन इससे हिंसा का शमन नहीं हो पा रहा है। असल में हिंसा-निवारण के प्रश्न को हम केवल अन्तर्मुखी एकांगिता से हल नहीं कर सकते हैं।

हिंसा के मूल को समझने के लिए हमें मानव की प्रकृति पर विचार करना होगा। मनुष्य न तो देव है, न दानव। उसकी प्रकृति में विकृति और संस्कृति की दो धारायें हैं। मानव-मन रूपी कुरुक्षेत्र में कौरव और पांडव दोनों का महाभारत होता है। इसलिए कहा गया है- "सुमति कुमति सबके उर रइही।" बुद्धि अवश्य उसके पास है लेकिन उसका बुद्धिवाद उसे कम, उसका राग-द्वेष, भावना, संवेग आदि उसे अधिक प्रवाहित करता है। शक्ति के प्रयोग से विकृति निरन्तर दबती रही है ताकि उसका सांस्कृतिक विकास होता रहे। सत्य तो यही है कि मनुष्य को केवल देवता समझ लेना उतना ही एकांगिक सत्य है जितना उसे केवल दानव बताना है। हम भले ही हाब्स, लाक, डार्विन और मार्क्स की भाँति इतिहास की भौतिक या मनुष्य की आर्थिक व्याख्या को नकारते हुए मनुष्य को स्वभाव से दुष्ट नहीं माने, लेकिन उसे केवल "तत्वमसि" या "ईश्वर का अंश" ही मानना तथ्य विरुद्ध प्रतीत होता है। अत: मनुष्य की प्रकृति के साथ परिस्थिति दोनों का आंकलन करना होगा।

शांति की संस्कृति के निर्माण में मनुष्य की वृत्तियों का स्वाभाविक संघर्ष, चित्त शुद्धि एवं साधन शुद्धि के महत्व को अस्वीकार नहीं किया जा सकता, लेकिन महाभारत के "अर्थस्य पुरुषोदासो" के सत्य की भी हम उपेक्षा नहीं कर सकते। आन्तरिक परिवर्तन के साथ सामाजिक-आर्थिक-राजनैतिक संरचनात्मक परिवर्तन को ध्यान में रखना होगा। संक्षेप में हमें शांति की साधना के अन्तर एवं बाह्य दोनों आयामों का समन्वय करना होगा। शांति की संस्कृति में बौद्धिकता और सौंदर्य बोध, मानवीयता और आध्यात्मिकता का उतना ही महत्व है जितना उसके आर्थिक और राजनैतिक पक्ष हैं। शांति की संस्कृति, विचार एवं आदर्श की व्योम विहारी कल्पना नहीं, जीवन का सगुण यथार्थ भी है। हमें शांति को केवल विचार तक ही सीमित नहीं रखना चाहिए बल्कि उसे जीवन में जीने का भी अभ्यास करना चाहिए। शांति, मनसा, वाचा कर्मणा की त्रिवेणी तथा अन्तर एवं बाह्य का संगम होना चाहिए ताकि हम खोखले आदर्शवाद एवं सांस्कृतिक उपनिवेशवाद के दोष से बच सकें। आज तो शांति के नाम पर किसी दूसरे राष्ट्र पर आक्रमण भी किया जा रहा है, जबकि हमें पारस्परिक अनाक्रमण से बढ़कर एक पक्षीय निःशस्त्रीकरण के लिए अपना अभिक्रम एवं साहस दिखाने का समय आ गया है क्योंकि आज तो अणुबम और अहिंसा या सृजन एवं सतयानाश के बीच शांति और सृजन को ही चुनना होगा।

मानव-संस्कृति के इतिहास क्रम में युद्ध और शांति के संघर्ष में यह एक कठोर सत्य है कि कुछ अपवादों को छोड़कर मानवीय संस्कृति प्रायः पितृ-सत्तात्मक रही है। पुरुष समाज का राजसत्ता ही नहीं समाज विभिन्न पक्षों पर वर्चस्व रहा है। यही नहीं स्त्री के प्रति आदर्शात्मक साधुवाद के साथ व्यवहार में उपेक्षा, तिरस्कार एवं हीन भावना रही है। जहाँ हम "यत्रनार्यस्तु पूज्यन्ते रमन्ते तत्र देवता" का जय करते हैं, वहीं त्रेता में अग्निपरीक्षा में निर्दोष सीता को गर्भावस्था में निर्वासित एवं द्वापर में रजस्वला स्थिति में भी भरी राजसभा में द्रोपदी का चीरहरण किया जाता है। मध्य युग में सती-प्रथा की गौरवगाथा तो सुनने को मिलती है, लेकिन आजतक एक भी पुरुष के स्त्री के मरने पर शरीर-त्याग का उदाहरण नहीं मिला है।

हम भूल जाते हैं कि युद्ध की संस्कृति को अभी तक अक्षुण्ण रखने का श्रेय प्रायः पुरुष समाज को है। अतः शांति की संस्कृति के अभिरक्षण का अभिक्रम का स्वाभाविक दायित्व मातृ-शक्ति को मिलना चाहिए। इसके कई ठोस आधार भी हैं। प्रथमतः स्त्री जाति में छिपी हुई अपार शक्ति इसकी विद्वत्ता अथवा इसके शरीर बल की बदौलत नहीं बल्कि उसके भीतर भरी हुई उत्कठ श्रद्धा का वेग, और अत्यधिक स्वाभाविक त्याग-शक्ति है। उसमें स्वभाव से ही कोमलता एवं प्रेम तो है ही वह भीतर से ही धार्मिक वृत्ति की होती है। भले ही हम इसे अंधविश्वास या पिछड़ापन माने, स्त्री-समाज ने ही

धर्म की रक्षा की और बिना किसी राजनीतिक प्रेरणा से लगी रही है। दुर्गा सप्तशती में स्त्री को "विद्या समस्तास्तव देवि भेदा स्त्रियः समस्ता सकला जगत्सु" कहा गया है यानी विश्व की उत्पत्ति का एवं पालिका शक्ति माताओं पर निर्भर है। इस वाक्य को हमें अभिधार्थ समझना चाहिए कि मातृ-शक्ति ही सृजन और पालन करती है जो कोई कल्पना या काव्य नहीं, जगत का यथार्थ है। इस शक्ति को विभिन्न विचारों के नाम-गुण से संबोधित किया गया है, अस्तु विष्णु-माया, चेतना, बुद्धि, निद्रा, क्षुधा, इच्छा, शक्ति, तृष्णा, जाति, लज्जा, शांति, श्रद्धा, क्रांति, लक्ष्मी, वृत्ति, स्मृति, दया, तुष्टि, मातृ-शक्ति, भ्राति आदि। संक्षेप में नारी श्रद्धा और विश्वास की प्रतीक है। यह कोई काल्पनिक नहीं बल्कि वैज्ञानिक एवं मनोवैज्ञानिक सत्य है। ऐसी बात नहीं कि पुरुषों में ये गुण नहीं हैं किन्तु अपेक्षाकृत नारी में इसका वाहुल्य है। यह ठीक है कि स्त्री-पुरुष दोनों समान जीव हैं, लेकिन फिर भी कुछ तो प्रकृति, कुछ रुचि-भेद तो है ही। नारी पराशक्ति की ओर अधिक अभिमुख हो सकती है, यही कारण है कि वह सेवा और त्याग, कष्ट सहने के साथ प्रेमल जीवन जीने की अधिक आदि है। शायद इसे देखकर ही विनोवा भावे ने कहा है- "यह सच है कि शांति की मूर्ति गढी नहीं जा सकती, लेकिन मान लें कि उसे गढना ही हो, तो वह स्त्री की ही मूर्ति हो सकती है क्योंकि वह मातृ-स्थान है। जो सारे समाज की तारिणी शक्ति है। वही शांति की मूर्ति हो सकती है।" जाने-अनजाने पुरुष वर्ग ने अपने वर्चस्व के लिए प्रपंच और दुरभि संधियों का जो चक्रव्यूह निर्माण कर लिया, आज मानव-सभ्यता उसी में अभिमन्यु की तरह छटपटा रहा है।

दूसरी और सामान्यतः स्त्री-शक्ति विधायिनी होती है इसीलिए भारतीय तत्वदर्शी साधकों ने मातृ-शक्ति को विश्वविधायिनी अनन्त वैचित्रय प्रसविनी महाशक्ति के रूप में चित्रित किया है। विधायिनी-शक्ति में मंगल, शांति एवं प्रेम मिलेगा ही।" सर्व मंगल मांगल्ये" से शांति स्वयं निःसृत होगी। मनोविज्ञान भी कहता है कि नारियों के आँचल में दूध और अन्तःस्तल में कोमल, मृदुल प्रेम रहता है। यह प्रेम एवं माधुर्य एक ओर तो उसमें अक्षय सौंदर्य बोध प्रेरित करता है, दूसरी ओर उसे भक्ति की ओर भी प्रेरित करता है। नारद ने कहा ही है- "सात्वस्मिन परम प्रेमरूपा।" परम प्रेम ही भक्ति का उद्‌गम-स्थान है।

यही सब सोचकर गाँधी जी ने अपने सत्याग्रह के अग्रिम में स्त्री-शक्ति को रखा था कि बुराई एवं मदमत हिंसा भी अपनी हिंसा का परित्याग कर सके। "शांति रूपी अमृत के प्यासे इस युद्धस्त संसार को आज शांति की कला सिखाने का काम भगवान ने स्त्री को सौंपा है।" वह सत्याग्रह की नेता बन सकती है क्योंकि उसमें पुस्तकीय ज्ञान या पशुबल की जरूरत नहीं बल्कि श्रद्धा तथा कष्ट सहन संयुक्त आत्मबल की जरूरत है। गांधी जी के अनुसार तो स्त्री अहिंसा का अवतार है। अहिंसा का अर्थ है असीम

प्रेम। और प्रेम का अर्थ है असीम कष्ट-सहन की शक्ति।" वह शक्ति नारी की स्वाभाविक प्रकृति प्रदत्त पूँजी है।

इस तरह मातृ-शक्ति एक ओर उत्पत्ति एवं पोषिका, गृहस्वामिनी एवं सहयात्री होने के नाते अभ्युदय अभिमुख है दूसरी ओर भक्ति एवं त्याग में अभ्यस्त होने के कारण निःश्रेयस की संदेशवाहिका है। वात्सल्य एवं दाम्पत्य प्रेम और कोमल प्रकृति के कारण शांति एवं अहिंसा उनका स्वाभाविक गुण है। उधर युग-युग से पुरुष समाज को समान-रक्षा के निमित्त हिंसा की शिक्षा एवं प्रशिक्षण प्राप्त हुआ है। साथ-साथ राजनीति एवं राजसत्ता के संग उसको साम, दाम, दंड और भेद का सहारा लेने को विवश करता है। फिर तो प्रपंच एवं षड्यंत्र से लेकर आतंक एवं युद्ध उनके जीवन के साथ जुड़ जाता है। अतः अहिंसावाहिनी के रूप में शांति की संस्कृति का दायित्व स्त्री--शक्ति पर आना स्वाभाविक है।

मानव प्रकृति की दो धाराएं दो प्रकार की शक्तियों की प्रतीक रही हैं। उसका पाशविक स्वरूप उसके शरीर और शस्त्र-बल को विकसित करता रहा जिससे युद्ध का विकास होता गया जो आज आण्विक स्तर पर आकर ठिठक गया है क्योंकि यह युद्ध नहीं महानाश का निमंत्रण है। ऐसी स्थिति में शांति की संस्कृति की स्थापना एवं संबर्धन के लिए एक नये मानव-उपकरण की आवश्यकता है जिसका आधार शरीर बल और शस्त्र-शक्ति न होकर आत्म-बल होगा। यही शांति का हृदय और प्राण है। यदि मन में शांति नहीं है तो परिवार एवं पड़ोस, समाज एवं देश और विश्वशांति एक दिवास्वप्न है। नारी को आत्म-बल का प्रशिक्षण स्वयं परिवार में मिल जाता है। शिशु के जन्म से लेकर उसका लालन-पालन अध्यात्म और शांति का अमोघ प्रशिक्षण है। शिशु-पालन में माता की सेवा निःस्वार्थ, निर्दोष एवं अमृत समान होती है। माता के द्वारा शिशु-पोषण परिचारिका भी करती है, लेकिन माँ केवल परिचारिका नहीं वह तो उसकी माँ है जिससे उसको वात्सल्य का अमृत मिलता है, शुभ-संस्कार प्राप्त होते हैं एवं शांति के शिक्षण एवं संस्कार के लिए मातृ-शक्ति का विकल्प ही नहीं है।

व्यक्ति के मन और आत्मा के शुभ संस्कार तो माँ देती ही है, बाद में परिवार में भी प्रेम का संयोजन करती है। आज खंडित एवं कुंठित मानव अपने परिवार को भी विदीर्ण कर हिंसक बना देता है। पारिवारिक-विग्रह ही पारिवारिक हिंसा की व्यूह-रचना करती है। अतः परिवार में शांति समाज में शांति की बुनियाद है। यह भावनात्मक और संरचनात्मक दोनों प्रकार की शांति का मूल है। स्त्री को यह दायित्व मिलता ही है अतः उसका तो शांति-कार्य के लिए स्वतः प्रशिक्षण मिलता है, फिर जिसके परिवार में शांति है वही अपने पास-पड़ोस में भी शांति स्थापित करने में सक्षम हो सकता है। आज परिवार ही जब टूट रहा हो तो पड़ोस की दुःस्थिति का अनुमान लगाया जा सकता है।

फिर जब पड़ोस ही अशांति का रणोगन है तो जाति, सम्प्रदाय आदि में शांति की चाहना मृग-तृष्णा ही है। अतः स्त्री-शक्ति शांति की जन्मजात गंगोत्री है जिससे परिवार, पड़ोस, समाज एवं राष्ट्र में शांति का वर्तुल बनता है।

अतः शांति सेना या शांतिकार्य के लिए राजतंत्र या राजदंड नहीं बल्कि माता की गोद, उसकी निःस्वार्थ सेवा एवं ममता चाहिए। दंडविधान से हमारी विकृतियों का अस्थायी शमन तो हो जाता है किन्तु स्थायी निदान नहीं मिलता। इसके विपरीत दंड से हिंसक प्रतिक्रियाओं का जन्म होता है। आज लोकतंत्र इसीलिए लंगड़ा हो रहा है कि उसे भी दंड-शक्ति एवं आरक्षी बल एवं सैन्य-बल का सहारा लेना पड़ता है। विचार-परिवर्तन या ह्रदय-परिवर्तन दंड विधान से संभव ही नहीं। अतः अहिंसक लोकशक्ति के लिए शांति सेना और विशेषकर महिला-शांति सेना अपरिहार्य है।

जिस प्रकार माँ अपने बच्चे पर निःस्वार्थ एवं प्रतिरोधी प्रेम रखती है, शांति सेना को भी इसी प्रतिबिंवित या आक्रमणकारी प्रेम उपार्जित करने की साधना सीखनी होगी जो मातृ-शक्ति की अविच्छिन्न धरोहर है। जैसे माता की दृष्टि में काले-गोरे बच्चे का भेद नहीं रहता है उसी प्रकार से शांति सेना के लिए भी जाति, धर्म, राष्ट्र का भी बंधन नहीं होगा। वह माता की तरह प्रतिदान के लिए सेवा नहीं करेगा बल्कि आत्मसंतोष ही उसका लक्ष्य होगा। संक्षेप में जब मातृ-प्रकृति, मातृ-वृत्ति एवं मातृ-शक्ति ही शांतिसेना की त्रिकाल संध्या है तो इसके लिए त्रिपुरी सुन्दरी नारी अधिक उपयुक्त होगी।

आज नागरिक शक्ति पर पुलिस एवं सैन्य-शक्ति का हावी होना लोकतंत्र के लिए सबसे बड़ा खतरा है, फिर आरक्षी एवं सैन्य बल का आर्थिक बोझ बेहद भारी है। इस दृष्टि से लोकतंत्र के अभिरक्षण एवं पुलिस एवं सैनिक तंत्र के आर्थिक बोझ से भी कुछ राहत मिल सकती है। शांति कार्य में शक्ति एवं पूँजी लगाना सर्वश्रेष्ठ निवेश है उससे समाज में शांति की संस्कृति आएगी।

मातृ-शक्ति उत्पादिका एवं पोषिका होने के साथ-साथ शिक्षा और सेवा के स्वधर्म पालन में अद्वितीय है। अतः महिला शांति सेना सचमुच शिक्षा-सेना एवं सेवा-सेना है। इसके लिए उन्हें तो परिवार में शिक्षण मिला ही है। स्त्रियों ने आजतक अपने पीछे रहकर पुरुषों को आगे बढ़ने में त्याग किया है। परिवार एवं समाज में भी सद्‌भावना उन्हीं के कारण टिकी हुई है। इसलिए महिला शांति सेना आज के पाश्चात्य नारी मुक्ति का भौतिकवादी आन्दोलन नहीं यह भारत की मृत्युंजयी अध्यात्म एवं विज्ञान के समन्वयकारिणी संस्कृति का शुभचरण है। महिला शांति सेना केवल महिला-सशक्तिकरण का ही अभियान नहीं बल्कि एक समग्र सांस्कृतिक और रचनात्मक क्रांति का उपकरण है। यह न पुरुष-विद्वेषी है न इसमें जीवन विद्वेषी तत्वों को स्थान है चूंकि यह करुणा अभिमुख एवं मातृ-केन्द्रित है। इसीलिए इसमें सत्ताधर्मी राजनीति के बदले सेवा धर्मी उदात्त

सहभागी राजनीति का संस्पर्श है। महिला शांति सेना की एवं संभावना एक निर्मल और शांतिपूर्ण निर्माण करने में है। अतः इसकी शिक्षा, इसकी राजनीति और इसका आर्थिक विकास का मॉडल पर शांति उन्मुख रहेगा, कारण यदि मन में शांति नहीं रहेगी तो व्यक्ति अशांत एवं उद्विग्न रहेगा और यदि समाज व्यवस्था में शांति नहीं रहेगी तो विश्व ही विनष्ट हो जायेगा। अणुबम और अहिंसा के बीच एक ही का चुनाव करना होगा। लेकिन शांति का मौत चाहे सम्पूर्ण पृथ्वी या नक्षत्रों में उड़े लेकिन हमारे अन्तर में यदि शांति का दीप नहीं जला तो शांति आ नहीं सकती। लेकिन शांति का सगुण दर्शन हमें न्याय, समानता एवं भ्रातृत्व होगा। इसीलिए शांति को केवल युद्ध का अभाव या पुरुष-राज्य के बदले स्त्री-राज्य नहीं बल्कि परिवार में माता की ममता, पिता का प्रेम, भाई का बहन द्वारा रक्षा-बंधन, पति-पत्नी का सच्चा दाम्पत्य का सात्विक-उत्कर्ष कर सम्पूर्ण विश्व को ही एक परिवार बनाना है। परिवार यदि विखंडित हो गया तो विश्व-व्यवस्था भी टूट जायेगी। यह महिला की मातृ-शक्ति के जागरण से संभव है।

या देवी सर्वभूतेषु मातृ रूपेण संस्थिता
नमःतस्ये नमःतस्ये नमस्तैस्य नमो नमः।

15 शांति सेना की विरासत और उसकी जरूरत

आज देश में जिस प्रकार सुरसा की तरह हिंसा अपना हाथ-पैर फैला रही है, और पुलिस तथा अर्द्ध-सैनिक बल जिससे निपटने में अशक्त और अक्षम दिख रही है, वह जनमानस को सैनिक शासन की माँग की ओर जाने को विवश कर रही है। राजनीति एवं राजनेताओं से इसलिए भी इस दिशा में आशा नहीं है क्योंकि राजनीति का स्वयं अपराधीकरण एक लाइलाज दिख रहा है। एशिया और अफ्रीका अधिकांश देश इसी कारण सैनिक तानाशाही की गोद में जा चुके हैं। अतः इस दुष्ट-चक्र का भेदन करने के लिए या तो हमें एक अहिंसक लोक-शक्ति का विकास करना होगा या फिर लोकतंत्र को ही अलबिदा कहना होगा। गाँधीजी ने अपनी शहादत के दिन जो एक महत्वपूर्ण दस्तावेज में जिसे हम उनकी "आखिरी वसीयत" भी मानते हैं, साफ चेतावनी दी थी कि "स्वतंत्र होने के लिए यहाँ नागरिक-शक्ति और पुलिस-सेना की शक्ति के बीच टक्कर अनिवार्य है जिसमें यदि नागरिक शक्ति कमजोर हुई तो लोकतंत्र का दीप ही बुझ जाएगा। जकार्त्ता से काहिरा तक का हश्र सामने है।

गाँधी ने अपनी दूर-दृष्टि से उस बात को समझकर बहुत पहले ही नागरिकों को अहिंसक शक्ति को संगठित करने के लिए शांति-सेना का संगठन आरम्भ कर दिया था जो साम्प्रदायिक दंगों के समय सैन्य-बल या पुलिस का विकल्प बन सके। गणेश शंकर की शहादत और कलकत्ता-नोआरवाली-बिहार की शांति यात्रा गाँधी की उसी दिशा में अर्थभरा एक प्रयोग था।

दुर्भाग्य से 53 साल की आजादी के बाद, भूख, बेकारी और विषमता की अभिवृद्धि के कारण आज देश संरचनात्मक हिंसा की ज्वालामुखी के रूप में आग उगलने लग गयी है। पश्चिमोत्तर क्षेत्र में कश्मीर-जम्मू तो देश के साम्प्रदायिक विभाजन के कारण युद्ध का शाश्वत साक्ष्य है ही, पूर्वोत्तर के प्रायः सभी प्रदेशों में हिंसा का दुर्दान्त खेल हो रहा है। भूख और बेरोजगारी आदि के कारण मृत प्राय नक्सली हिंसरक्त बीज की भांति बिहार, उत्तर प्रदेश, छत्तीसगढ़ होकर पुनः तेलंगाना-आंध्रप्रदेश के लिए सबसे बड़ी समस्या बनती जा रही है। देश के माथे पर नेपाल तो लहू-लुहान है ही। ऐसी स्थिति में आज छिट-पुट ढंग से नहीं बल्कि गाँव-गाँव एवं शहरों में मुहल्ले-मुहल्ले में नागरिक

शक्ति के संगठन के सिवा दूसरा रास्ता बचा ही नहीं है। हमारी जान, माल और इज्जत सरकार और पुलिस के हाथों नहीं बच रही है तो शेषावतार अहिंसक जनशक्ति के संगठन के सिवा दूसरा विकल्प नहीं हैं। उस अहिंसक-जनशक्ति के ध्वजबाहक के रूप में शांति सेना को अग्निशमक दल की तरह केवल ऊपर में फूटती हुई हिंसा को शमन करने वाला समाज या सरकार के निहित स्वार्थ की रक्षा करने वाली प्रतिगामी टोली नहीं समझनी होगी। जिस तरह मच्छर और मक्खियां वहीं बैठती हैं जहाँ गंदगी होती है, उसी तरह हिंसा वहां बढ़ती है जहाँ गरीबी, बेकारी एवं सामाजिक अन्याय आदि बढ़ते हैं। इसलिए हमारे हाथ में यदि शांति का दीप जले तो हमारे मन में अन्याय के अहिंसक प्रतिकार की तैयारी भी होनी चाहिए। इस प्रकार शांतिसेना अहिंसक समाज परिवर्तन का संदेशवाहक होगा। हाँ उसके लिए यह शर्तें होनी ही चाहिएं कि वह "निष्पक्ष और निर्भीक होकर अपना कर्त्तव्य पालन कर उसे केवल सम्प्रदाय एवं जाति के घरौंदों से बाहर रहना होगा बल्कि उसे राजनैतिक दलों के दलदल से भी बाहर रहना होगा, वर्ना उसकी विश्वसनीयता नहीं रहेगी। यह राजनीतिक से पराढ़मुख रहना नहीं है लेकिन उसकी भूमिका पक्षातीत होगी।

आज समाज हिंसा के दावानल में जल रहा है। घरेलू हिंसा से लेकर जातीय, भाषाई और साम्प्रदायिक हिंसा के साथ-साथ अपराधिक हिंसा का राजनीति से तालमेल हो गया है। एक सर्वेक्षण के अनुसार भारत के लोक-सभा में 100 से ऊपर ऐसे सांसद चुनकर आए हैं जिनका अपराधिक चरित्र उप्वल है। बाहुबलियों के क्षेत्रों में सरकार या निर्वाचन आयोग की छड़ी भी बेकार हो रही है। पुलिस और बर्द्धसैनिक बलों से भी अधिक इन बहुबलियों के संसाधन, गुप्तचर एवं राजनीतिक संरक्षणदाता मौजूद हैं। फिर प्रजा पुलिस-अर्द्धसैनिक बल को बढ़ाकर उसके दुर्वह अर्थबोझ से जनता दबेगी। अत: गाँव-गाँव में शांति सेना का संगठन कोई स्वप्तदर्शी विचार नहीं बल्कि एकमात्र ठोस व्यावहारिक उपाय है। आज तो हमारा एक-चौथाई पुलिस बल राजनैतिक महानुभावों की सेवा एवं सुरक्षा में पड़ा रहता है। फिर शहरों की देखभाल उनका विशेषदायित्व हो जाता है। लाखों गाँव तो अरक्षित एवं भययुक्त जीवन जी रहे हैं। इसीलिए वहीं के लोगों की स्वयंसेवी संस्था के रूप में शांति सेना का गठन होना चाहिए ताकि अपने घर परिवार में रहते हुए भी शांति स्थापना का काम करें। ये भाड़े के या वेतनभोगी नहीं बल्कि मुख्यत: आंशिक दाता रहेंगे। इसकी अग्रिम पंक्ति में महिलाओं की अवश्य भागीदारी होनी चाहिए क्योंकि जब हिंसा बौराई रहती है तो मातृ-शक्ति के आगे ही वह लज्जित और पराभूत होती है। युवक-युवतियों में अतिरिक्त ऊर्जा और शक्ति होती है, अत: उन्हें भी उससे जोड़ना ही होगा, लेकिन शांतिकार्य में जिस प्रकार नारी-शक्ति और युवा-शक्ति का विशेष ध्यान रखना होगा उसी प्रकार शांति की निष्ठा और सात्विक नीति-धर्म में प्रतिष्ठित प्रौढ़ एवं वृद्धों को भी हरगिज नहीं छोड़ना होगा। उनसे हमें

मार्गदर्शन भी मिलेगा। उसी प्रकार राज्य-संगठन के लिए सेना और पुलिस अनिवार्य होता है उसी प्रकार ग्राम स्वराज्य या लोक स्वराज्य के लिए भी शांतिसेना आवश्यक है। उनमें शांति की निष्ठा और सेवा की भावना तो होगी ही, समाज परिवर्तन के साथ-साथ सेना की चुस्ती, समयबद्धता, अनुशासन एवं जोखिम उठाने की क्षमता भी रहेगी। संक्षेप में वह एक प्रकार से अहिंसावाहिनी ही होगी।

यही कुछ कारण हैं कि शांति-सेना के संगठन को गाँधीजी ने प्रारम्भ किया, विनाबाजी ने ग्रामदान-ग्रमाभिमुख खादी के साथ अपने आन्दोलनों में शांति सेना को जोड़ा और जयप्रकाशजी ने न केवल राँची, जमशेदपुर, गुजरात आदि के दंगों में शांति सेना को शांति-कार्य की दीक्षा दी बल्कि नागालैण्ड, कश्मीर आदि की समस्याओं में इसका प्रयोग किया। यही नहीं वे तो शांति सेना मंडल के अध्यक्ष रहे और बिहार में तसन शांति के संस्थापक अध्यक्ष थे। विनोबाजी ने तो रायपुर में सर्वसेवाघ के अधिवेशन में ग्रामदान-खादी-शांतिसेना का विविध कार्यक्रम को सर्वोच्च आंदोलन का स्थायी कार्यक्रम मान लिया। बिहार आन्दोलन के समय जब जे॰पी॰ सभी राजनीतिक दलों और उनके युवा संगठनों को एक साझा मंच बनाने को कह रहे थे, सर्वोदय विचार से समीप ढंग सेना अपने "तीसरी शांति सेना" को भी भंग कर एक व्यापक छात्र-युवा-संघर्ष वाहिना कहा गया। उसने बोधगया में मठ के मध्य से संघर्ष कर हजारों एकड़ जमीन गरीबों को बांटी। कहल गाँव में गंगा-मुक्ति आन्दोलन ने गंगा के जल पर जमींदारी खत्म करवायी एवं समाज-परिवर्तन के अनेक काम किए लेकिन दुर्भाग्य से वह आपसी मतभेदों में टूट-फूट गयी।

उधर सर्व-सेवा-संघ में आपसी टूट के कारण जब विनोबाजी ने अच्युत काका के नेतृत्व में एक स्वतंत्र शांति सेना का गठन कर दिया तो सर्वसेवा संघ ने कुछ समय तक शांतिसेना का संगठन स्थापित करवाया। इसी बीच कुमार प्रशांत ने राष्ट्रीय युवा संगठन बनाया जिसे सर्वसेवा संघ ने सब प्रकार से समर्थन दिया लेकिन यह चिंतन चला कि शांति सेना की अपनी ऐतिहासिक विरासत है।

सुधाराव राष्ट्रीय युवा कार्यक्रम के जरिये देशभर में राष्ट्रीय एकता एवं युवा-शक्ति के जागरण के साथ शांति भावना का प्रचार करने के लिए बड़े से बड़े कार्यक्रम करते रहे जिस कारण वे आज एक व्यक्ति नहीं संस्था के समान हो गए। फिर यह दायित्व जब डॉ॰ रामजी सिंह पर आया तो शांति सेना समिति ने शांतिकार्य के लिए प्रशिक्षण पर जोर दिया जिसके फलस्वरूप देश के विभिन्न भागों में 35 प्रशिक्षण शिविर किए जिसमें लगभग 1235 लोगों को शांति सेना की तीन दिनों का प्रशिक्षण दिया गया। बिहार को शांति सेना का सघन इसलिए माना गया क्योंकि एक तरफ तो भूदान-ग्रामदान एवं सर्वोदय आन्दोलनों के कारण उसकी अनुकूलता है, दूसरी ओर यहाँ कुशासन, जातिवाद,

भ्रष्टावाद एवं राजनीति के अपराधीकरण के कारण शांतिसेना की सबसे अधिक जरूरत भी हैं। बिहार में शुरू में जे॰पी॰ के समय तीसरा शांति सेना भी थी बिहार या बिहार के बाहर प्राय: सात शिविर जनाधारीत हुए और उससे बिहार सर्वोदय आंदोलन खादी ग्रामोद्योग संस्था थे। गाँधी स्मारक निधि एवं आचार्य कुल का सहयोग रहा। बिहार के अन्दर आरा शहर में एकबारी, पटना में सलेमपुर है। इसका अपना इतिहास है और उसका श्रेय केवल युवाओं तक सीमित नहीं है। फिर यह देश इतना विस्तृत है कि शांति कार्य के लिए एक से अधिक संगठन हों तो वे पूरक बन सकते हैं। शांतिसेना का कार्यक्रम शुरू करने के लिए सर्वसेवासंघ में काफी जोर दिया जाने लगा और शांति सेना के एक पुराने एवं यशस्वी नेता जब सर्वसेवा संघ के अध्यक्ष बने तो शांतिसेना का फिर से संगठन डॉ॰ सुधाराव के नेतृत्व में शुरू किया गया। यह भी सोचा गया कि शांतिसेना का काम समान विचार वाले शांतिवादी संगठनों का समन्वय करे जिसमें आतिर भारती, राष्ट्रसेवा दल, राष्ट्रीय युवा संगठन, युवा भारत, अहिंसावाहिनी आदि शामिल हैं। इस लिए कि देश के सामने हिंसक और साम्प्रदायिक जातिवादी ताकतों का भी मिलकर मुकाबला किया जाए।

चूंकि ये संगठन प्राय: समान विचार के हैं, अत: इसमें प्रतिस्पर्धा या प्रतिद्वंद्विता का स्थान नहीं होगा।

मुजफरपुर, बेगूसराय में उलाव, मुंगेर में सिमुलतला, मधेपुरा, सहर्षा, सुपौल, पूर्णिया, भागलपुर, नारायणपुर, बिहपुर राजगीर, गया (शेरघाटी), अरबल आदि जगहों में शिविर हुए और अब इसमें जोर पकड़ रहा है। बिहार के बाहर इम्फाल (मणिपुर), बंगलौर (कर्नाटक), करीमनगर (आंध्र) बसमत आदि (महाराष्ट्र), जालंधर (पंजाब), वाराणसी सारनाथ, आगरा (गाँव में), झाँसी, पलामू आदि जगहों में हुए। देश इतना बड़ा है कि यह संस्था कम है। सबसे बड़ी कमी है कि हम इन शिविरों के उपरान्त इनके कार्यो का अनुगमन नहीं कर पाते। प्रशिक्षण के लिए पूर्णादाता प्रशिक्षकों की भी कमी है।

फिर भी ऐसा लगता है कि शांतिसेना गाँव में शांति का वातावरण तो बनाना ही है। शिविर से कुछ शुभ संस्कार, स्वास्थ्य एवं सेवा को लेकर लौटते हैं। गाँवों के लोग यह मानते हैं कि आज बढ़ती हुई हत्या, अपहरण, लूट-डाका से उन्हें पुलिस या सरकार नहीं बचा सकती। शांतिसेना का कार्यक्रम एवं निर्विरोध एवं स्थायी कार्यक्रम है। आवश्यकता है उनकी इस मनोभावना को हम संगठन के माध्यम जमीन पर लबे-संद्येशक्ति कलयुग:।

16 संघे शक्ति कलयुगेः

ऋग्वेद के संज्ञानसूक्र में संगच्छ ध्वंसंबदंध्व के संगठन की महिमा है। संगठन में शक्ति है। भगवान बुद्ध ने भी शायद इसीलिए **संघ शरणा गच्छामी** कहा था। इसामसीह के शिष्यों ने भी धर्म-प्रचार के लिए 'मिशन' बनाया और हजरत मुहम्मद और इस्लाम में भी संगठन के बल पर ही दुनियां में धर्म फैलाया। रामकृष्ण परमहंस के विचार भी विश्वभर में नहीं प्रसारित होते, यदि स्वामी विवेकानन्द ने रामकृष्णा मिशन की स्थापना नहीं की होती। राजनीतिक क्षेत्र में भी यदि अन्तर्राष्ट्रीय स्तर पर तृतीय या चतुर्थ साम्यवादी अन्तर्राष्ट्रीय संगठन (इंटरनेशनल) नहीं स्थापित होते तो साम्यवादी विचारधारा का इतना फैलाव नहीं होता। अपने देश में राष्ट्रीय स्वयंसेवक की शक्ति का भी रहस्य उनका संगठन ही है।

तब फिर सर्वोदय परिवार में संगठन की इतनी उपेक्षा क्यों की जाती है? विनोवा जी ने तंत्र-मुक्ति की बात क्यों की? आज सर्व-सेवा-संघ एवं अधिकांश राज्यों के सर्वोदय मंडलों में संगठन-शून्यता अपनी पराकष्ठा पर क्यों हैं? पहली बात तो है कि भारतीय संस्कृति आध्यात्मिक अभियंतरणा के अत्युच्च शिखर पर है किन्तु सामाजिक संरचना काफी दयनीय है। एक तरफ विचार में अद्वैत, व्यवहार में अस्पृश्यता, सिद्धांत में 'भूमा' या 'वसुधैव कुटुम्बकम्' लेकिन व्यवहार में 5 हजार से अधिक जातियों-उपजातियों में घृणित विभाजन है। एक तरह "यत्र नार्यस्तु पूज्यन्ते रमन्ते तत्र देवता।" दूसरी तरफ नारी-उत्पीड़न आदि समन्वय हैं। सामाजिक संगठन के अलावा हमारी "सांगठनिक अभियंत्रणा" भयानक रूप से अस्त-व्यस्त है। शायद इन्हीं कारणों से जगत् गुरू का अधिकारी देश लगभग 1000 वर्षो तक गुलाम रहा और आज भी 40% लोग गरीबी रेखा के नीचे एवं निरक्षर है। गाँधी ने आध्यात्मिक एवं व्यावहारिक अभियंत्रणा को दूरी हटाने के लिए सत्य और अहिंसा का आदर्श रहते हुए संगठन को महत्व दिया। साधन-शुद्धि के साथ राजनीति और अर्थनीति का समन्वय किया और संगठन को ही अहिंसा की कसौटी माना। संगठन बिल्कुल चुस्त-दुरस्त हो, एक-एक पाई का हिसाब तो हो ही, जीवन भी पारदर्शी हो। संगठन में अनुशासन हो लेकिन पद-प्राप्ति की अस्वस्थ प्रतियोगिता नहीं हो। संगठन में दलीय राजनीति नहीं हो तो, गुट या भ्रष्ट चुनावी लाबी भी नहीं हो। इसलिए तो दलीय राजनीति से मुक्त होकर लोकनीति सी दृष्टि हो।

दंड के स्थान पर परिष्कार, पद-प्राप्ति की जगह रचनात्मक कार्यक्रम, गोपनीयता एवं प्रपंच की जगह आपस में मैत्री और विश्वास के मूल्य संगठन का जीवन हो। यही सोचकर बापू ने अपनी अंतिम वसीयत में एक ऐसे संगठन की रूपरेखा रखी जिसे उन्होंने लोक सेवा संघ नाम दिया। जिस व्यक्ति ने देशभर की राजनीति का लगभग 40 वर्षों तक संचालन किया, वे चाहते तो कांग्रेस को भंग करने की सलाह देकर भी कोई राजनैतिक दल खड़ा कर सकते थे। लेकिन वे राजनीति की दुखद सीमाओं को समझते थे। व्यक्ति के निर्माण के साथ राष्ट्र-निर्माण स्वराज्य की कुंजी रचनात्मक काम ही है। जो राजनीति में रहना चाहें, वे सहर्ष रहें। उसमें सत्ता का आकर्षण है। लेकिन जो नींव की पत्थर बनकर लोभ-लोभ, पद-प्रतिष्ठा का मोह त्यागकर समाज-निर्माण करने की इच्छा रखते हैं, उनके लिए गाँधीजी ने लोक-सेवक संघ का निर्माण किया। गाँधीजी की शहादत के बाद जब सभी विचारों के गाँधी जन, 1948 में सेवाग्राम में मिले तो बापू के अधूरे कार्यक्रम को पूरा करने के लिए उनके द्वारा लोकसेवक संघ के तर्ज पर सर्व-सेवा-संघ एवं सर्वोदय-समाज वो मात्र एक "आध्यात्मिक भाईचारा" का रूप था, किन्तु सर्व-सेवा-संघ को गाँधीजी द्वारा स्थापित रचनात्मक संस्थाओं का समन्वय करने के लिए एक मिलापी संगठन का रूप दिया गया। सर्वसेवा संघ के लोकसेवकों की वही निष्ठा स्वीकार की गयी जो लोक-सेवा-संघ के सदस्यों की थी। पिछले 53 साल में सर्व-सेवा-संघ की नीतियों, नेतृत्व एवं व्यूह-रचना आदि में परिवर्तन तो हुए लेकिन लोकसेवकों की निष्ठा अपरिवर्तित रही। आज तो खादी और शांति सेना पर प्रश्न उठाये जा रहे हैं जबकि आज इनकी पहले से प्रासंगिकता बढ़ गयी है, बेकारी, अर्द्धबेकारी, बहुराष्ट्रीय कम्पनियों के आक्रमण के सामने खादी एवं ग्रामोद्योग ही विकल्प दे सकती हैं। चतुर्दिक हत्या-हिंसा, अपहरण एवं आतंक, दूसरी ओर राज्य के अधिकार वृद्धि की आकांक्षा एवं राजनीति की कालीछाया से लोकतंत्र को उबारने के लिए तथा पुलिस-अर्द्धसैनिक की तानाशाही से बचने के लिए शांतिसेना एक सशक्त संजीवनी है। जो भाई खादी एवं शांतिसेना के विचार पर परिहास करते हैं कि "सत्य-अहिंसा" की निष्ठा जब मान ही ली गयी है तो फिर खादी-शांतिसेना आदि के कार्यक्रमों के प्रति निष्ठा व्यर्थ है। विनम्रतापूर्वक हम कहना चाहेंगे कि सत्य एवं अहिंसा निर्गुण हैं, आर्थिक क्षेत्र में खादी-ग्रामोद्योग, राजनीतिक क्षेत्र में लोकनीति या शांतिसेना, शिक्षा के क्षेत्र में नई तालीम, सामाजिक क्षेत्र में सर्व-धर्म-समभाव उनकी सगुण एवं भावात्मक अवधारणाएँ हैं जिनके पीछे लगभग एक शताब्दी का इतिहास है।

संगठन को व्यापक और चुस्त-दुरुस्त बनाने में किसी को भी खुशी होगी लेकिन निष्ठा नहीं और आस्थाओं की कीमत पर नहीं। पक्षातीत भूमिका हमारी आस्था है, यदि हम उससे डोलते हैं तो यह घातक होगा। फिर तो राजनीति का द्वार खुला ही हुआ है, वहाँ जाने में 'मनाही नहीं'। एक म्यान में दो खड़ग नहीं रह सकते। राजनीति का नाम

लेना पाप नहीं लेकिन जहाँ-तहाँ किसी राजनीतिक पक्ष के विरोध में या किसी दूसरे के पक्ष में प्रचार-प्रसार हमारे खंडित व्यक्तित्व का द्योतक है। स्वस्थ, स्वच्छ मतदान, अपराधमुक्त राजनीति, राजनीति की बात बताना एक चीज है लेकिन यदि हम उसके लिए किसी पक्ष विशेष का खुलकर प्रचार या विरोध करें तो हमारे निष्पक्षता की कसौटी कहाँ जायगी? जे॰पी॰ ने 1977 में इंदिरा जी द्वारा आपातकाल में लड़ने में जनता पार्टी के मातहत विरोधी पक्षों की एकता स्थापित कर अवश्य जनता पार्टी के लिए बोट मांगा था। लेकिन यह तो तानाशाही बनाम लोकतंत्र का सवाल था जो दलीय राजनीति के संदर्भ से ऊपर है। फिर भी उन्होंने स्वयं अपने को चुनाव या पद से परे रखा। आज चुनाव चक्र दैनंदिन है, कभी गुजरात तो कभी बिहार, कभी लोकसभा। इसमें यदि हम किसी पक्ष के साथ होंगे तो हमारी निष्ठा टूटेगी। उससे तो सुन्दर है कि हम स्वस्थ चुनाव के लिए बराबर मतदाता प्रशिक्षण पर जोर दें एवं आवश्यकता हो तो पूरी पूर्व तैयारी के आधार पर ही लोक उम्मीदवार खड़ा करें। वर्धा में उम्मीदवार का जो प्रयोग हुआ उससे न निष्ठा बची न हम उपहास से बचे। गुजरात में हम चाहे जो कहें कुछ व्यक्तियों को छोड़ चुनाव-महासमर में भले ही सिद्धान्त की दुहाई दें किन्तु दलीय प्रचारक की भूमिका में आ गए। फिर चुनाव-चक्र का कोई अन्त नहीं। यदि चुनाव के माध्यम से ही राजनीतिक हस्तक्षेप को सही मानते हैं तो फिर सत्ता की राजनीति से अलग रहने का स्वांग छोड़ दें। काश! हम लोग पिछले 56 सालों से बापू के बताये मतदाता-शिक्षण का अपना कर्त्तव्य निभाते या कुछ स्थानों में सच्चे ग्रामसभा का निर्माण कर सकते तो हम अधिक कामयाब होते और निर्दलीयता की प्रतिष्ठा भी रहती।

संगठन को बापू ने अहिंसा की कसौटी बताया है। संगठन में नेतृत्व, निधि एवं ऊपर से लादे गए अनुशासन आदि के कारण हिंसा उसमें अन्तर्निहित मानी जाती है। इसलिए गाँधी ऐसे संगठन की अपेक्षा रखते थे जिसमें कम से कम शासन और अधिक से अधिक अनुशासन हो। प्रभूत स्वतंत्रता एवं दंड परम्परा का अभाव अहिंसक संगठन की पहचान है, इसलिए सर्वसेवा संघ जितना अधिक विकेन्द्रीकरण करे, वह अपनी अहिंसक अवधारणा के करीब होगा। प्रदेश सर्वोदय मंडल सर्वसेवा संघ की कोई प्रशासनिक इकाई नहीं है। संक्षेप में, केन्द्रित निधि, निरपेक्ष केन्द्रित नेतृत्व की अपेक्षा विकेन्द्रित प्रणाली, उसकी निष्ठा के करीब मानी जाएगी। सर्वसेवा संघ के पास यदि अपनी या भूदान की जमीन फाजिल हो तो उसे तुरन्त भूमिहीनों के बीच बाँट देनी चाहिए।

असल में सर्वसेवा संघ का संगठन अहिंसा-धर्म के जितना ही अधिक समीप होगा, उसे उतनी अधिक नैतिक शक्ति प्राप्त होगी लेकिन यह स्मरण रखना होगा कि अहिंसा का अर्थ अनुशासनहीनता नहीं है और सत्य का अर्थ अपना-अपना सत्य नहीं हो सकता। सत्य सार्वभौम है उसमें पक्ष भी नहीं है, वह सर्वथा निरपेक्ष है।

17 नये कार्यकर्त्ता कैसे प्राप्त हों?

पृष्ठभूमि : "नये कार्यकर्त्ता कैसे आयें?"-यह प्रश्न संकेत करता है कि या तो नये कार्यकत्ता कम आ रहे हैं या कार्य-विस्तार के अनुपात में अधिक कार्यकर्त्ताओं की अपेक्षा है। फिर यदि नये कार्यकर्त्ता पैदा ही नहीं होंगे तो नयी कल्पनाओं, नयी अवधारणाओं एवं नवीन पुरुषार्थ प्रकट नहीं होगा और संगठन में जड़ता, शिथिलता तथा निहित स्वार्थ एवं मठाधीश वृत्ति हावी होगी। एक ही व्यक्ति बहुत दिनों तक पद पर रहेंगे तो पुराणपंथी विचारधारा प्रभावी होगी। कवि ने इसीलिए कहा है- "द्रुत झड़ो जगत् के जीर्ण-पत्र"। यह ठीक है, जो पुराने लोग हैं, उनके अनुभव का लाभ लेना चाहिए किन्तु होश के साथ जोश, अनुभव के साथ उद्यम एवं अभिक्रम का जब तक समन्वय नहीं होगा, तब तक संगठन एवं कार्यक्रम में जीवन नहीं आएगा। नये कार्यकर्त्ताओं का आज हर जगह अभाव हो रहा है। एक बार डॉ॰ राममनोहर लोहिया, पं॰ रामचन्दन मिश्रजी से जब मिले तो लोहिया जी ने अपने विभिन्न कार्यक्रमों की योजना बतायी। पं॰ मिश्र ने एक ही सवाल उठाया- "राममनोहर! कार्यक्रम तो इतने तुमने गिनाये लेकिन कार्यकर्त्ता कहा हैं?" आज अध्यक्ष मिल सकते हैं, मंत्री मिल सकते हैं, लेकिन देवेन्द्र भाई, मोहनभाई जैसे जमीन का कार्यकर्त्ता कहां है, जबकि हजारों वर्ष पूर्व भगवान महावीर के समय 14000 साधु, 39000 साध्वियां, 9 गण, 11 गणधर थे। सारा धर्मसंघ सात पद या श्रेणियों में विभक्त था- आचार्य, उपाध्याय, गणी (मुनियों के व्यवस्थापक), गणवच्छेदक, स्थविर, प्रवर्त्तक एवं प्रवर्तिनी। आचार्य भिक्षु ने सातों पदों को मिला दिया। ओध नियुक्ति के अनुसार आचार्य एवं उपाध्याय पहले भी एक हो सकते थे, किन्तु सातों को एक में मिलाने की भिक्षु-दृष्टि अपनी थी। नये कार्यकर्त्ताओं के लिए तीन चीजें अपेक्षित हैं-

1. नेतृत्व
2. संगठन
3. कार्यक्रम।

1. नेतृत्व : नेतृत्व के लिए पहला गुण है "स्वयं का आचरण"। कहा भी जाता है कि "पथ बतलाते आगे चल"। आजकल दो प्रकार के नेता होते हैं, एक जमीन के और दूसरे गगन-बिहारी। गगन-बिहारी नेता नये कार्यकर्त्ता पैदा तो नहीं कर सकते। जानकीबल्लभ शास्त्री ने ऐसे ही मंचधारी नेताओं पर व्यंग्य करते हुए कहा है कि-

> "जनता नीचे ही बैठी है, नभ में मंच खड़ा है।
> जो जितनी ही दूर यहाँ से, उतना वही बड़ा है।"

क. आचरण : वस्तुत कुपथ-कुपथ रथ दिखलायें जो, धृति उपदेशक वह है। भगवान सूर्य में अनन्त ऊष्मा है तो हमारे शरीर में भी 97-98 डिग्री तापमान रहता है। किन्तु यदि सूर्य का तापमान ही 95 डिग्री हो जाए तो हमारी हालत बिगड़ जाएगी। नेतृत्व के लिए आचार-चातुर्य नहीं बल्कि अकृत्रिम आचरण चाहिए।

ख. गण निष्ठा : नेतृत्व के लिए यह आवश्यक है कि उसमें अपनी व्यक्तिगत निष्ठा से अधिक गण-निष्ठा होनी चाहिए। अपने व्यक्तिगत स्वार्थ को भूलकर गण और संस्था के लिए जो कार्य करते हैं, वही सही नेता हैं।

ग. अनुशासन क्षमता : नेता स्वयं अनुशासित हो तो अनुशासन स्वयं सिद्ध होता है। संघ और संस्था में अनुशासन बनाये रखने की क्षमता केवल नौकरशाही और रौब में नहीं होता। आचार्य तुलसी इसीलिए तो कहते हैं- "निज पर शासन, फिर अनुशासन"।

घ. ज्ञान और व्यावहारिक निपुणता : आज की दुनिया में हमें व्यापक ज्ञान रखना पड़ेगा। कहीं किस प्रकार की बातें चल रही हैं, हर चीज से परिचित रहना होगा। शून्य में तो कोई रह ही नहीं सकता। कूप-मंड़प में रहने की आवश्यकता नहीं। नये कार्यकर्त्ता चाहते हैं कि नेतृत्व सुशिक्षित ज्ञान सम्पन्न एवं व्यवहार कुशल होना चाहिए।

च. दूसरों को साथ लेकर चलने की क्षमता : अक्सर नेता बरगद के वृक्ष की तरह होते हैं, जिसके नीचे न तो कोई फल-फूल सकता है। लेकिन जिस नेता में सबको साथ लेकर चलने की योग्यता होती है, वही नवीन कार्यकर्त्ता पैदा कर सकता है। इस सन्दर्भ में आगम का एक वचन दृष्टव्य है- "जिसकी जैसी वृत्ति होती है, उसको तप होता है, जिसके तप होता है, उसकी सुगन्धि होती है"। इसके अलावा नेतृत्व में अन्य भी कई गुणों की आवश्यकता है जैसे :

1. **मैत्री :** यह मैत्री औपचारक नहीं बल्कि हार्दिक होनी चाहिए। कार्यकर्त्ताओं के सुख-दुख में जो सौहार्द नहीं कर सकते उसको नेतृत्व का अधिकार भी नहीं है।

2. **धीरता :** जिस नेता में धीरता नहीं होती है और जो समस्याओं के झंझावतों में अधीर हो जाता है उसके पास नये कार्यकर्त्ता नहीं आते हैं जो व्यक्ति मंदराचल की तरह अडिग रहते हैं, नये कार्यकर्त्ताओं को वे ही आकर्षित कर सकते हैं।

3. **समय-निष्ठा :** समय का अंकन भी आवश्यक है। किसी को समय देकर स्वयं नहीं रहना या किसी से समय लेकर उस समय पर नहीं पहुँचना, यह नये लोगों में अनाकर्षण पैदा करता है।

4. **व्यवस्था :** अक्सर नेता अपने को व्यस्त दिखाने की कोशिश करते हैं। वस्तुत: जो व्यस्त हैं वे अस्त-व्यस्त रहते हैं। व्यवस्था, व्यवस्थित वाणो, व्यवस्थित काम, नये लोगों को आकर्षित करता है। जो खुद अस्त-व्यस्त हैं, वह नये कार्यकर्त्ताओं को खुश नहीं कर सकते।

5. **सत्य-निष्ठा :** सत्य में वह आकर्षण है जो वह स्वयं ही लोगों को खींचता है। कभी-कभी सत्य-निष्ठा के लिए कष्ट उठाना पड़ता है लेकिन जो कष्ट कर्म-निष्ठा के लिए होता है, वह देवता बन जाता है।

6. **निर्भयता और विनम्रता :** नेता यदि निर्भय नहीं, वह लोगों को आकर्षित नहीं कर सकते हैं और यदि वह विनम्र नहीं तो लोगों में विकर्षण पैदा करता है। अत: निर्भयता के साथ विनम्रता का गुण भी आवश्यक है।

2. **संगठन :** नेतृत्व के बाद नये कार्यकर्त्ताओं के लिए संगठन का आधार अपेक्षित है। संगठन के लिए तीन चीजें चाहिएं : 1. उद्देश्य, 2. अनुशासन, 3. योगक्षेम।

1. **उद्देश्य :** जिस संगठन के उद्देश्यों में व्यापकता का अभाव है और समाज परिवर्तन का यहाँ संस्पर्श नहीं रहता, वह नये रक्त को प्रभावित नहीं कर सकते। छोटी-छोटी योग्यता वाले संगठन नये कार्यकर्त्ताओं को नहीं खींच सकते हैं और जहाँ स्थिति स्थापकता हो, वहां भी आकर्षण नहीं।

2. **अनुशासन :** अनुशासन के लिए तीन चीजों की आवश्यकता है-

क. मर्यादा पालन ख. समर्पण ग. आज्ञाकारिता

क. मर्यादा पालन : बलपूर्वक कुछ भी मनवाना हिंसा है। मर्यादा की साधना विवेक पर है, जहाँ हिंसा है, बल-प्रयोग है, राजसी वृत्तियां हैं, वहाँ पर कार्य नहीं होता, छलना होती है। श्रद्धा निश्चछल भाव से उपजती है, जहाँ राजनैतिक तर्क नहीं होता, इसलिए मर्यादा पालन बाह्य नियमों की विवशता नहीं, वह तो अन्तर से स्वैच्छिक भाव है।

ख. समर्पण : अनुशासन में समर्पण का महत्व है। ऐसा यदि कुछ हमें मिल गया तो वह भी अच्छा और नहीं मिला तो वह भी ठीक है। आचार्य भारीमल जी का उत्तराधिकार पत्र हम देखें, जिसमें श्री खेतसी जी और रायचन्द्र जी की कहानी आती है। मुनि श्री खेतसी जी का नाम तो प्रसाद था लेकिन हटा दिया गया तो उसे "गुरु-प्रसाद" उन्होंने माना। असल में यह समर्पण के बिना अनुशासन नहीं होता। "सुखी मीन ज्यों नीर अगाधा। जिमि हरि शरणन एकहू बाधा।"

ग. आज्ञाकारिता : समर्पण भाव ही आज्ञापालन है। संस्था से जो भी निर्णय हुए उसका परिपालन होना चाहिए।- यहाँ न क्यों कुछ का स्थान यहाँ न प्रति उत्तर का दान, यहाँ बस करो-करो का गान।" आचार्य भिक्षु के द्वारा श्री वेणीराम जी बुलाने पर नहीं आए, इसलिए उन्हें संघ-विच्छेद करने की भी तैयारी की। उसी प्रकार गुजराती साधु से सम्बन्ध बनाए रखने पर मुनि खेतसी से आहार त्याग करने की बात भी चली लेकिन अनुशासन पालन करने के लिए स्वयं पर अनुशासन करना जरूरी है। सुयोग्य को रखा जाए और योग्य को हटाया नहीं जाए, यह ध्यान में रखना चाहिए।

अनुशासन के उद्देश्य के सम्बन्ध में आचार्य भिक्षु ने तीन प्रकार की नौकाओं की उपमा दी है :

1. बिना छेद की काठ की नौका, 2. छेद वाली काठ की नौका, 3. पत्थर की नौका।

छेद वाली काठ की नौका तो डूबेगी ही और पत्थर वाली तो डूबनी ही चाहिए। आचार्य भिक्षु के एक तंत्र में बहु तंत्र का समावेश है क्योंकि वहां एक ही गुरु, एक ही शासक लेकिन वहां सभी संतों की राय ली जाती है। गुटबंदी हर्गिज नहीं हो। साधना और गुटबंदी का मेल नहीं। कार्यकर्त्ता गुटबंदी और प्रपंच से त्रस्त हो जाते हैं उनकी प्रेरणा मर जाती है। साधना धर्म है, जहां धर्म होता है वहां न अधिकार है और न सत्ता होती है।

नये रक्त का स्वागत : यह आवश्यकता होती है कि संगठन में एक ही व्यक्ति अधिक दिनों तक नहीं रहे। इससे नि:स्वार्थ और प्रपंच की दुर्गन्ध फूटती है। दूसरा यह भी कि निश्चित उम्र के बाद 60 से 65 वर्ष के बाद कोई अध्यक्ष, मंत्री नहीं रहना चाहिए, हाँ वह परामर्शदाता के रूप में रह सकता है।

विचार स्वातन्त्रय का सम्मोहन : हृदय ही बुद्धि का आधार है। जो स्वयं स्वीकार किया जाता है, वह धर्मशास्त्र है, जो विवशता से स्वीकार किया जाता है वह दण्डशास्त्र है। आचार्य भिक्षु ने जो मर्यादाएं दी हैं वह सब राजी होकर, कहलाकर दी हैं (लिखित 1832) भिक्षु ने अनुशासन का जितना महत्व दिया है उतना ही एकता का सम्मान किया है। एकता का सम्मान वही कर सकता है जो अनुभूति की डुबकियां ले चुका हो। एक बार आचार्यप्रवर के पास हेमराज गोचरी में चने और मूंग की दाल मिलाकर ले आए तो उन्हें कड़ाई से डांटा लेकिन चुभन करने के लिए नहीं बल्कि मुनि हेमराज की स्वतंत्र बुद्धि का सम्मान करते हुए कहा कि ठीक-ठीक निर्णय करने में गलती नहीं करो।

दोष-दर्शन में दोष परिमार्जन : दोष-दर्शन कभी नहीं करना चाहिए और करना भी चाहिए तो अपना ही। लेकिन अगर कोई दोष विशेष हो तो दोष के परिमार्जन का अवसर देना चाहिए। असल में जो चलता है वह स्खलित भी होता है। स्खलित होना कोई बड़ी बात नहीं, बड़ी बात है चलना। व्यवस्था इसलिए होती है कि व्यक्ति चलें और स्खलित न हों।

आचार्य भिक्षु और गांधी ने स्पष्ट कहा था कि यदि हमारे मन में किसी के प्रति कोई बात उठती है तो उसके बारे में हमें उसी को कहना चाहिए और उनसे बात कर लेनी चाहिए न कि उसका दोष दूसरों के बीच फैलाया जाए। प्रभु ईसामसीह ने कहा था- "तुम मन्दिर में पूजा करने जाओ और पूजा करते समय ध्यान आए कि किसी भाई के मन में बुरी बात आयी है, तुम तुरन्त उसके पास जाओ, खुलासा करो और फिर पूजा करो।" आचार्य भिक्षु का कहना है- किसी व्यक्ति पर दोष थोंपना पाप है, उसकी उपेक्षा करना भी पाप है। बहुत दिनों के बाद जो बताये वह स्वयं ही उस पाप का भागी है, वह अन्यायवादी है। जो मित्रता के समय दोषों को छिपाता है, बताता नहीं, वह बाद में बताता है, ऐसे व्यक्ति का विश्वास न करें।

3. **कार्यक्रम :** कार्यक्रम के लिए तीन गुण होने चाहिएँ : 1. नवीनता, 2. हृदय-ग्राहिता, 3. सार्थकता।

त्रिविध गुण : घिसे-पिटे कार्यक्रम चले आ रहे कार्यक्रम नयी पीढ़ी को आकर्षित नहीं करते। जिस कार्यक्रम में हृदय की संवेदनशीलता नहीं जगती है, जो कार्यक्रम उपयोगी सार्थक नहीं दिखते उन कार्यक्रमों के प्रति कार्यकर्त्ता अभिन्मुख नहीं होते।

1. **स्थायी कार्यक्रम :** स्थायी कार्यक्रम में शिविर कार्यक्रम बहुत ही आकर्षक होते हैं। इसमें नये कार्यकर्त्ता मिल जाते हैं। चाहे स्वाध्याय शिविर हों, चाहे संगठन शिविर हों या सहजीवन शिविर। शिविरों में ही नये कार्यकर्त्ता मिलते हैं।

2. **तात्कालिक कार्यक्रम :** तात्कालिक कार्यक्रमों से भी नये लोग जुड़ते हैं। जैसे भूकम्प राहत कार्यक्रम और अन्य कोई कार्यक्रम।

सुकरात की बड़ी तपस्या से अफलातू जैसा शिष्य मिला। अफलोतू की तपस्या से अरस्तु मिले। भगवान रामकृष्ण परमहंस की तपस्या से स्वामी विवेकानन्द और आचार्य तुलसी की तपस्या से युवाचार्य महाप्रज्ञ जैसा शिष्य-रत्न मिला। नये कार्यकर्त्ता जीवन में तपस्या से मिल सकते हैं, मैत्री से एवं प्यार से। नेतागिरी के जरिये भाड़े के निर्जीव टट्टू मिल सकते हैं, जमीन के कार्यकर्त्ता नहीं।

18 सर्वोदय जगत का अन्तर्द्वंद्व

जनतंत्र में चुनाव एक महत्वपूर्ण पड़ाव होते हैं। इनमें हिस्सा लेना एक तरह से अपने नागरिक धर्म का निर्वाह करना माना जाता है। लेकिन एक रचनात्मक, गांधीवादी संस्था और इस संदर्भ में देशभर में सक्रिय गैर-दलीय जनसंगठनों की चुनावों में सक्रिय भागीदारी गंभीर द्वंद्व खड़े करती है। एक तरफ चुनावों को प्रभावित करना आज की परिस्थितियों में जरूरी माना जा रहा है और दूसरी तरफ राजनीतिक दलों से समान दूरी के अपने सिद्धान्त को मानते हुए रचना के अपने स्वधर्म को न छोड़ने का आग्रह है। अभी हाल में सर्वोदय की सर्वोच्च संस्था 'सर्व सेवा संघ' की मेरठ में हुई बैठक में भी इस स्वधर्म को न छोड़ने का आग्रह है। अभी हाल में सर्वोदय की सर्वोच्च संस्था 'सर्व सेवा संघ' की मेरठ में हुई बैठक में भी इस वैचारिक द्वंद्व की झलक मिली थी।

हमारा समाज और हमारा जीवन इतना संश्लिष्ट हो गया है कि हमारे सामने अन्तर्द्वंद उठते ही रहते हैं, लेकिन इसे न तो अशुभ माना जाएगा और न ही स्वास्थ्य-हीनता। वास्तव में इसे हम भविष्य के सुचारों की प्रसव-वेदना मान सकते हैं। विरोधों का सामंजस्य करना एक जीवन कला है। केवल हीगेल और मार्क्स ने ही विरोधों का सामंजस्य नहीं किया बल्कि भारतीय संस्कृति ने भी द्वैत के साथ अद्वैत, गति के साथ स्थिति, एकता के साथ अनेकता, निवृत्ति के साथ प्रवृत्ति आदि का समन्वय किया है। सर्वोदय जगत में भी अन्याय-प्रतिकार या साम्प्रदायिकता की राजनीति के जहर से जूझने की ब्यूह-रचना पर अन्तर्विरोधों से घबराना नहीं चाहिए। प्रश्न है कि हम इसका सामंजस्य कैसे कर सकते हैं? गांधी थे, जिन्होंने 'संघर्ष' और 'रचना' दोनों का सत्याग्रह की अवधारणा में समावेश किया था। एक ओर वे असहयोग का बिगुल भी फूंकते रहे और दूसरी ओर अस्पृश्यता निवारण, हिन्दू-मुस्लिम सद्भाव आदि के रचनात्मक कार्यक्रमों को वात्सल्य भाव से कभी छोड़ा नहीं। 'सविनय अवज्ञा' भी की तो खादी-ग्रामोद्योग, गोरक्षा और नई तालीम को भी उतना ही स्थान दिया। यही नहीं उन्होंने अपने 18 रचनात्मक कार्यक्रमों को स्वराज्य की सच्ची कुंजी माना। बल्कि यह कहना ठीक होगा कि संघर्ष उनके लिए परिस्थितिक अनिवार्यता थी, लेकिन रचना उनका

स्वधर्म था, क्योंकि रचना को ही उन्होंने संघर्ष का स्वरूप प्रदान कर दिया था। स्वदेशी केवल भावनात्मक रचना नहीं, विदेशी वस्तु, विदेशी भाषा, संस्कृति के खिलाफ एक जेहाद था। विनोबा का भूदान भी 'सौम्यतम सत्याग्रह' का अपूर्व रूप था।

इसी आलोक में हम विनोबा और जयप्रकाश के विचार-विरोधों को समझ सकते हैं। आज गुजरात को लेकर सर्वोदय जगत में अन्तर्द्वंद चल रहा है। चुनावों के अंतहीन चक्र में फंसना सर्वोदय का स्वधर्म नहीं है। यह सर्वोदय की विरासत भी नहीं है। यह ठीक है कि आपातकाल हटने के बाद उस ऐतिहासिक चुनाव में सर्वोदयकर्मी बहुसंख्यक रूप से केवल सम्मिलित ही नहीं हुए थे बल्कि अनेक क्षेत्रों से लोकसभा एवं विधानसभाओं के उम्मीदवार भी हुए थे। स्वयं जे॰पी॰ चुनाव प्रचार के प्रमुख सेनानी बने थे। हां, स्वयं वे चुनाव में खड़े नहीं हुए और पीछे भी कोई पद नहीं लिया। इस प्रकार वे भी गांधी के समीप पहुंच गए थे। जे॰पी॰ ने माना था कि आपातकाल के चुनाव संघर्ष, आंदोलन का ही अनिवार्य विस्तार है। यदि उस चुनाव मे इंदिराजी की विजय होती तो शायद देश में तानाशाही को स्थायित्व मिल जाता।

गुजरात के चुनाव में सक्रिय रूप से भाग लेने के विषय में भी लगभग यही तर्क था कि यह साधारण चुनाव नहीं है। साम्प्रदायिक-फासीवाद का यह व्यायाम है। इसकी सफलता और उस प्रयोग का पूरे भारत में विस्तार कर 'हिन्दू राष्ट्र' की स्थापना करके हिटलर की तरह अल्पसंख्यकों पर त्रासदी आदि से मानवता तो कलंकित होगी ही, हमारी सामाजिक संस्कृति की प्राणवायु भी नष्ट हो जाएगी और राष्ट्र का भी विघटन होगा। यानी कि यह भारत और भारतीयता के लिए संघर्ष का सवाल था। लोकतंत्र और तानाशाही के बीच इस आरपार की लड़ाई में निष्पक्षता या तटस्थता बेमानी है। राष्ट्र कवि दिनकर के शब्दों में इस तर्क को प्रभावकारी ढंग से पुष्ट किया जाता है।

'समर शेष है, नहीं पाप का भागी केवल व्याध।
जो तटस्थ हैं, समय लिखेगा उनका भी अपराध।'

लेकिन चुनाव-चक्र का अंत नहीं होता, गुजरात के बाद हिमाचल, नागालैंड, त्रिपुरा आदि के चुनाव थे। फिर अब राजस्थान, मध्यप्रदेश, महाराष्ट्र आदि छह राज्यों के चुनाव होंगे। फिर लगे हुए लोकसभा का भी चुनाव आ जाएगा। चुनाव निर्णायक होते हैं, और इन सब में तो भाजपा शामिल होगी ही, तो फिर हमें इसी में लगे रहना होगा। कहा जा सकता है कि लोकतंत्र में चुनाव में भाग लेना एक नागरिक धर्म है, अतः यह कोई गलत नहीं।

यहीं पर हमें सोचना पड़ता है कि चुनावों के संबंध में सर्वोदय और राजनीतिक दलों में क्या अन्तर रहा है, शायद एक अन्तर यह है कि सर्वोदय के लोग दल विशेष

का प्रचार तो करते हैं लेकिन स्वयं उम्मीदवार नहीं बनते। इसके विपरीत यह भी होता है कि दलों की ओर से भ्रष्ट से भ्रष्ट, अपराधी से अपराध संरक्षक, प्रकट से प्रछन्न सम्प्रदायवादी, कट्टर जातिवादी आदि जिनकों भी भाजपा के खिलाफ खड़ा किया जाएगा, हमें उनके लिए ही 'पूजा-पाठ', प्रचार आदि करना होगा वरना 'तानाशाही जो आ जाएगी।' गुजरात में यही हुआ कि हमें शंकरसिंह वाघेला जैसे पूर्व संघ परिवार के प्रमुख, भ्रष्ट, अवसरवादी तथा जातिवादी नेता की शरण में जाना पड़ा। इसी प्रकार चुनाव में फंसने से हमें नैतिकता को दफन कर देना होगा। आज के चुनाव में योग्यता, चरित्र और त्याग के बदले जाति या सम्प्रदाय, कालेधन एवं आपराधिक माफिया का त्रिदोष अपरिहार्य ही है। अतः इस 'पंक' से सर्वोदय अपने को 'कमल' की तरह कैसे अलग रखेगा, राजनीति का महत्व अवश्य है। राजनीति से परामुख होना लोकतंत्र के लिए खतरनाक है। गांधीजी ने भी राजनीति को अस्पृश्य नहीं माना था क्योंकि वे मानते थे कि राजनीति सांप की कुंडली के समान है जिससे हम बच नहीं सकते, अतः उससे लड़ना होगा (यंग इंडिया 26-7-42)। दूसरी जगह उन्होंने कहा है कि मैं राजनीति में इसलिए खड़ा हूं क्योंकि राजनीति के एक कदम में हमारे रचनात्मक कार्यों की उपलब्धियां बहुत कुछ बर्बाद हो सकती हैं। (यंग इंडिया, 6-8-3) जीवन एक समग्रता है, अतः इसको खंड-खंड नहीं किया जा सकता (हरिजन 2-3-44)।

फिर भी क्या कारण था कि गांधीजी ने स्वयं अपनी आखिरी वसीयत में आजादी के बाद कांग्रेस को भंग करने की सलाह देते हुए दलगत राजनीति से दूर लोक-सेवक संघ की स्थापना करने का स्पष्ट सुझाव दिया था? क्या कारण था कि विनोबाजी एवं उनके महान् शिष्य कुमारप्पा, आर्यनायकम्, आशा देवी, किशोरीलाल, ठक्कर बापा आदि प्रायः सभी प्रमुख लोग राजनीति को पदातीत सर्वोदय मानते थे? स्वयं जे॰पी॰ जैसे महान् राजनीतिक नेता ने भी दलगत एवं सत्ता की राजनीति का पूर्णतः त्याग कर लोकनीति और सर्वोदय के आंदोलन में अपने को समर्पित कर दिया था। इतना बड़ा भूदान-ग्रामदान का आंदोलन भी राजनीतिक दलों से सत्ता निरपेक्ष होकर चलता रहा। असल में दल-निरपेक्षता एवं दलाधारित चुनाव चक्र में फंसने की अपेक्षा हमारा दूसरा भी महत्वपूर्ण काम है। और फिर उससे भी अधिक सामाजिक-सांस्कृतिक कार्य विभाजन भी तो है।

जो राजनीति में जाना चाहें, खुशी-खुशी से जाएं, लेकिन हमारा जो स्वधर्म है, हम उसका पालन करें। गांधीजी ने स्वतंत्रता संघर्ष में भी खादी एवं रचनात्मक संस्थानों की लक्ष्मण रेखा खींच दी थी। हर आदमी हर काम नहीं कर सकता। 'एके साधे सब सधे, सब साधे सब जाए', एक तरफ तो हम रचनात्मक कामों में रहें और दूसरी ओर माथे पर चुनाव की चिंता, यह हमारे लिए धर्मसंकट होगा। हम दोनों में कुशलता ला

सकें, यह एक कठिन कार्य है। फिर चुनाव के उपकरण, विज्ञान, कला एक खास तरह के होते हैं। वहां की नैतिकता में साधन-शुद्धि नाम की कोई चीज नहीं होती। बस, अंत भला तो सब भला। चुनाव के समीकरण में जो-जो आवश्यक है उनकी प्रतिपूर्ति में सर्वोदय का सत्य ही तिरोहित हो जाएगा। चुनाव के युद्ध में बड़ा से बड़ा विद्वान, गुणवान एवं चरित्रवान एक लंपट, माफिया के सरगना से पराजित हो जाता है। यदि हम चुनाव की राजनीति में सर्वोदय के फल को देखना चाहते हैं तो इसकी जड़ में जाकर समाज व्यवस्था में आमूलचूल परिवर्तन लाना होगा। वरना न हम घर के रहेंगे, न घाट के। ग्राम स्वराज्य के विकास में हम यदि जाति, सम्प्रदाय और दलवाद के मकड़जाल में पड़ेंगे तो जनता में हमारी विश्वसनीयता खंडित होगी। जिस निर्दलीयता एवं सत्ता से अलग रहने की सर्वोदय की तस्वीर है, वह भी क्षत-विक्षत हो जाएगी और फिर हम सबको एक मंच पर बिठा नहीं सकेंगे। सत्ता का समीकरण बदलने पर या देश पर संकट होने के नाम पर कभी एक पक्ष को, कभी दूसरे पक्ष को अपना पक्ष या विपक्ष मानना होगा। सर्वदलीयता तो एक बड़ी पूंजी है, उससे हम निर्वेरता और निष्पक्षता की ओर बढ़ते हैं। यह हमारा रक्षा कवच है। इसके द्वारा हम सामाजिक सद्भाव, भूदान-ग्रामदान आदि के अनेक कार्यों में निःसंकोच जन-सहयोग प्राप्त करते रहे हैं। अतः 'स्व-धर्म' ही प्राणरक्षक है। स्वधर्म कोई जड़ या निर्गुण सिद्धान्त नहीं है, यह तो 'योगः कर्मसु कौशलम्' का आधार है। जैसा गीता में कहा गया है कि- स्वधर्म ही श्रेयस है, पर-धर्म तो खतरनाक है ही। स्वधर्म छोड़ने से स्वधर्म तो चला ही जाता है और पर-धर्म हमसे दूर है ही।

असल में हम जब आत्मा के बदले अपने अहं को आत्मा समझने लगते हैं तो यही होता है। हम अपने स्वधर्म या कर्त्तव्य भूलकर अपने सामने जो आता है, उसी को कर्त्तव्य मान लेते हैं। स्वधर्म युक्त कर्त्तव्य नहीं करने से कीर्ति तो आदमी होता ही है, पाप को भी प्राप्त होता। न्याय और अन्याय के बीच जब संघर्ष हो तो हमें लोभ, लाभ या मोहवश अपने स्वधर्म को नहीं छोड़ना चाहिए। स्वधर्म आत्म-विकासक और पर-धर्म आत्म बंधक होता है। असल में स्वधर्म ही कर्मयोग है। इससे व्यक्ति एवं समाज दोनों का कल्याण होता है। स्वधर्म वरण करने वाले कर्मयोगी का चित्त भी शुद्ध हो जाता है। प्रस्तुत संदर्भ में कहा जा सकता है कि चुनाव में कर्म 'प्रभूत' होना भी अच्छा काम है, लेकिन सर्वोदय का स्वधर्म नहीं है। अतः वह ठीक नहीं है। जैसे किसी का धर्म झाड़ू देना है तो किसी का हिसाब रखना। हिसाब रखने वाला भले ही श्रेष्ठ समझा जाए, परन्तु यदि झाड़ू देने वाला अपना धर्म त्याग दे तो भ्रष्ट हो जाएगा और समाज को हानि पहुंचेगी। ईश्वर के दरबार में दोनों की सेवा का मूल्य उनकी निष्ठा के अनुसार आंका जाएगा।

चुनाव की राजनीति में पक्ष लेकर प्रचारक की भूमिका हमारी निष्ठा तो नहीं ही है, यह हमारी पिछले 50 वर्षों की परम्परा भी नहीं रही है। आपातकाल के समय 'सर्व सेवा संघ' किसी एक ओर निर्णय नहीं कर सका था और इसी कारण विभाजित भी हुआ था। यदि लोग कहें कि वह हमारा स्वधर्म नहीं आपद् धर्म था, वह नियम नहीं अपवाद था तो हम कहेंगे कि अपवाद नियम को सिद्ध करते हैं, अपवाद स्वयं नियम नहीं बन जाते।

19 चुनावों में सर्वोदय-सेवकों की भूमिका

चुनाव लोकतंत्र का महत्वपूर्ण अंग है। वोट देना हर नागरिक का अधिकार है और उसे सही पात्र को देना उसका पुनीत कर्त्तव्य है। लेकिन जब वोट **धर्म** या **मजहब**, या **जाति और वंश** के नाम पर मांगा जाए तो यह अनर्थ है। लेकिन इससे भी बड़ा अनर्थ तब होता है जब वोट खरीदे या बेचे या छीने जाते हों। लेकिन आज दुर्भाग्य से भारतीय लोकतंत्र धर्म या जाति, पैसे या डंडे के बल पर प्राप्त किये जाते हैं। क्योंकि आज की राजनीति पैसों और अपराधी माफिया पर अधिकाधिक आधारित हो रही है। इसीलिए हाल ही भारत में पधारे भारतीय मूल के नोबल पुरस्कार विजेता डॉ॰ अमर्त्यसेन को दुख से कहना पड़ा कि भारत में लोकतंत्र पर काली छाया आ रही है। आज या तो सम्प्रदाय (धर्म) या जाति के नाम पर वोट मांगे जाते हैं और रुपये के बल से खरीदे जाते हैं या लाठी-बन्दूक से छीने जाते हैं। ऐसी स्थिति में लोकतंत्र और चुनाव एक दर्दनाक उपहास बन जाता है जिसमें जनता की दिलचस्पी घट रही है जिसका दुष्परिणाम यह होता है कि पैसे या डंडे वालों का वर्चस्व बढ़ गया है। वोट से अलग होना नागरिक कर्त्तव्य का विरोधी तो है ही, यह लोकतंत्र के लिए भी ठीक नहीं है। हाँ किसी भी स्थिति में उपस्थित दोनों या सभी पक्ष या सभी उम्मीदवार अपने मानदंड पर खरे नहीं दीखें तो व्यवहार में उस समय किसी को भी वोट नहीं देने का विकल्प रहता है लेकिन याद रखना चाहिए कि इसका लाभ सामान्यत: अनुचित लोगों को ही मिलता है।

अब रही इस लोकतंत्र या उसके चुनावों में सर्वोदय-सेवकों का क्या धर्म होगा? सर्वोदय-सेवक कोई देव पुरुष नहीं लेकिन अपनी मानी हुई इनका कुछ निष्कार्य है जिसमें **निर्दलीयता** और **शांतिमयता** दो स्थूल एवं सगुण तत्व हैं या निर्गुण रूप से सत्य एवं अहिंसा तो मूलभूत निष्ठा है ही। सर्वोदय-सेवकों ने राजनीति के क्रिया-कलापों से स्वयं को थोड़ा अलग कर रखा है, ताकि वे निष्पक्ष होकर समाज की समस्याओं को समझ सकें और आवश्यकता पड़ने पर तटस्थता से लोक शक्ति को संगठित भी कर सकें। यों राजनीति को बुरा मानना या कहना या तो अतिशुचिता का भाव है या हीन-भावना का परिचायक है। गाँधीजी ने स्वयं सिद्धान्त की राजनीति लगभग 40 वर्षों तक चलायी थी। दल की नीतियों के निर्धारण, नियंत्रण, अनुशासन, व्यूह-रचना, संघर्ष एवं रचना पर जोर देते रहे थे। राजनीति को बापू समाज का एक अनिवार्य अंग मानते

थे। उन्होंने कहा ही था कि राजनीति ऐसी सर्प-कुंडली के समान वृत्त है जिससे हम अलग नहीं हो सकते। अतः उससे जूझना ही होगा और उसे बेहतर बनाना होगा। लेकिन वे स्वयं कांग्रेस की साधारण सदस्यता छोड़कर भी किसी पद की लिप्सा नहीं रखी। जे॰पी॰ ने भी इसी तर्ज पर अपने जीवन में राजनीति में रहते हुए भी राजनीति से अलग रहे। संत विनोबाजी सार्वजनिक रहे लेकिन राजनीति से ऊपर रहे किन्तु उनकी निष्पक्षता एवं निर्दलीयता के कारण उन्होंने सभी राजनैतिक दलों का भूदान-ग्रामदान आन्दोलन के लिए सहयोग पाया। उनकी तीसरी शक्ति की बात भी एक दूर थी और गहरी राजनीति का वलू-प्रिंट था। इसीलिए गाँधी ने कांग्रेस को राजनीतिक मंच मानते हुए अपने निकट से निकट के लोगों को वहीं जाने दिया जबकि रचनाभिन्न वृत्ति के सेवा भावी अपने सहयोगियों और शिष्यों को उन्होंने चर्खा संघ, हरिजन सेवक संघ, कस्तूरबा ट्रस्ट आदि में रखा। जो राजनीति को स्वधर्म मानते थे, उनके लिए भी खुला प्रांगण था, जो अधर्मी तबियत के लोग थे वे सेवक रहे।

बापू के चले जाने के बाद उस दिशा में मार्गदर्शन देने के लिए "बापू की आखिरी बसीयत" ही आखिर चीज है जिसमें उन्होंने कांग्रेस को भंग करने को कहा था क्योंकि उसका एतिहासिक कार्य पूरा हो गया। कांग्रेस एक मंच था, कोई पार्टी कहना उसकी व्यापकता को कम करना होगा। फिर सेवा का एक मंच लोकसेवक संघ नाम से गठित करने का उनका स्पष्ट सुझाव था। उसी को ध्यान में रखकर सर्व-सेवासंघ एवं 'सर्वोदय-समाज' नाम के दो सेवा-संस्थायें बनीं जिसमें निष्पक्षता-निर्दलीयता तथा शांति-अहिंसामयता दो निष्ठाएं मुख्य थीं। आज सर्वोदय सेवक उसी की विरासत में पल रहे हैं। यह अवश्य है कि 1974-1975 में जे॰पी॰ आन्दोलन के प्रश्न पर सर्व सेवा संघ को भी विभाजित होने से यह प्रस्ताव कर बचा लिया गया कि जिनको इच्छा हो वे उसमें जायें। फिर भी इसे अपवाद ही माना जाएगा। अपवाद नियम को सिद्ध करते हैं, वे नियम नहीं बन सकते। इसीलिए सर्वोदय-सेवक अपनी निष्ठा पर रहे। राष्ट्र की समस्याओं के प्रति अवश्य जागरूक रहे लेकिन चुनावों में हम महात्मा गाँधी जी द्वारा बताये "मत-दाता-शिक्षण" को एक स्थायी रचनात्मक कार्यक्रम मानें। यदि मतदाता का शिक्षण हम कर पायें और मतदाता जगा पायें तो फिर राजनीति से सम्प्रदायवाद, जातिवाद, पैसा एवं अपराध स्वयं विदा हो जायेंगे। लेकिन यदि हम किसी दल विशेष का चुनाव-प्रचार करेंगे तो हम उसके गुणों के साथ दोषों को भी अपने सिर पर मढ़ेंगे तथा दूसरी अन्य पार्टियों से हमारा द्वेष का रिश्ता हो जाएगा। फिर हमारी निर्दलीयता कहाँ रहेगी। दुर्भाग्य है कि सांविधान एक लोकतंत्र की मौजूदा व्यवस्थता से चुनाव का मौसम पूरे समय रहता है-कभी केन्द्र का चुनाव, कभी प्रांत का, कभी उप-चुनाव, कभी विधान परिषदों का, कभी पंचायतों का-यदि हमें चुनाव प्रचारक ही बनना है तो किसी राजनैतिक दल में चले जायें, वह बुरा नहीं लेकिन सर्वोदय सेवक रहते उसमें अपनी

भूमिका किसी भी दल के प्रचारक, वक्ता, उम्मीदवार बनने का नहीं। लोक उम्मीदवार बनने की जब प्रक्रिया पूरी हो जाए तो अवश्य पूरी करें। चुनाव में भाग लें, लेकिन दलीय राजनीति में पड़कर अपना वजन हल्का नहीं करें।

आज सम्प्रदायवाद का खतरा बताकर राजनीति ध्रुवीकरण किया जा रहा है। लेकिन हम यदि इस सवाल को एक स्थायी रचनात्मक कार्य समझकर करते रहते तो आज उस स्थिति में नहीं पहुँचते। फिर विभिन्न राजनैतिक दलों ने चुनाव हित में कमोदेश साम्प्रदायिकता को सहलाया भी है। साम्प्रदायिकता का सही इलाज भी सांस्कृतिक स्तर पर ही संभव है और निरन्तर विचार-प्रचार आवश्यक है। इसीलिए बापू ने अपने 18 रचनात्मक कार्यक्रमों में 'साम्प्रदायिक एकता' को सर्वप्रथम स्थान दिया था एवं शांतिसेना के गठन की बात कही थी। काश! हम इसे कुछ भी कर पाते।

मिशन से छूटने के कारण मानना चाहिए। हमारा मूल राष्ट्रीय मिशन है- धर्म संस्थापनाय संमवाभि युगे-युगे।

सम्पूर्ण विश्व के भ्रष्ट देशों की सूची में भारत का स्थान नीचे से केवल एक देश के बाद हो– यह क्या भारत की अस्मिता का दर्पण हो सकता है। दुनिया की पूरी अशिक्षित जनसंख्या का आधे से अधिक भाग भारत की पवित्र धरती पर हो, क्या यह भारतीय संस्कृति है? महावीर, बुद्ध और संतों के देश में जहाँ साम्प्रदायिक, जातिगत, आपराधिक और घरेलू हिंसा सबसे ज्यादा होती हो, क्या यह हमारी पहचान हो सकती है?

राजनीतिक श्रेत्र से ही यदि शुरू करें तो आज भारत में सिद्धान्त और आदर्श की राजनीति समाप्त हो गयी है, इसीलिए राजनीतिक शून्यता और अनिश्चयता बढ़ती जा रही है। राजनीति में धर्म का सूर्य अस्ताचल की ओर चला गया है, अतः सत्यानाश उपस्थित है-

राजनीति बिनु धन बिनु धरमा।
हरहि समर्पे सब सतकरमा।।

राजनीति का अपराधीकरण और अपराध का राजनीतिकरण जिस तेजी से हो रहा है उससे लोकतंत्र की आत्मा काँप उठी है। अतः राजनीति के अपराधीकरण का एकमात्र विकल्प राजनीति का अध्यात्मीकरण है जो सामान्य लोगों की भाषा में अच्छाई की राजनीति है। आज हम जिस आर्थिक उन्नति की अवधारणा को लेकर बढ़ रहे हैं उसके मूल में अधर्म है। समस्त जनता की कीमत पर 10% या 20% जनता के विकास को विकास मानना तो जनद्रोह होगा।

20 लोक सभा का चुनाव और लोक सेवक

बापू की आखिरी वसीयत कांग्रेस को भंग कर उसके स्थान पर जिस "लोक सेवक संघ" बनाने का सुझाव दिया गया, उसी के आधार पर उनकी शहादत के बाद अहिंसक समाज रचना में लगे सेवकों, साथियों और शक्तियों के सामूहिक विचार-विनिमय के आधार पर संयोजन और मार्गदर्शन के निमित्त 1948 में सर्व-सेवा-संघ की स्थापना हुई जिसका उद्देश्य "सत्य और अहिंसा पर आधारित ऐसे समाज की स्थापना करना है जिसमें जीवन मानवीय और लोकतांत्रिक मूल्यों से अनुप्राणित हो जो शोषण, दमन, अनीति और अन्याय से मुक्त हो, तथा जिसमें मानव व्यक्तित्व के समग्र विकास के लिए पर्याप्त अवसर हों। इसी उद्देश्य की सिद्धि के लिए "संघ" राज्य सत्ता की प्राप्ति के लिए होने वाली प्रतिद्वन्द्विता से सर्वथा निर्लिप्त रहेगा। यह ऐसे लोकतंत्र के विकास तथा स्थापना के लिए प्रयत्नशील रहेगा जिसका आधार दलीय राजनीति नहीं, लोकनीति होगी।" दलगत राजनीति और सत्ता अहरण की राजनीति से सच्चा लोकतंत्र संभव नहीं है। हाँ, लोक सेवकों की निष्ठा में वोटर लिस्ट में छूटे हुए लोगों का नाम दर्ज कराना और मतदाता-शिक्षण का काम अवश्य हुआ या हो गया है। सर्व सेवा संघ इस विरासत को ढ़ोता जा रहा है। यहाँ तक कि 1977 के आम चुनाव में भी सर्व सेवा संघ ने संस्था के रूप में चुनाव में भाग नहीं लिया। बाद में कुछ वरिष्ठ विचारकों ने राजनीतिक हस्तक्षेप के नाम पर "जन मोर्चा" को सहयोग किया, यही नहीं हमारे एक परम विशिष्ट विचारक ने तो 1977 में भी जनता पार्टी और बाद में "जन मोर्चा" के संसदीय बोर्ड और उम्मीदवार चयन समिति में एक महत्वूर्ण सदस्य के रूप में हिस्सा लिया। बीच-बीच में कुछ प्रमुख व्यक्तियों ने व्यक्ति विशेष के चुनावों में विशेष दिलचस्पी ली। लोक उम्मीदवारों के नाम पर बिना अपेक्षित सूची तैयारी के भी कुछ प्रयोग हुए, ज़िसके पीछे नीयत चाहे जितनी भी साफ हो, उनकी व्यूह-रचना एवं परिणाम हास्यास्पद रहा।

गुजरात के दंगे के बाद स्थिति में एक गुणात्मक परिवर्तन आया और लगा कि साम्प्रदायिक तानाशाही का मुकाबला करने की दृष्टि से राष्ट्रीय लोकतांत्रिक गठबंधन की पराजय के लिए हम लोगों को प्रयत्न करना चाहिए। इसके लिए गुजरात में जो बन पाया कुछ लोगों ने किया। तब से हम धीरे-धीरे चुनाव प्रचार में राजग गठबंधन की पराजय के लिए प्रचार करना अपना कार्य मान ले रहे हैं। सर्व सेवा संघ के आदरणीय

अध्यक्ष का "लोक सभा का चुनाव और हमारी भूमिका" शीर्षक परिपत्र सर्व सेवा संघ के असमंजस और कुछ हद तक विरोधाभास यदि नहीं भी कहें तो स्पष्टता के अभाव प्रकट करता है।

परिपत्र के चतुर्थ पैराग्राफ में कहा गया है कि "सर्वोदय के लोक सेवक होने के नाते चुनाव लड़ने-लड़वाने, प्रचार करने, किसी भी उम्मीदवार का सहायक होने आदि में हमारी कोई भूमिका नहीं हो सकती है"। फिर पंचम पैराग्राफ में "व्यापक लोक शिक्षण" "लोकतंत्र या जनता दरबार" आदि के आकर्षक एवं निर्दोष उपाय बताये गए हैं किन्तु सातवें पैरा में लगता है कि दलीय राजनीतिक विचार उभर गयी है। उन्हीं के शब्दों को पढ़ें- "चुनाव में हम आज केन्द्र के साम्प्रदायिक गठबंधन की पराजय चाहते हैं क्योंकि उसने देश को कमजोर किया है। इसलिए इस गठबंधन के खिलाफ वातावरण बनाना, चर्चाओं, गोष्ठियों को आयोजित करना, पर ये परचे आदि का वितरण करना हमारा कार्यक्रम होगा, जिसके द्वारा इसका फासीवादी चेहरा उजागर करना, उसकी 15 प्रतिशत उपभोक्ता के लिए "फीलगुड" और "इंडिया शाइनिंग" शेष 85 प्रतिशत वंचित वर्ग की उपेक्षा की बात समझायी होगी।"

उस पर संभावित प्रश्नों को ध्यान में रखकर जो उत्तर दिए गए हैं, उनसे द्विविधा बढ़ जाती है। जब कहा जाता है कि **"आज के राजनीतिक दलों में हम किसी के समर्थक या प्रचारक नहीं हैं। सभी राजनीतिक दल व उनकी सरकारें इस अमरीकी साम्राज्यवाद के सामने नत-मस्तक हैं।"** इस अर्थ में हम सभी राजनीतिज्ञ दलों में कोई फर्क नहीं करते हैं लेकिन साम्प्रदायिक फासीवाद का सवाल जब खड़ा होता है तो वर्तमान केन्द्रीय गठबंधन नीम पर करेला जैसा रूप ले लेता है। इसलिए वर्तमान साम्प्रदायिक गठबंधन को खारिज कर दें तो हम अपने रचनात्मक क्रांतिकारी कामों की भूमिका बना सकेंगे।

मतदाता-शिक्षण सम्बन्धी बातें आठवें पैरा में हैं, ये बिल्कुल ठीक है।

अब यदि सर्व सेवा संघ की यह नीति मानें तो कुछ प्रश्न उठते हैं-

(1) राष्ट्रीय लोकतांत्रिक गठबंधन में छोटे-बड़े 22-24 दल एवं संगठन हैं। निश्चय ही जदयू, समता, तेलगूदेशम, बीजू कांग्रेस, तृणमूल आदि अनेकों सत्ता सुख के लिए भले इस गठबंधन में हों लेकिन उन्हें हम सम्प्रदायवादी या फासीवादी नहीं कह सकते। अच्छा होता परिपत्र में सर्व सेवा संघ 'भाजपा-शिवसेना' को पृथक कर उन पर प्रहार करते और वह भी मूल राष्ट्रीय स्वयं सेवक संघ पर क्योंकि भाजपा संघ का राजनैतिक मंच है। पूरे गठबंधन को साम्प्रदायिक-फासिस्टवादी कहना न तथ्यात्मक सत्य है न व्यावहारिक दृष्टि से ठीक होगा।

साम्प्रदायिकता से केवल भाजपा ही कलंकित नहीं है, अतीत में कांग्रेस ने भी राजीव जी के समय मंदिर का शिलान्यास कर हिन्दू कार्ड, एवं शाहबानो मुकदमे में सुप्रीम कोर्ट के निर्णय को उलटने का मुस्लिम कार्ड खेला ही था। बंगलादेश से गैर कानूनी ढंग से आये लाखों मुस्लिम लोगों के खिलाफ कांग्रेस ने उनके वोट के लिए देशहित को भुला दिया, कश्मीर से हिन्दू पंडितों को निकाल बाहर करने पर मौन रही, सिखों के नर-संहार में उनके कई नेता आगे रहे। लगता है, गैर-कांग्रेसवाद की तरह गैर-भाजपावाद भी विरोधी दलों का एक राजनीकि उद्घोष हो गया है। जरूरत यह थी कि हम सम्पूर्ण गठबंधन पर प्रहार करने के बदले भाजपा-राष्ट्रीय-स्वयं-सेवक संघ की विचारधारा, उसके अतीत इतिहास आदि के विषय में जनता को अवगत कराने एवं उनसे वैचारिक एवं सांस्कृतिक स्तरों पर एक अल्पकालीन एवं दीर्घकालीन कार्यपरक योजना बनाते। महात्मा गांधी ने अपने "रचनात्मक कार्यक्रम" में "साम्प्रदायिक सद्भाव" को प्रथम स्थान दिया था। उन्होंने या विनोबा जी या जे॰पी॰ ने साम्प्रदायिकता को चुनाव का मुद्दा नहीं बनाया। जे॰पी॰ ने तो अपने आंदोलन में इन तत्वों को साथ लेकर उनकी दृष्टि व्यापक बनाने का प्रयास किया। आज भी उनका प्रभाव समाप्त नहीं हुआ है। सम्प्रदायवाद एक गंभीर सांस्कृतिक समस्या है, इसीलिए सांस्कृतिक एवं स्थायी स्तरों पर इससे जूझने का कार्यक्रम खोजना चाहिए। शिक्षा, संस्कृति, संचार माध्यम के साथ गांव-गांव में शांतिसेना का संगठन, ग्राम सभा का गठन, प्रार्थना-सभाओं का नियमित आयोजन, सद्भाव मिशन, सद्भावना कवि, संगीत साहिब आयोजन चाहिए।

राजनैतिक स्तर पर साम्प्रदायिकता का मुकाबला राजनीति में रहने वाले करें लेकिन हमारी निष्ठा के अनुसार हम राजनीतिक दल के कार्यकर्त्ता की तरह चुनावों में राजनीति के हथकंडे अपनायें तो हमारी पक्षातीत भूमिका तो प्रभावित होगी ही और फिर उनके विचार-परिवर्तन एवं हृदय-परिवर्तन में भी अनुकूलता समाप्त हो जाएगी। विचार-परिवर्तन का राजनीतिक तरीका प्रति-उत्पादक होता है। हम विचार-प्रचार एवं शांति-सद्भावना के आयोजन एवं संगठन बनायें।

आज राजनीति भी इतनी धूमिल हो गयी है कि हमारे लिए किसी भी राजनीतिक दल को सही नहीं कह सकते। सम्प्रदायवाद के मुद्दे पर हम देख चुके हैं कि कांग्रेस का भी दामन साफ नहीं रहा है। उन्होंने भी अवसर देखकर हिन्दू कार्ड, मुस्लिम कार्ड, यहाँ तक कि अकाली कार्ड भी खेला है। राजनैतिक स्तर पर "गैर कांग्रेसवाद" के नाम पर बिहार में संविद सरकार में जनसंघ, समाजवादी ही नहीं साम्यवादी भी बैठे और फिर जे॰पी॰ आंदोलन के बाद केन्द्र और राज्यों में उनके साथ बैठे। लगता है यह सुविधाओं का खेल है, क्योंकि आज भी प्रखर समाजवादी जार्ज, नीतीश जी, शरद जी, रामविलास जी तो राजग में देर-सबेर राजग-गठबंधन में रहे ही हैं। अतः राजनैतिक स्तर पर राजग

गठबंधन से राजनीतिक तरीकों से संघर्ष करना न हमारे लिए सैद्धान्तिक दृष्टि से और न व्यावहारिक दृष्टि से उचित है।

सम्प्रदायवाद इसलिए इतना शक्तिशाली हुआ है कि हमने वैचारिक, सांस्कृतिक एवं सांगठनिक स्तरों पर इसे रचनात्मक काम मानकर इसमें उस गंभीरता से नहीं लगे, जिसकी इसे अपेक्षा थी। उधर वे लोग राजनीति में गैर-साम्प्रदायिक माने जाने वाले दलों से इतना घुल-मिल गए कि जनता के बीच उन दोनों के बीच की विभाजन रेखा क्षीण होती गयी। उन्होंने न केवल सत्ता ही प्राप्त की बल्कि सामाजिक प्रतिष्ठा भी प्राप्त कर ली। राजनीतिक स्तर पर "गठबंधन की राजनीति" के द्वारा उनकी अस्पृश्यता तो दूर हुई ही, उन्होंने अपने को अधिक व्यापक बना लिया। इस दृष्टि से भी राजनैतिक स्तर पर उन्हें एक पक्ष मानकर लड़ना लोक सेवक की निष्ठा के अनुकूल तो नहीं है, साथ-साथ व्यावहारिक भी नहीं है, क्योंकि सर्वोदय के लोगों के चुनाव-चक्र के वे हथकंडे, काले धन की वे थैलियां, जाति-सम्प्रदाय के वे समीकरण दिल-दिमाग में नहीं बैठते।

गांधी विचार का प्रचार यदि पर्याप्त हुआ रहता और शांति सेना का संगठन सशक्त रहता तो आज हमें राजनीति खेलने वालों के पाले में जाने का लोभ भी नहीं होता।

21 अहिंसा की कसौटी है संगठन

पिछले दिनों भोपाल में हुए 'सर्व सेवा संघ' के सम्मेलन के अवसर पर उठे कुछ सांगठनिक मुद्दों पर प्रस्तुत है यह संक्षिप्त टिप्पणी।

संगठन स्वयं शक्ति का अधिष्ठान है, इसे कौन अस्वीकार कर सकता है? कहा भी गया है- 'संघै शक्ति कलयुगैः।' फिर क्या कारण था कि स्वतंत्रता संग्राम की मुख्य वाहिका भारतीय राष्ट्रीय कांग्रेस को महात्मा गांधी ने अपनी अंतिम वसीयत में भंग करने की सलाह दी थी और भूदान यज्ञ अभियान के समय जब सर्वोदय आंदोलन अपनी पराकाष्ठा पर था तो इस यज्ञ के प्रमुख आचार्य विनोबा भावे ने 'तंत्र मुक्ति' और 'निधि मुक्ति' का निर्णायक निर्देश दे दिया था। इन दोनों की बातें नहीं मानी गई और शायद उसी का परिणाम है कि राजनीतिक क्षेत्र में कांग्रेस और सर्वोदय क्षेत्र में 'सर्व सेवा संघ' अत्यन्त अशक्त और अकिंचन बन गए हैं। कांग्रेस के पास तो कम-से-कम नेहरू परिवार की बैशाखी के रूप में श्रीमती सोनिया गांधी हैं भी लेकिन सर्वोदय जगत केवल तंत्र हीन ही नहीं, नेतृत्व विहीन भी हो चला है। लगता है, 'सर्व सेवा संघ' और 'सर्वोदय समाज' उस महान् 'लोकसेवक' संघ की लाश ढो रहा है जिसकी बापू ने अपनी आखिरी वसीयत में कल्पना की थी। तभी तो लोक सेवकों की निष्ठा पर प्रश्न और प्रतिप्रश्न उठने लगे हैं।

सरकार खादी विमुख हो जाए यह आश्चर्य का विषय नहीं है क्योंकि वह तो वैश्वीकरण का वानर है, मदारी उसे जैसे नचाएगा, वह नाचेगी, लेकिन गांधीजी द्वारा बताई गई लोकसेवकों की निष्ठाओं में परिवर्तन स्वयं गांधी विचार को नकारने जैसा है। इसका अर्थ यह नहीं कि कोई गांधी विचार से भिन्न विचार नहीं रखे। गांधी ने तो खुद कहा था कि जो ईमानदारीपूर्वक उनके विचारों का विरोध करते हैं, वे उनका सर्वोच्च सम्मान प्राप्त करने के योग्य हैं लेकिन जो बल-छल से उनकी निष्ठाओं का निरादर करते हुए उनका नाम लेते हैं, वे उनके शत्रु हैं।

ऐसी बहुत सारी संस्थाएं हैं जिन्हें सत्य, अहिंसा के साथ 'खादी' या 'सर्व-धर्म-समभाव' से भी परहेज है। यह उनकी स्वतंत्रता है लेकिन सर्वोदय की छांह में रहकर खादी की निष्ठा का उपहास वस्तुतः गांधी विचार का उपहास है। गांधी के आध्यात्मिक

उत्तराधिकारी विनोबाजी ने कांग्रेसी सांसद श्री वसंत साठे को कहा था- 'जहाँ खादी नहीं, वहाँ गांधी नहीं हैं।' असल में खादी वस्त्र नहीं विचार है। जैसे राष्ट्रध्वज केवल कपड़े का टुकड़ा नहीं, वह तो राष्ट्र की अस्मिता का प्रतीक है। आज बिल गेट्स खरबों रुपए की पूंजी लगाने की गर्वोन्नत घोषणा करते हैं लेकिन उससे मात्र तीन हजार लोगों को रोजगार मिलेगा। भारत जैसे एक अरब से ऊपर की आबादी और कम पूंजी वाले राष्ट्र के लिए खादी एवं ग्रामोद्योग केवल प्रदर्शन एवं प्रसाधन नहीं, आर्थिक अनिवार्यता है। फिर प्रौद्योगिकी एवं पर्यावरण का भी अटूट सम्बंध है। ऐसी स्थिति में खादी ग्रामोद्योग पर प्रश्न उठाना अवैज्ञानिक एवं असांस्कृतिक चेष्टा है, कम-से-कम गांधी-विनोबा का नाम लेते हुए तो हमें यह द्रोह नहीं करना चाहिए।

आध्यात्मिक अभिमंत्रणा का मेल जब तक सामाजिक एवं सांगठनिक अभियंत्रणाओं से नहीं होगा तो संगठन निर्जीव, निष्पप्राण तो होंगे ही, वह अनुत्पादक भी होने लगेगा क्योंकि संगठन, संगठन के लिए नहीं, विचार के समर्थ वाहक के रूप में माना जाना चाहिए। विचार विहीन संगठन को टिकाने के लिए या तो पाश्विक शक्ति या छल-प्रपंच, प्रलोभन एवं दंड का सहारा लेना पड़ता है। इसलिए संगठन की निष्ठा से यदि अहिंसा का आर्विभाव नहीं होता है तो संगठन प्रदूषित, विकृत और हिंसा-प्रवण हो जाता है। अत्यधिक तंत्र भी हिंसा है। राज्य का कठोर नियंत्रण ही मुख्य कारण था कि बोल्शेविक प्रयोग विफल हुए। साम्यवाद तो वह आदर्श स्थिति है जब प्रजा समता या समाजवाद का स्वतः अभ्यासी बन जाए। सर्वहारा के अधिनायकवाद के नाम पर व्यक्तिगत स्वतंत्रता की बलि चढ़ गई, उसी तरह संगठन को व्यापक, शक्तिशाली बनाने के प्रलोभन में हमें अपनी मूल निष्ठाओं से समझौता करना एक खतरनाक दुराग्रह होगा। हमें संख्या स्तर के पैमाने से संगठन की शक्ति का तापमान नहीं आंकना चाहिए। प्रसिद्ध इतिहासज्ञ अर्नाल्ड टॉयनबी ने इसीलिए विचार क्रांति के वाहकों को संख्या की आसक्ति से दूर रहने की सलाह दी थी। सिंहों के समूह नहीं होते, हंसों के झुण्ड नहीं होते, रत्नों की खान नहीं होती, उसी प्रकार सर्वोदय के साधकों की बड़ी जमात की बात सोचना ही गलत है। सर्वोदय समाज का निष्ठावान व्यक्ति अल्पसंख्यक ही होगा। उसकी निष्ठा ही उसकी शक्ति है। ईसामसीह हों या मंसूर, सुकरात हों या गांधी, ये सब संख्या में तो सबसे अकिंचन होंगे लेकिन मानव समाज को इन्हीं से अमृत मिलता है। सर्वोदय के लोग ही यदि पहिए की तरह घूमने लगेंगे तो फिर समाज की गाड़ी चलेगी नहीं। निष्ठावान सर्वोदय समाज रूपी रथ की धुरी के समान अचल एवं अडिग है तभी इसका सौंदर्य है। इसकी संगठन शक्ति इसकी निष्ठा एवं इसके प्रति समर्पण में है। निष्ठाहीनता ही अवसरवाद है जो स्वयं साक्षात् घृणित हिंसा है।

22 किसके साथ रहें, न रहें चुनाव में?

लोकसभा के चुनाव में गांधी विचार पर खड़े संगठनों और व्यक्तियों की भूमिका क्या हो? क्या वे 'नागनाथ' यानी एक गठबंधन को हराने के लिए 'सांपनाथ' यानी दूसरे गठबंधन का साथ दें? या फिर वापस अपने स्वधर्म की बुनियादी समझ को लेकर चुनावों को प्रभावित करें? प्रस्तुत है इस कठिन परिस्थिति का विश्लेषण और उस पर सुझाव देता यह आलेख।

लगभग ढाई हजार वर्ष पूर्व प्रसिद्ध जैन दार्शनिक आचार्य समन्तभद्र ने अपनी पुस्तक 'युक्त्यानुशासन' में 'सर्वोदय तीर्थ' का उच्चार किया था तो किसी ने सोचा भी नहीं होगा कि बीसवीं सदी में महात्मा गांधी अपने सपनों के भारत की कल्पना में 'सर्वोदय' को कल्पना और योजना के रूप में पेश करेंगे। बापू ने अपनी शहादत के दिन अपनी आखिरी वसीयत के दस्तावेज में एक ओर तो कांग्रेस की महान एतिहासिक भूमिका स्वतंत्रता मिलने के साथ समाप्त होने पर उसे आदरपूर्वक भंग कर नागरिक जीवन में स्वेच्छापूर्वक राजनीतिक दल निर्माण करने की स्वतत्रता दे दी थी, लेकिन स्वतंत्रता के बचे हुए आर्थिक, सामाजिक एवं सांस्कृतिक कार्यों को पूरा करने के लिए सत्ता और दल की राजनीति से अलग निष्ठावान, संकल्पित सेवकों के संगठन का आह्वान भी किया था। इसे उन्होंने 'लोकसेवक संघ' का अद्‌भुत नाम भी दिया था। उन्होंने सत्य और अहिंसा इसका आधार एवं लोकसेवा इसका स्वधर्म माना था। राजनीति को उन्होंने अपृश्य नहीं माना लेकिन रचनात्मक कार्य को उन्होंने स्वराज्य की कुंजी मानकर इसके लिए विधान किया था। इसी सपने ने बापू की शहादत के बाद सभी प्रकार के गांधीजनों की सभा में 'सर्वोदय समाज और सर्व सेवा संघ' को जन्म दिया था जो आज तक गांधीजी की विरासत को सजीव भाव से ढो रहा है। सर्वोदय समाज यदि बापू के सपनों की भावना के प्रचार एवं विस्तार का महत् कार्य कर रहा है तो सर्व सेवा संघ सर्वोदय के लोकसेवकों की संगठित शक्ति से भूदान, ग्रामदान, आचार्यकुल, शांति सेना, ग्रामभिमुख खादी, खादी मिशन, सर्वोदय पात्र आदि छोटे-बड़े अनेकों अभियानों का सारथ्य कर यश पा चुका है। यह राष्ट्र की नैतिक शक्ति का अधिष्ठान है। सत्ता के लोभ से मुक्त होकर निष्पक्ष और निर्भय भाव से राष्ट्र की समस्याओं पर चिंतन एवं अपने संकल्प एवं सामर्थ्य के अनुसार निरंतर कार्य में लगे रहना इसकी प्रतिष्ठा की

पूंजी है। समय के प्रयास से इसकी शक्ति और सदस्यों की संख्या न्यूनाधिक होती रही है लेकिन यहां संख्या या संस्था के स्थूल शरीर का महत्व न होकर इसकी नैतिक शक्ति का प्रभाव है। आचार्य विनोवाभावे, काका कालेलकर, आर्यनायकम्, दादा धर्माधिकारी, शंकरराव देव, रविशंकर महाराज, आशा देवी, लक्ष्मी बाबू, गोकुलभाई भट्ट, गोप बाबू, नवकृष्ण एवं मनमोहन चौधरी आदि कम-से-कम एक हजार ऐसे महापुरुषों के नाम गिनाए जा सकते हैं जिन्होंने अपनी सम्पूर्ण क्षुद्र राजनीतिक महत्वाकांक्षा को सहज परित्याग कर गांधी के अधूरे सपनों को साकार करने में सर्वोदय पथ पर अपने को होम कर दिया था। आज भी सर्वोदय समाज में जितने त्यागी एवं तपस्वी तथा गांधी-पथ के समर्पित व्यक्ति हैं, वह इसकी नैतिक शक्ति का आदि स्रोत ही हैं। आज भी भीष्म पितामह की तरह सिद्धराज ढड्ढा, आचार्य राममूर्ति, जगन्नाथनजी, सुन्दरलाल बहुगुणा, डॉ० गंगाप्रसाद अग्रवाल, गोपीनाथ नायर, विमला बहन, निर्मला बहन, प्रो० बनवारीलाल शर्मा, नारायण देसाई, चुन्नीभाई आदि अनेकों जाज्वल्यमान हीरे-मोती हैं जिन पर उनकी निस्पृह सेवाओं के लिए किसी को भी गर्व हो सकता है।

इसी भूमिका में हमें आज की असाधारण परिस्थिति में सर्वोदय के महत्व और उसके दायित्वों को समझना होगा। राजनीति के झंझावत चलते रहेंगे। आज देश में राजनीतिक ग्रहण छाया हुआ है। सिद्धान्त एवं सेवा की राजनीति का सूर्य अस्ताचल की ओर चला जा रहा है। आज राष्ट्र-मंगल और लोक-कल्याण की राजनीति के बदले सत्ता का घृणित व्यापार देश को मरघट में ले आया है। राष्ट्र की राजनीति के बदले आज सम्प्रदाय या जाति की राजनीति युग-धर्म बन गया है। येन-केन-प्रकारेण सत्ता के शीर्ष पर पहुंचने का अश्लील व्यापार एवं हिन्दुत्वादी भाजपा, समाजवादी समता, तेज-तर्रार तृणमूल, स्थिति स्थापक अन्नाद्रमुक, सोनिया के विदेशी मूल को चुनौती देने वाले ईसाई-प्रदेशों के तेजस्वी संगमा, तेलगूदेशम आदि न जाने कैसे-कैसे प्राणी हैं, लेकिन क्या सत्ता के अतिरिक्त इनमें कोई दूसरे समान तत्व हैं? उसी तरह विपक्ष तो यहां है लेकिन विपक्षी एकता अदृश्य है। वामपंथ जो राजनीतिक ध्रुवीकरण का नेतृत्व कर सकने की दम भरता था वह स्वयं केवल ढेरों संगठनों का एक क्षुद्र मंच भर बनकर अकेले हिमालय को छूना चाहती थी, लेकिन आज वास्तविकता समझकर जब तालमेल पर उतर आयी है तो उसका अपना ही स्वास्थ्य जर्जर है। अत: आज गैर कांग्रेसवाद की तरह गैर-भाजपावाद भी बहुत दूर तक निरर्थक दिखता है, क्योंकि गैर-भाजपावाद न तो सत्ता की राजनीति की धुरी है और न विपक्षी ही उसे अपनी एकता की धुरी बना पां रहे हैं। फिर भाजपा का हिन्दुत्व यदि खतरनाक है तो बिहार में राजद और उत्तरप्रदेश में मुलायम का सामाजिक न्याय के नाम पर चलने वाला जातिवाद या बसपा का अस्पृश्यवाद क्या कम खतरनाक हैं? मात्राभेद से गुणात्मक भेद नहीं होते क्योंकि जहर तो जहर ही है। समाज का विखंडन राष्ट्र का विखंडन है। राष्ट्र की कीमत पर असीम

सम्पत्ति बटोर कर भ्रष्टाचार की संस्कृति, शिष्टाचार बन गई है। फिर तो राज़नीति का अपराधीकरण और अपराध का राजनीतिकरण अवश्यंभावी ही था जिससे आज देश के विभिन्न भागों में हिंसा की ज्वाला सुलगने लगी है। विकास के नाम पर जिस प्रकार विषमताएं और बेरोजगारी बढ़ी है, अगर यही हाल रहा तो दस वर्षों के पूर्व ही देश अराजकता और सामाजिक भूकम्प से ध्वस्त हो सकता है।

ऐसी ही परिस्थिति में हमारे देश में राष्ट्रीय स्तर पर समय से कुछ पहले आम चुनाव की रणभेरी बजा दी गई है। शायद समय से पूर्व चुनाव के कारण मन के अन्दर किसी अव्यक्त, अशुभ आशंका हो या भविष्य में किसी भयंकर दुष्चक्र की योजना की पूर्व तैयारी, कहा नहीं जा सकता। ऐसी परिस्थिति में देश के नागरिक स्वस्थ रूप से मतदान नहीं कर सकेंगे तो इस महानिर्वाचन के बाद जनता का लोकतंत्र से विश्वास तेजी से घटेगा। लेकिन ऐसी परिस्थिति में सर्वोदय के लोगों की भूमिका का भी महत्व है। आज तो हमारे सामने पक्ष और विपक्ष दोनों ही अस्पष्ट एवं विभ्रम में दिखते हैं। गठबंधन तो है लेकिन किसी में वैचारिक बंधन नहीं है। ऐसी परिस्थिति में किसी एक धुरी के साथ सती हो जाने में कौन-सा लाभ हो सकता है, आज जो गुट बन रहे हैं, सत्ता प्राप्ति या सत्ता से बाहर होने पर वे पुनः बालू की भीत की तरह बिखरकर नए-नए समीकरण बना लेंगे, तब सर्वोदय किसके सहारे रहेगा? सचमुच एक बड़ा धर्म संकट है। गुजरात में हिन्दुत्व के नाम पर जो भारतीयता के विरुद्ध षड्यंत्र हुआ है उसके विकल्प में हमने कांग्रेस की जर्जर नैया और भाजपा से आए हुए कांग्रेस के भ्रष्ट व्यक्ति को भावी मुख्यमंत्री मान लिया है। आज भी गुजरात में कांग्रेस क्षत्रपों की चाल-ढाल के साथ चलना सर्वोदय-भावना का अपमान तो है ही, राष्ट्र की शक्ति का अपमान भी है। फिर वैश्वीकरण, उदारीकरण एवं निजीकरण के यक्ष प्रश्नों पर कांग्रेस एवं भाजपा की दृष्टि में गुणात्मक भेद तो है नहीं, दूसरे दलों में भी विरोध भाव हैं। आखिर नई आर्थिक नीति के विषवृक्ष का कांग्रेसी राज्य में ही बीजारोपण हुआ था। आज भी उनका वही अर्थ- धर्म है। फिर कांग्रेस तो तानाशाही का स्वाद एक बार चख चुकी है। भाजपा का सांस्कृतिक तानाशाही का खतरा जरूर है लेकिन कांग्रेस की लोकतांत्रिक तानाशाही का तो हमने भी स्वाद चख लिया है। हम सर्वोदय के लोग भाजपा-धुरी का विरोध करेंगे तो फिर क्या लालू के वंशवाद, भ्रष्टाचार एवं आपराधिक राजनीति तथा जातिवाद की राजनीति का समर्थन करने का नैतिक साहस कर सकते हैं?

संक्षेप में हमारा धर्मसंकट और बढ़ गया है, अतः इस परिस्थिति में हमें अपने मूल सिद्धान्त और सर्वधर्म को ही देखना चाहिए। हम यदि लोक सेवक की निष्ठा को अभी जलांजलि नहीं दे पाए हैं तो क्या आज राजनीति की इन पार्टियों के सामने निर्वस्त्र हो जाएं? हमें क्या मिलेगा? फिर हमारी भौतिक विसात ही क्या है? हम तो एक नैतिक शक्ति के प्रतीक हैं न?

नागनाथ और सांपनाथ के विकल्प के विषय में हम सुनते रहे हैं? क्या सत्ता और विपक्ष वैसे ही नहीं है? तो क्या हम दोनों को त्याग कर इस निर्वाचन से अलग रहकर निष्पक्ष एवं निर्भयवाद से राष्ट्र की लोकनीति एवं मतदान की महत्ता का छोटा-सा कर्त्तव्यपालन नहीं कर सकते? काश, निषेधात्मक मत देने का अधिकार रहता तो हम कह देते कि इसमें कोई भी उम्मीदवार योग्य नहीं है? यदि ऐसा संभव नहीं हो तो, जहां तक संभव हो, मतदान का सामूहिक असहयोग कर जनता के सामने एक नैतिक प्रश्न खड़ा कर उन्हें सोचने को बाध्य कर सकते? इस धर्मसंकट में यदि नागनाथ से खतरा है तो क्या सांपनाथ कम खतरनाक है? क्या भोजन नहीं मिलता तो जहर खा लेना चाहिए?

23 संभावनाओं की आग और संगठन-शून्यता की राख बिहार के सर्वोदय-संगठन की तस्वीर

बापू ने कहा था- "संगठन अहिंसा की कसौटी है।" लेकिन उन्होंने संगठन की उपेक्षा की, न अहिंसा की। संत विनोबा ने संभवतः इसीलिए तंत्र-मुक्ति और निधि-मुक्ति की बातें रखी थीं क्योंकि प्रशासनिक तंत्र एवं निधि दोनों में हिंसा प्रभूत रूप से ग्रथित खड़ी है। लेकिन बाद में सर्वोदय आंदोलन में तंत्र-मुक्ति को हमने संगठन-मुक्ति और निधि -मुक्ति को अर्थ-मुक्ति मान लिया। जयप्रकाश जी सर्वोदय आंदोलन से विनोबा की परम्परा अभिभूत रहे किन्तु सम्पूर्ण क्रांति के अभियान में "प्रचार, संगठन, रचना और संघर्ष" चारों को स्थान दिया। यों विनोबा जी के ग्राम स्वराज्य में बुनियादी संगठन का सर्वांगपूर्ण स्वरूप अभिनिहित है किन्तु ग्राम स्वराज्य एक आदर्श यूटोपिया की तरह लगभग निर्गुण ही रहा। संगठन के अभाव में भूदान की उपलब्धि बेदखली और भ्रष्टाचार से कलंकित हो गयी। ग्रामदान के नाम पर बिहार-दान की भले ही घोषणा हो गयी लेकिन वह दिवा स्वप्न की तरह हमारे गौरव ग्रंथि का उपहास कर इसी भूमिका में आज बिहार के सर्वोदय आंदोलन का मूल्यांकन कर सकते हैं।

बिहार में सर्वोदय विचार और आंदोलन का अतीत जितना भव्य है, उतना ही गहरा भी है क्योंकि यहाँ विनोबा जी भूदान-ग्रामदान आंदोलन के क्रम में लगभग 11 वर्ष दिए और उसमें भी जयप्रकाश जी का उन्हें सेनापतित्व मिला। सम्पूर्ण क्रांति आंदोलन भी सर्वोदय के गर्भ से निकला जिसने जे॰पी॰ के नेतृत्व में भारत के इतिहास एवं उसकी राजनीति को हिला दी। यही कारण है कि सर्वोदय आंदोलन की प्रतिष्ठा तो है ही, इससे बिहार की वर्तमान दुःस्थिति में आशा भी है। बिहार से अभी भी एक अहिंसक जनान्दोलन के लिए भरपूर संभावना है। विनोबा के प्रति भक्ति एवं जयप्रकाश के उद्वेलन और आंदोलन यहाँ की मिट्टी में व्याप्त है। छिटपुट सर्वोदय आंदोलन चाहे जहाँ-तहाँ हो जाए लेकिन राष्ट्र को कंपित करने वाले किसी व्यापक जनान्दोलन की बिहार ही प्रसव भूमि है। आशा है हम इस असीम संभावना को देख पाते और समझ पाते। बिहार में भूदान में प्राप्त 21 लाख एकड़ जमीन भूदान की दुर्गति बिहार तो सम्पूर्ण भारत में सबसे व्यापक खादी प्रतिष्ठानों को श्मसान में कराहते छोड़ और जातिवाद तथा उग्रवाद की हिंसा में जलते बिहार सर्वोदय जगत से नेतृत्व एवं अखिल भारतीय सहयोग की अपेक्षा रखता है। जिस प्रकार भूदान काल में गया एवं ग्रामदान काल में सहर्षा को

अखिल भारतीय प्रतिष्ठा-प्रकल्प माना गया था, यदि बिहार को ऐसा माना जाए तो सर्व सेवा संघ की ताकत 100 गुना बढ़ जाएगी एवं देश में शायद पुनः जनक्रांति की बयार बहने लगेगी।

बिहार में जितना भावना का बाहुल्य है, व्यवस्था की उतनी ही अधिक उपेक्षा है। यहाँ काम की योजना नहीं है, लेकिन बड़ा से बड़ा काम हो जाता है, यहाँ छोटे स्तर पर सुव्यवस्थित ढंग से नियमित रूप से काम करने का अभ्यास तो नहीं है लेकिन सम्पूर्ण क्रांति या सम्पूर्ण स्वराज्य से कम की बात से संतोष ही नहीं होता। संक्षेप में बिहार सर्वोदय में "भूमा" का पुजारी है। अल्प से उसे सुख नहीं मिलता।

सर्व सेवा संघ ने सर्वोदय-संगठन की जमीन हालत जानने-समझने के लिए बिहार के कुछ जिलों का दौरा करने का कार्य स्थिर किया। समयाभाव से उत्तर के दो एवं दक्षिण के दो जिलों में जब सर्वोदय कार्यकर्त्ता, लोग सेवकों के मनोभाव, उनकी अपेक्षाओं एवं उनकी कमजोरियों को समझ सकें कई प्रान्तों में सर्वोदय मंडल का जाल है, कई जगह उनके साइनोर्ड भर हैं, कई राज्यों में कोई एक स्वयंभू अध्यक्ष हैं तो वर्षों से बिना सर्वोदय मंडल के काम चला रहे हैं। इसी तरह आशा थी कि बिहार के जिलों में भी इसी प्रकार की स्थिति होगी। लेकिन इसके विपरीत गया के दौरे के समय नवादा, औरंगाबाद एवं गया के सर्वोदय मंडलों के अध्यक्ष या मंत्री आये और अपने यहाँ लोक सेवकों एवं सर्वोदय मंडल के अधिकारियों के विषय में सूचना दी। छपरा में तो सभा में ही 100 लोकसेवकों के निष्ठापत्र एवं उसके शुल्क बैठक में ही दिए गए। मुजफ्फरपुर में 150 लोकसेवकों के नाम दिए। पटना का संगठन तंत्र सर्वाधिक कमजोर था जहाँ लोकसेवकों की कोई सूची नहीं दी गयी। लोक सेवकों में संख्या इसलिए बड़ी दीखती है कि सभी जगह खादी कार्यकर्त्ताओं को परम्परागत ढंग से लोक सेवक बनाकर उनकी सम्पत्तिदान से शुल्क दे दिया जाता है। किन्तु कुछ तो खादी कार्यकर्त्ताओं को लोक सेवक बनने वाले की नहीं बनाने वालों की कमी है। सर्वोदय से श्रद्धा रखने वालों के पास यदि सामान्य कार्यकर्त्ता भी पहुंच जाते हैं तो वे बन जाते हैं। मूल प्रश्न है उनके सामान्य सम्पर्क रखने का। सर्वोदय मंडलों की नियमित बैठक होती ही नहीं, इसी से सम्पर्क टूट जाता है। ऐसा नहीं कि कार्यक्रम नहीं होते। नित्य काम कम होते हैं, नैमित्तिक काम ज्यादा। गांधी-विनोबा-जे०पी० जयन्ती हुई, अन्य शांति का कोई काम हुआ। ये सब करते हैं लेकिन योजनाबद्ध रूप से सर्व सेवा संघ के कार्यक्रम की ओर ध्यान भी नहीं दिया जाता है। जिला सर्वोदय मंडलों के पास सर्व सेवा संघ के परिपत्र शायद ही पढ़े जाते हैं, यों जो ऐसे परिपत्र भेजे जाते हैं, के पते भी सुधार लिए जाएं।

गोष्ठी में जितने लोग पहुंच पाए, प्रायः सब ने सर्वोदय मंडलों को सशक्त करने के संबंध में अपने विचार दिए जो निम्न रूप से प्रस्तुत हैं-

संगठनात्मक

1. जिला सर्वोदय मंडल या स्थानीय सर्वोदय मंडलों की नियमित बैठक होती रहनी चाहिए। एक उदाहरण मेरठ का आया जहाँ हर माह के प्रथम रविवार को लोग मिलते हैं।
2. लोकसेवक बनने में दिक्कत हो तो सर्वोदय विचार से सहानुभूति रखने वालों को सर्वोदय-मित्र बनाकर उन्हीं के आधार पर संगठन बने। बाद में फिर उन्हें लोक सेवक बनाया जाय।
3. सर्वोदय मंडल फल रूप से गांधी विचार की संस्थाओं को जोड़ने एवं उनका समन्वय का काम करें। सर्वोदय मंडल, शांति सेना राष्ट्रीय युवा संगठन, आचार्य कुल, गोरक्षा समिति, किसान-खेतिहर समिति, हरिजन सेवक संघ आदि अन्य रचनात्मक संस्थाओं का समन्वय करे।
4. हर माह में अपने काम की रिपोर्ट बिहार सर्वोदय मंडल तथा सर्वोदय जगत को भेजनी चाहिए।
5. लोकसेवक/सर्वोदय मित्र मनाने का वर्ष में एक बार 15 दिनों का एक अभियान चलाकर संख्या बढ़ायी जाए।
6. अच्छे एन॰जी॰ओ॰ एवं युवा महिला आदि शिक्षण संस्थाओं को भी जोड़ना चाहिए।
7. महाविद्यालयों में एन॰एस॰एस॰ के प्रभारी शिक्षकों से सम्पर्क कर उन्हें भी जोड़ना चाहिए।
8. हर जिले में भूदान किसानों की गोष्ठी या सम्मेलन अवश्य आयोजित करना चाहिए।
9. जिला के खादी संघों एवं कार्यकर्त्ताओं से संबंध बनाए रखना चाहिए एवं उन्हें अपनी बैठकों में अवश्य बुलाना चाहिए।
10. जिला में कम से कम एक पूर्ण समय दाता रहे एवं उनके भोग क्षेत्र की व्यवस्था की जाय।

प्रचारात्मक

1. जातीय एवं साम्प्रदायिक सद्भाव को एक स्थायी कार्यक्रम मानना।

2. शांति सेना के गठन के लिए जिला एवं प्रखंड स्तर पर शांति सेना संयोजक की नियुक्ति तथा उनके लिए प्रशिक्षण-शिविर का आयोजन करना।
3. गांवों में ग्राम शांति सेना एवं महिला शांति सेना पर जोर देना
4. पंच विध स्वावलम्बन- (1) अन्न स्वावलम्बन, (2) वस्त्र स्वावलम्बन, (3) स्वास्थ्य स्वावलम्बन, (4) जीविका स्वावलम्बन, (5) शिक्षा स्वावलम्बन।
5. हर जिले में भूदान-किसान का सम्मेलन करना।
6. स्वदेशी पर जोर– बहुराष्ट्रीय कम्पनियों का अपने जीवन में बहिष्कार पुनः समाज में बहिष्कार।
7. कुछ गांवों को चुनकर उसमें सघन काम करना।
8. सजीव खेती, सजीव खाद की ट्रेनिंग का आयोजन।

प्रतिकारात्मक

1. भूदान की जमीन की बेदखली के खिलाफ स्थानीय एवं प्रान्तीय सत्याग्रह।
2. नारी उत्पीड़न के सवाल पर प्रदर्शन एवं सत्याग्रह।
3. जनता के जीवन प्रश्नों के साथ जुड़ना– बिहार में अन्याय प्रतिकार से जूझने वाले ऐसे 40-50 संगठनों से जुड़ना-जोड़ना।
4. तात्कालिक परिस्थितियों में हस्तक्षेप करने से हरगिज नहीं चूकना चाहिए।
5. विश्वविद्यालय एवं स्कूलों में बच्चों से जुड़ना।
6. बिहार में पांच लाख भूदान किसान परिवार का संगठन एवं सत्याग्रह के लिए तैयार करना।
7. मतदाता शिक्षण-राजनीति के अपराधीकरण के खिलाफ जनमत बनाना।

24 सम्पूर्ण क्रांति का दर्शन

1. व्युत्पत्ति एवं अर्थ : 'क्रांति' शब्द की व्युत्पत्ति 'क्रम' धातु से बतायी गई है जिसके लिए 'क्रमः परस्मैपदेषु' (पाणिनि : अष्टाध्यायी, 6-3-76) सूत्र का प्रयोग है। सिद्धान्त कौमुदी की बाल मनोरमा टीका में 'क्रमु पाद विश्रेये' कह कर इसे स्पष्ट किया गया है। मोनियर विलियम्स ने संस्कृत-अंग्रेजी-शब्दकोष (संस्कृत-इंगलिश डिक्शनरी, पृ० 320) में 'क्रांता', 'क्रांत', 'क्रांति' आदि को 'क्रम' से व्युत्पन्न माना है जिसका अर्थ है, 'बैठना'। वेक्टर (New Twentieth Century Dictionary) ने 'क्रांति' ने 'क्रांति' के लिए अंग्रेजी पर्यायवाची शब्द (Revolution) को एक प्राचीन फ्रेंच और उत्तरवर्ती लेटिन शब्द से निष्पन्न माना है, जिसका अर्थ है- 'परिवर्तन'। वेक्टर ने 'क्रांति' शब्द के सात अर्थ दिए हैं- ज्यामितिशास्त्र में 'बिन्दु की गति', नक्षत्रशास्त्र में 'एक पूर्ण परिक्रमा', राजनीति शास्त्र में 'शासन या शासन-विधान में आकस्मिक आमूल परिवर्तन' आदि-आदि। शार्टर आक्सफोर्ड इंग्लिश डिक्शनरी ने प्रायः इस व्युत्पत्ति का समर्थन करते हुए इसके कई नवीन अर्थ सुझाए हैं। डिक्शनरी ऑफ सोशयालॉजी में 'क्रांति' को 'सद्यः आमूल परिवर्तन' माना है। हेस्टिंग्स की इनसाइक्लोपीडिया ऑफ रिलीजयन एण्ड इथीक्स (भाग-10, पृ० 528) में कैम्पवेल स्मिथ ने 'क्रांति' के लिए 'शीघ' और 'आमूल परिवर्तन' ये दो आवश्यक अंग माने हैं। इनसाइक्लोपीडिया ऑफ सोशल साइन्सेज (भाग 13, पृ० 367) में अलफ्रेड मैनशेल ने भी क्रांति को 'आकसमिक आमूल परिवर्तन' ही माना है। इनसाइक्लोपीडिया विटानिका (भाग 101282, 151566, 121749, 171211, 181656, 221129) में विभिंन्न क्रांतियों की चर्चा कर क्रांति के इन दोनों तत्वों को सुझाया है।

क्रांति का मूल तत्व 'परिवर्तन' है लेकिन प्रत्येक परिवर्तन क्रांति नहीं है। विकास (Evolution) में भी परिवर्तन होता है लेकिन वह अज्ञात एवं अलक्षित है, इसलिए विकास को हम क्रांति नहीं कह सकते। प्राचीन हिन्दू विचार में सतयुग, त्रेता, द्वापर एवं कलियुग या मानव-सभ्यता का विभिन्न विकास क्रम क्रांति नहीं है। क्रांति की एक दूसरी विशेषता है कि यह अज्ञात न होकर विचार एवं प्रयत्नपूर्वक होता है जिसके मूल में कोई महान् आन्तरिक प्रेरणा और सामाजिक परिस्थित्यंतर ही रहता है। विचारधाराओं का जो स्वतः विकास होता है, वह अलक्षित तो होता ही है, उसकी गति भी धीमी रहती

है। अर्नाल्ड टायनबी ने बताया है कि किस प्रकार प्राचीन यहूदी विचार क्रमशः धर्म निरपेक्ष रूप में मार्क्सवाद के रूप में परिवर्तित हुआ। यही कारण है कि यहूदी विचार में जिसे चुने हुए लोग (Chose people) कहते हैं, सज्जन (Gentle) स्थियन्तर (Appealyse) स्वर्ग का राज्य (Millennium) कहते हैं, उसे ही मार्क्सवादी शब्दावली में क्रमशः सर्वहारा (Proletariate), बुर्जुआ (Bourgeoise), साम्यवादी क्रांति (Communist Revolution) और 'राज्य का विलयन' (Withering away of the State) कहते हैं। इसी प्रकार वैदिक संस्कृति के विरुद्ध श्रमण-संस्कृति की क्रांति में बहुत सारे पुराने मूल्य रख लिए गये, जैसे पुराने शरीर में नवीन वस्त्र दिया गया। इसीलिए 'क्रांति' को यदि एक ओर विकास (Evolution) से भिन्न करना होगा तो दूसरी ओर सुधार (Reformation) से भी भिन्न करना है। 'सुधार' में विचार भी है और पुरुषार्थ भी किन्तु उसमें 'आमूल' परिवर्तन नहीं होता, सामान्य एवं छिटपुट परिवर्तन होते हैं। इसीलिए डिक्सनरी ऑफ फिलासफी (मास्को, 1967) में सामाजिक क्रांति को सामाजिक जीवन का वह बिन्दु माना गया है, जहां से 'सम्पूर्ण' समाज में परिवर्तन प्रारम्भ होता है। यही कारण है कि क्रांतियों के दो प्रकार होते हैं- सर्वांगीण (Total) और विशिष्ट (Partial) वास्तव में जो क्रांति मानव-जीवन के समग्र पहलुओं पर असर नहीं डालती, वह वास्तव में 'क्रांति' ही नहीं है। इसीलिए केवल राजसत्ता के परिवर्तन या अधिग्रहण को ही 'क्रांति' कहना गलत है।

2. सम्पूर्ण क्रांति : समाज के समग्र जीवन में आमूल परिवर्तन का वैज्ञानिक अध्ययन मार्क्स के पहले शायद नहीं हुआ। दार्शनिकों ने स्वप्नाचारी आदर्श (Utopia) की भले ही बात की थी लेकिन सामाजिक परिप्रेक्ष्य में क्रांति का विज्ञान नहीं रखा। 'रामराज्य' प्लेटो की 'रिपब्लिक', थामसमूर की 'यूटोपिया' आदि इसी प्रकार के प्रयत्न हैं। इसीलिए मार्क्स को कहना पड़ा- 'दार्शनिकों ने अब तक केवल विश्व की व्याख्या की है किन्तु समस्या है इसका परिवर्तन कैसे हो? अतः दार्शनिकों के प्रयत्न दिशा-निर्देश के बिन्दु हो सकते हैं, यथार्थ के नहीं।

धर्म ने समाज-परिवर्तन का लक्ष्य अवश्य माना किन्तु उसके लिए वह व्यक्ति को ही परमपुरुषार्थ मानकर उसे दिव्य बनाने की आध्यात्मिक साधना बतायी। व्यक्तिगत जीवन के साथ धर्म का सामाजिक-साधना में भी कम महत्व नहीं है किन्तु धर्म की दृष्टि मूलतः व्यक्ति केन्द्रित रही। विश्वास था कि यदि व्यक्ति अच्छे हो जायेंगे तो समाज भी सुधर जाएगा। लेकिन 2500 वर्षों के धर्म के इतिहास का यह अनुभव है कि धर्म ने आदर्श व्यक्ति बनाने में जितनी सफलता पायी है, आदर्श-समाज बनाने में वह उतना सफल नहीं रहा, वरना धर्म के नाम पर 'सौ वर्षों की लड़ाई', शोषण, प्रताड़ना आदि न होते। यही कारण है कि मार्टिन लूथर, कबीर, दयानन्द, इकबाल, आदि ने धर्म-सुधार

के काम किए। स्वामी विवेकानन्द ने तो व्यक्तिगत धर्म (Personal Religion) की जगह पर विश्व-धर्म (Universal Religion) की स्थापना पर जोर देना पड़ा और विनोवा जैसी अध्यात्म-चिन्तकों ने प्रचलित धर्म को कालबाह्य घोषित कर धर्म-क्रांति के लिए व्यक्तिगत मुक्ति एवं व्यक्तिगत मुक्ति के बदले 'सामूहिक साधना' और 'सामूहिक मुक्ति' का विचार रखा।

जब धर्म का गतित्व शिथिल पड़ने लगा और धर्म के नाम पर शासकों की निरंकुशता, आर्थिक शोषण एवं सामाजिक विषमता बढ़ने लगी तो रूसो के 'समता, स्वतंत्रता एवं भ्रातृत्व' के नारे पर फ्रांस में राजनैतिक-क्रांति हुई और राज्यतंत्र के बदले प्रजातंत्र का उदय हुआ। व्यक्तिगत स्वतंत्रता को शीर्ष स्थान मिला एवं संसदीय जनतंत्र, निर्वाचन में बहुमत के आधार पर शासन का विधान आया। जनता के प्रतिनिधित्व के बिना जनता कर नहीं देगी- ऐसा विचार आया।

किन्तु आर्थिक समानता के बिना यह राजनैतिक समानता एक मखौल बन गयी। जनतंत्र में भी वोट खरीदे एवं छीने जाने लगे। इस सत्य को मार्क्स ने उजागर कर 'आर्थिक क्रांति' की बात रखी। पूंजीवाद प्रजातंत्र का साथ केवल सुविधा प्राप्त वर्ग को मिलता है, मेहनतकश लोगों को नहीं। उत्पादन के साधन और स्वामित्व जब तक व्यक्ति के हाथ में रहेंगे तो केवल प्रजातंत्र ही पाषंड नहीं बन जाता बल्कि सभ्यता-संस्कृति, धर्म, नैतिकता सबका ह्रास होता है। मानव का सबसे बड़ा अधिकार जीने और जीविका प्राप्त करने का है। इनके अभाव में पूंजीवादी संविधानों में प्रदत्त जनता के मौलिक अधिकारों में वाक्, मंच, संगठन आदि की स्वतंत्रताएं प्रजातंत्र की शवयात्रा के श्रृंगार हांगे। रूस की बोलशेविक क्रांति का मूलाधार यही है। यह अलग बात है कि व्यक्ति की स्वतंत्रता छिन गयी।

चीन में भी इसी प्रकार की आर्थिक-क्रांति हुई लेकिन माओत्सेतुंग ने यह समझा कि केवल सत्ता परिवर्तन और आर्थिक पद्धति बदलने से ही क्रांति पूर्ण नहीं होगी, इसके लिए नानाविध जीर्ण-शीर्ण परम्पराओं, रूढ़ियों और मान्यताओं के विरुद्ध लड़ना होगा। इसी को सांस्कृतिक-क्रांति कहते हैं। करोड़ों नौजवानों को 'लाल-रक्षकों' के रूप में संगठित कर राष्ट्रीय पुनर्निमाण में लगाकर अद्‌भुत चमत्कार किया गया। सदियों से चले आ रहे अफीम, वेश्यावृत्ति, लड़कियों के पैर के बंधन समाप्त हो गए और प्रशासनिक भ्रष्टाचार के खिलाफ अभियान हुआ। यह अलग बात है कि यह जनता की स्वतः स्फूर्त क्रांति नहीं थी बल्कि राजसत्ता के द्वारा परिचालित हुई थी।

सांस्कृतिक क्रांति के अन्तर्गत अन्य सभी प्रकार की क्रांतियां आ जाती हैं जिनमें शैक्षिक-क्रांति का विशेष स्थान है। चीन की सांस्कृतिक क्रांति में भी शिक्षा के प्रतिष्ठान बंद कर हाफ-हाफ 'आधा काम एवं आधी पढ़ाई' की प्रथा शुरू हुई। रूस में भी मैक्रेंको

ने रूस की शिक्षा पद्धति का मूल्यांकन करते हुए कार्य पर जोर दिया। मांटेसरी और महात्मा गांधी, डिवी और पालफ्रेरे आदि लोगों ने भी 'शिक्षा में क्रांति' के चाहे जो भी आयाम प्रस्तुत किए हों, सबो में 'उत्पादक श्रम', 'व्यवसायिक कौशल', 'कार्यानुभव' पर ही जोर रहा। कार्य के माध्यम से शिक्षा (Learning by doing) शिक्षा की श्रेष्ठ पद्धति भी मानी गयी।

शिक्षा सांस्कृतिक-क्रांति की बुनियाद है लेकिन शिक्षा समाज में ही होती है। समाज-परिवर्तन के बिना शिक्षा में परिवर्तन भी कठिन है। इसीलिए सांस्कृतिक क्रांति के लिए सामाजिक-क्रांति भी अपेक्षित है। समाज के पुराने संस्कार जल्दी नहीं टूटते। जाति, वर्ण, सम्प्रदाय, धर्म आदि के भेदों के कारण मानवता खंडित और विभाजित है। भारत की 'जाति व्यवस्था' केवल 'सामाजिक अन्याय' के लिए ही नहीं बल्कि 'आर्थिक विषमता' का भी करण है। सामाजिक रूप से पिछड़ी जातियां वस्तुतः राजनैतिक एवं आर्थिक रूप से भी पिछड़ी हैं। इसी प्रकार समाज में न जाने तिलक-दहेज, नारियों की अपेक्षा आदि कितनी कुरीतियां हैं।

इसीलिए क्रांति खंडित नहीं, सम्पूर्ण होगी। इसीलिए मार्क्स और महात्मा गांधी दोनों ने 'सम्पूर्ण क्रांति' की बातें रखीं। यह अलग बात है कि उनकी कल्पनायें भिन्न थीं। डॉ॰ राम मनोहर लोहिया ने भी 'सप्त क्रांतियों' का विचार रखा जिसमें (1) जन्मजात जाति की विषमता का नाश, (2) परदेशी गुलामी के खिलाफ और विश्वराज्य की स्थापना का प्रयास, (3) नर-नारी की समानता, (4) चमड़ी के रंग पर रची असमानता का नाश, (5) निजी पूंजी की विषमताओं के खिलाफ और योजना द्वारा पैदावार बढ़ाने के लिए, (6) निजी जीवन में अन्यायी के हस्तक्षेप के खिलाफ, (7) अस्त्र-शस्त्र के खिलाफ और सत्याग्रह के लिए- को शामिल किया। कई वर्ष पूर्व से भारतीय जन संघ ने भी 'समग्र क्रांति' पर सोचना शुरू किया था। लेकिन बिहार आन्दोलन के गर्भ से 'सम्पूर्ण क्रांति' का मंत्र जब लोकानायक जयप्रकाश ने उच्चार किया तो अनेकों के लिये "प्रेरणा" और अनेकों के लिए 'विवाद' का विषय बन गया। जहां कुछ लोग 'सम्पूर्ण क्रांति' में क्रांति शास्त्र के क्षेत्र में 'विश्व को भारत का अवदान' और गांधी विचार का 'तेजस्वी पुनर्जन्म देखते हैं, वहीं दूसरे लोग 'सम्पूर्ण क्रांति' को 'सम्पूर्ण सर्वनाश' का पूर्वाभ्यास कह रहे हैं। सबसे बड़ी सैद्धान्तिक आलोचना यह है कि 'सम्पूर्ण क्रांति' 'सम्पूर्ण रूप से अस्पष्ट' है। अतः यह क्रांति नहीं भ्रांति है। अतः हमें सम्पूर्ण क्रांति के आधारभूत लक्षण के साथ इसकी दिशाएं भी स्पष्ट करनी होंगी। किन्तु उसके भी पूर्व हमें क्रांति के मूल कारणों की भी खोज करनी होगी।

3. सम्पूर्ण क्रांति : आधारभूत कारण : यह तो 'सम्पूर्ण क्रांति' के नाम से प्रकट है कि सम्पूर्ण क्रांति का लक्ष्य 'सम्पूर्ण मानव' (Total man) बनाना है और मानव

चूंकि समाज में ही रहता है अत: 'सम्पूर्ण समाज' (Entire Social Life) को बदलना अपेक्षित है। केवल राजनैतिक उथल-पुथल या विप्लव से क्रांतियां होती तो जैसा अरस्तु ने बताया कि एथेंस में 11 बार ऐसी क्रांतियां हो जाती हैं जिसके कारण निरंकुश राजसत्ता से प्रजातांत्रिक व्यवस्था और प्रशासन से निरंकुश राजसत्ता का परिवर्तन हुआ। रोम में भी राज्यतंत्र से कुलीनतंत्र एवं फिर सीजर का साम्राज्यवाद स्थापित हुआ। मध्ययुग में धर्मगुरुओं एवं सामंतों की स्वेच्छाचारिता के विरुद्ध अनेक नागरिक एवं कृषक विप्लव हुए। आधुनिक युग में भी विदेशी सत्ता और साम्राज्यवाद के विरुद्ध राष्ट्रवादी मुक्ति-संग्राम या सामन्तशाही के खिलाफ अनेकों सफल एवं असफल विद्रोह हुए लेकिन इनमें कोई 'सम्पूर्ण क्रांति' नहीं कहला सकती। प्राक्-वोलशेविक (मार्क्सीय) क्रांतियां न तो सुनियोजित होती थीं न संगठित ही। कठोर एवं निरंकुश सत्ता है उत्पन्न सामाजिक -विश्रृंखलताओं के कारण जनता का अंध-आक्रोश यत्र-तत्र फूट पड़ता था, जो कभी दबा दिया जाता था और कभी सफल भी होता था। मार्क्स ने क्रांतिकरण का शास्त्र बनाया। इसके अनुसार उत्पादन और उत्पादन के सम्बन्धों के कारण समाज में जो अन्तर्विरोध उमड़ता है वह वर्ग-संघर्ष को जन्म देता है और वर्ग-संघर्ष जब अत्यन्त तीव्र हो जाता है तो उसी को 'क्रांति' कहते हैं। उत्पादन की नयी विधि एवं उसके उपकरण के कारण नयी समाज-रचना बनती है और नये मानवीय सम्बन्ध बनते हैं और तब समाज के तत्वों का मनोविज्ञान बदलता है। इसके लिए उत्पादन का साधन एवं स्वामित्व व्यक्ति के स्थान पर समाज को लाना होगा, फिर बुर्जुआ समाज की मान्यताएं, नियम, नैतिकता, परम्पराएं, परिवार, सम्पत्ति एवं शासन सबका विनाश कर नया समाज बनाना होगा। (To destroy this sorry scheme of things entire and rebuild it to our heart's desire.) संक्षेप में मार्क्सवाद 'क्रांति' को तब तक 'क्रांति' नहीं मानेगा जब तक समाज की प्रगति निश्चित और तीव्र गति से पूंजीवाद से समाजवाद की ओर न जाए।

यह विचार का प्रश्न है कि इतनी उदार कल्पनाओं के वावजूद मार्क्स की क्रांति 'सम्पूर्ण मानव' की 'सम्पूर्ण क्रांति' क्यों न हो सकी? अक्तूबर महाक्रांति के बाद भी टाटस्की और बुखारिन आदि को मार्क्सवाद का संशोधन (Revision) क्यों करना पड़ा? आज भी अन्तर्राष्ट्रीयता में विश्वास रखने वाला साम्यवाद का खीमा इतना विमुक्त क्यों है? सच्चा मार्क्सवादी कौन है या कोई नहीं है- यह कौन बताएगा? मानव मुक्ति का संदेशदाता मार्क्सवाद अपनी यज्ञशाला में भी मानव को क्यों नहीं मुक्त कर सका? सर्वहारा की तानाशाही संक्रांति काल के लिए न होकर स्थायी नहीं बनेगी, इसकी क्या गारंटी है, टीक है, रोटी के बिना मनुष्य का जीवन ही संभव नहीं, लेकिन केवल रोटी ही तो उसे नहीं चाहिए। फ्रांसीसी क्रांति में बेस्टाइल-पतन के बाद राजनीति से सर्वथा दूर शुष्क तर्कजाल में उलझे रहने वाले दार्शनिक कांट को वृद्धावस्था में भी नसों में

हरारत महसूस होने लगी और कहा- 'हे प्रभु! अब अपने दास को शांति के साथ मरने दो क्योंकि उसने मुक्ति की अनुभूति कर ली है।' इसी प्रकार कवि वर्डसवर्थ भी क्रांति का अभिनंदन करने के लिए मचल उठा- 'क्रांति के उष्ण:काल में जीवित रहना अमृत के समान सुखमय है किन्तु तरुण होकर उसमें योगदान करना तो स्वर्ग-सुख के समान है।' रूसी क्रांति के समय आन्द्रे गाइड ने कहा था- 'सोवियत संघ की सहानुभूति में मेरा समर्थन है और 'काफी समय' तक जीवित रहकर इसकी दिव्य सफलताओं को देखना चाहूंगा।' यह दुर्भाग्य की बात है कि आंद्रे काफी समय तक जीवित तो रहे किन्तु रूस-यात्रा से लौटकर जब उन्होंने कुछ आलोचनाएं कीं तो उन्हें 'बुर्जुआ, प्रतिक्रियावादी' आदि करार दिया गया। आज भी पेस्टरनाइक एवं सोलजिन्स्टन तथा यूरोप-अमरीका के बुद्धिजीवियों के लिए मार्क्सवाद का सांस्कृतिक मूल्य घटता जा रहा है। शायद यह भी एक कारण है कि इन देशों में पर्याप्त औद्योगीकरण के वावजूद भी साम्यवाद फैल नहीं पा रहा है।

इसलिए क्रांति की भौतिक व्याख्या क्रांति के अर्थ को संकुचित करती है। भौतिक कारणों से भी अधिक क्रांतियों के मूल में क्रांतिकारी विचार एवं आदर्श रहे हैं। विचार-क्रांति के गर्भ से ही वास्तविक क्रांति का आविर्भाव होता है। जहां आर्थिक स्थिति बदतर से बदतर भी रहती है, वहां भी क्रातियां नहीं होतीं। इसके विपरीत जहां जनता की आर्थिक स्थिति अपेक्षाकृत अच्छी रहती है किन्तु उनकी आकांक्षाएं, विचार, आदर्श एवं मूल्यों में परिवर्तन आने लगते हैं तो क्रांति हो जाती है। असल में क्रांति के कई कारण हैं- (1) सामाजिक-असंतोष, (2) राजनैतिक दमन, (3) आध्यात्मिक असंतोष, (4) वैज्ञानिक आविष्कार, (5) ज्ञान-विस्तार, (6) भौगोलिक खोज, (7) मानव का देशांतरगमन, (8) वैदेशिक संस्कृति एवं शिक्षा, (8) जीवन-दर्शन का प्रभाव, (9) शोषण एवं वर्ग-संघर्ष, (10) शासकों का आंतरिक कलह, (11) भ्रष्टाचार, (12) मनोवैज्ञानिक कारण, जैसे आदर्श-व्यवहार में दूरी, प्रचलित मान्यता की अपर्याप्तता आदि। इसलिए क्रांति केवल आर्थिक ही नहीं बल्कि वैचारिक, नैतिक, राजनैतिक, आध्यात्मिक आदि भी कारण हैं। चार्ल्स प्रथम के समय इंगलैण्ड की आर्थिक व्यवस्था हेनरी सप्तम या इलिजावेथ के समय से अच्छी थी और वह इन दोनों से वह कम निरंकुश भी थी। इसी प्रकार अमरीकी क्रांति या फ्रांसीसी क्रांतियों के समय पहले से आर्थिक स्थिति कोई खराब नहीं थी। यहाँ तक कि करेन्सकी के समय लेनिन के ही शब्दों में रूस विश्व में सबसे स्वतंत्र देश था। फिर भी क्रांतियां इसलिए हुईं कि विचारों में परिवर्तन हुए, जागरण हुआ। अत: क्रांतियों का वे भौतिक एवं आर्थिक कारण बताना इतिहास के प्रतिकूल तो ही हो, यह अवैज्ञानिक भी है।

4. सम्पूर्ण क्रांति की दिशाएं : सम्पूर्ण क्रांति का ध्रुवतारा 'मानव' है। मानव

किस प्रकार पूर्ण बन सके इसके लिए समाज-परिवर्तन आवश्यक है क्योंकि वह सामाजिक जीव है। उसमें भी मस्तिष्क एवं हृदय है। अतः वह केवल शरीर से ही पुष्ट नहीं, बल्कि मस्तिष्क से सजग एवं हृदय से उद्‌बुद्ध होना चाहता है। इसीलिए इतिहास की भौतिक व्याख्या इतिहास का खंडित सत्य तो है ही, यह मानव जीवन का भी खंडित लक्ष्य है। इसलिए 'सम्पूर्ण क्रांति' में समता के साथ स्वतंत्रता, रोटी के साथ आजादी और विज्ञान के साथ अध्यात्मक का समन्वय आवश्यक है। समाजशास्त्र के संदर्भ में 'जनतंत्र एवं समाजवाद' दोनों ही सम्पूर्ण क्रांति के प्राण हैं। एक ही कीमत पर दूसरे की अनिश्चित प्राप्ति मृगमरीचिका है।

इसीलिए मानवहित ही हमारी सफलता का अंतिम मापदंड होगा। हमारी राजनीति, अर्थनीति, उद्योग, शिक्षा आदि सभी मानव-केन्द्रित होगी। जो राजनीति आज पाषंड और मिथ्यात्व का पर्याय बन गयी है उसे मानव-भ्रातृत्व का विज्ञान (साइंस ऑफ ह्यूमन ब्रदरहुड) बनाने के लिए राजनीति का अध्यात्मीकरण (Spiritualization of politics) करना होगा या जिसे आज 'शुद्ध राजनीति' (Goodness Politics) कहते हैं। इसके अभाव में तो राजनीति 'धूर्तों का व्यवसाय' एवं 'झूठे वायदों का विज्ञान' बन कर रह जाएगा। इसी प्रकार अंध मुनाफाखोरी एवं व्यक्तिगत लाभ-हानि के आधार पर बना हुआ अर्थशास्त्र अनर्थशास्त्र बन गया है। शिक्षा भी एक व्यवसाय बन गयी है। सभ्यता एवं संस्कृति का आधार भी 'सफलता' है। संक्षेप में 'सम्पूर्ण क्रांति' के मूल में 'नैतिकता' या धर्म (व्यापक अर्थ में) जोड़ना पड़ेगा। यह एक 'नैतिक क्रांति है।' इसीलिए इसकी शुरुआत स्वयं व्यक्ति से होगी। यदि हमारे जीवन में शोषण, भ्रष्टाचार एवं सिद्धान्त-व्यवहार का अंतर रहा तो हम 'सम्पूर्ण क्रांति' में सम्पूर्ण रूप से छूट जायेंगे। इसलिए किसी ने कहा- 'गंगा की कसम यमुना की कसम यह ताना बाना बदलेगा। तू खुद तो बदल तू खुद तो बदल तब तो यह जमाना बदलेगा।'

यह ठीक है कि व्यक्ति का आचरण बदलना आवश्यक है। लेकिन व्यक्ति के साथ-साथ व्यवस्था-परिवर्तन भी आवश्यक है । यहाँ लोग स्वाभाविक ही पूछ बैठते हैं कि 'सम्पूर्ण क्रांति' में कैसी सामाजिक-आर्थिक-राजनैतिक व्यवस्था होगी? उसका ब्लूप्रिंट क्या होगा? हम इतना ही कहना चाहेंगे कि क्रांति का बना-बनाया कोई 'ब्लूप्रिंट' नहीं चल सकता। परिस्थितियां बदलती रहती हैं और उसी के अनुसार सिद्धान्त एवं व्यवस्था को बदलना पड़ता है। सनातन काल या अगले 100-200 वर्षों के लिए कोई कार्यक्रम देना दकियानूसी प्रवृत्ति तो है, यह अवैज्ञानिक भी है। मार्क्स का 'युद्ध की अनिवार्यता का सिद्धान्त' आज इसलिए कालबाह्य हो गया क्योंकि आणविक युद्ध का अर्थ है सम्पूर्ण विश्व का संहार- जिसमें पूंजीवाद एवं समाजवाद दोनों हैं। अतः सहअस्तित्व अनिवार्य है। फिर जनक्रांति, जिसमें सबो का सहभाग है, उसकी सारी

छोटी-बड़ी बातें हम ही तय कर दें, क्या यह जनता की बृद्धि का अपमान एवं उसके प्रति विश्वासघात नहीं? हम तो केवल मोटी दिशायें ही प्रस्तुत कर सकते हैं और शेष जनता पर छोड़ देना होगा। इससे क्रांति के निर्माण कार्य में जनता का अपेक्षित योगदान मिलेगा। इसीलिए हमारे लिए गांधीजी के शब्दों में एक कदम ही काफी होगा। (One step is enough for me) सम्पूर्ण क्रांति मानव की मुक्ति की तस्वीर है जिसमें केवल रेखायें ही होंगी, रंग तो बाद में जनता की पसंदगी से भरा जायगा। महंगाई, बेकारी, भ्रष्टाचार एवं कुशिक्षा के अंत, विकेन्द्रिय कृषि-उद्योग, अर्थ, नीति, चुनाव कानून में संशोधन, भूमि सुधार के कानूनों को कार्यान्वयन, मुनाफाखोरी जमाखोरी के खिलाफ अभियान, शिक्षा में जनता की जीवन विमुख उद्योग प्रधान शिक्षण। समाज में जाति-पांति, तिलक-दहेज का परित्याग, नारी जागरण, शराबबन्दी एवं जनता सरकार आदि के इतने ठोस कार्यक्रम हैं कि यदि वे ठीक से लागू हो जाएं तो उसी में हमारा उद्धार हो जाएगा और भी बातें मिल-जुलकर सोची जा रही हैं, थोंपने का तो प्रश्न ही क्रांति विरोधी है।

वास्तव में सम्पूर्ण क्रांति क्रांतिकरण में भी क्रांति कर रही है। इसलिए यह अस्पष्ट दीखती है। क्रांति के कर्त्ता (Agent) किसी विशेष दल, सम्प्रदाय के लोग नहीं होंगे, बल्कि इसके वाहक स्वयं जनता एवं निहित स्वार्थों से सबसे अधिक मुक्त, जोखिम उठाने वाले, सृजनशील एवं समाज के बहुसंख्यक सक्रिय वर्ग– छात्र एवं युवा वर्ग होगा। दल के दलदल में क्रांति अपना आत्मघात कर लेती है। दल हावी हो जाता है, जनता पीछे छूट जाती है। दल के नेता अपनी तानाशाही एवं तिकड़म चलाते हैं एवं दलों का परस्पर संघर्ष अंततोगत्वा गृह-युद्ध की देहलीज तक हमें पहुंचा देता है। अतः सम्पूर्ण क्रांति दल केन्द्रित न होकर जनता-केन्द्रित होगी। दल सहयोग करेंगे लेकिन क्रांति का शोषण नहीं कर सकेंगे। यही कारण है कि सम्पूर्ण क्रांति के संगठन जनता के स्तर पर बनते हैं जहां दल का सवाल नहीं।

यदि सम्पूर्ण क्रांति का लक्ष्य है विचार और मूल्य में आमूल परिवर्तन, तो यह जोर-जबर्दस्ती से संभव नहीं। विचार से ही विचार बदलता है, मूल्य बदलता है, मान्यताएं बदलती हैं। इसलिए क्रांति के लिए हिंसा या दबाव असंगत है। जबर्दस्ती से विचार या मूल्य बदलते नहीं, इसके विपरीत जोर-जबर्दस्ती होने पर उल्टी प्रक्रिया होती है, फिर हिंसा एवं प्रतिहिंसा का दौर शुरू हो जाता है जिसका कहीं अंत नहीं। दुनिया में बुद्ध, महावीर, ईसा, सुकरात एवं गांधी आदि का असर सिकन्दर, चंगेज, हिटलर से कम कैसे माना जाय? तलवार केवल शरीर पर असर डालता है, लेकिन विचार और प्रेम केवल दिमाग को ही नहीं दिल को भी अश्वस्त कर स्थायी असर पैदा करता है। हिंसक क्रांति में व्यक्तिगत स्वतंत्रता छिन जाती है और अन्ततोगत्वा जनता के हाथ में सत्ता

न जाकर किसी तानाशाह के पास चली जाती है। फ्रांस में लुई 14 की हत्या से नेपोलियन, इंगलैण्ड में चार्ल्स प्रथम के खून से क्रामवेल, रूस में जार की कब्र से स्टालिन, पाकिस्तान में अयूब की जगह याह्या, इंडोनेशिया में सुकर्ण की जगह सुहार्टो जैसे तानाशाह ही आये। 1857 का सिपाही विद्रोह भी यदि सफल होता तो दिल्ली की गद्दी पर कोई हथियारबंद बादशाह ही बैठता। हिंसक क्रांति में समाज अविश्वास, घृणा एवं संदेह के वातावरण से आक्रान्त रहता है, हमें गृहयुद्ध के द्वार तक पहुंचा देती है। इसीलिए जो सत्ता बन्दूक की नली से निकलेगी, वह बन्दूक वाले की ही दासी रहेगी। व्यावहारिक रूप से भी आधुनिक युग में राज्य की प्रचंड हिंसा शक्ति के सामने हिंसक विद्रोह तभी सफल हो सकते हैं जब कोई पड़ोसी शक्तिशाली विदेशी राज्य मदद करे। लेकिन इसकी क्या गारंटी कि वह अपना मिहनताना वसूल नहीं करे और फिर यह विश्वयुद्ध को निमंत्रण न दे दे? क्रांति यदि हिंसक हो जाती है तो सरकार को दुद्धर्ष दमन का नैतिक अधिकार मिल जाता है। यदि क्रांति अहिंसक होती है और सरकार दमन करती है तो जनता का व्यापक समर्थन मिलता है किन्तु यदि दमन नहीं होता तो क्रांति बढ़ती जाती है। अमरीका में शांतिमय आंदोलन के कारण ही वियतनाम का युद्धविराम एवं राष्ट्रपति जानसन एवं निक्सन का इस्तीफा हुआ। हिंसक क्रांति में प्रशिक्षित लोग ही सक्रिय हो सकते हैं किन्तु अहिंसक आन्दोलन में बच्चे-बूढ़े, नारी सब योगदान कर सकते हैं। अत: यह जनक्रांति बन जाती है। मूल बात तो यह कि यदि सम्पूर्ण क्रांति का उद्देश्य मैत्रीपूर्ण एवं शांतिमय समाज-व्यवस्था का निर्माण है तो यह अशांतिमय साधना से कैसे संभव है? जिस प्रकार पानी से मक्खन नहीं निकल सकता उसी प्रकार हिंसक क्रांति से शांतिमय समाज का निर्माण असंभव है। हिंसा से विचार एवं आदर्श नहीं बदल सकते और न सुन्दर समाज ही बन सकता है। अत: सम्पूर्ण क्रांति शांतिमय साधनों से ही सफल हो सकती है। सम्पूर्ण क्रांति और समग्र क्रांति में दोनों प्राय: पर्यायवाची रूप में व्यवहार किये जाते हैं, लेकिन दोनों में एक सूक्ष्म किन्तु स्पष्ट अन्तर है। समग्र क्रांति जीवन और समाज की समग्रता से सम्बन्ध रखती है। इन्द्रधनुष की तरह इसके सात रंग होंगे। कम या अधिक भी हो सकते हैं। समग्र क्रांति सम्पूर्ण भी हो सकती है और असम्पूर्ण भी। इसलिए जो समग्र क्रांति पूर्ण होगी उसे ही हम सम्पूर्ण क्रांति कहेंगे। वस्तुत: सम्पूर्ण क्रांति एक आदर्श है और उसका कहीं अंत नहीं होता। वह सतत काल तक चलती रहती है।

25 सम्पूर्ण क्रांति की अमावस्या

जहाँ तक सम्पूर्ण क्रांति का विचार पक्ष है, वह शरद पूर्णिमा की तरह उज्जवल है लेकिन उसका व्यवहार पक्ष अत्यन्त दुर्बल ही नहीं दुखद भी है। जैसे महात्मा गांधी ने "हिन्द स्वराज्य" में समाज और राज्य की अवधारणा समय से बहुत पहले कर दी थी उसी प्रकार लोकनायक जयप्रकाश ने शिव के धनुष को स्वयंवर के काफी पूर्व ही उठाकर अप्रतिम पुरुषार्थ का परिचय दिया, लेकिन शारीरिक अशक्तता और अल्प समय तक जीवित रहने के कारण संवारने में विफल रहे। लेकिन इसे उनकी व्यक्तिगत भूल समझना इतिहास चक्र को नहीं समझने के बराबर है किन्तु इतिहास इतना कठोर मूल्यांकन करने वाला विधान है कि वह शम्बूक के वध, या बालि वध के लिए राम और भीष्म, द्रोण, जयद्रथ, कर्ण आदि वीरों के छद्म से वध के लिए कृष्ण को भी क्षमा नहीं करता।

जयप्रकाश जी सामाजिक उत्क्रांति के झंझावत में व्यक्तिगत शुद्धता पर उतना आग्रह नहीं रख सके जो सत्याग्रह की प्रथम निष्ठा थी। जो छात्र एवं युवा स्वयं बारूद के समान विस्फोटक तत्व माने जाते हैं, हिंसा-अहिंसा के पचड़े में जो कभी पड़े नहीं उनको लेकर लगभग नहीं के बराबर हिंसा होना क्रांतियों के इतिहास में एक कौतुक ही है। गांधी जी के नेतृत्व में असहयोग आन्दोलन में हिंसा की आग प्रज्वलित हो उठी थी और सन् 1942 को गांधी जी का सत्याग्रह कहना गांधी और सत्याग्रह दोनों का अपमान है। सन् 1942 एक जनक्रांति थी, उसमें जो हिंसा हुई उसका श्रेय ब्रिटिश सरकार को जाएगा। लेकिन जे॰पी॰ आन्दोलन के कर्णधारों का नैतिक आधार इतना दुर्बल था कि सम्पूर्ण क्रांति जैसे महान् विचार के वाहक बनने के योग्य तो वे नहीं ही थे। वे न सिद्धान्तवादी रह सके, न व्यवहार में शुद्ध रह सके। जिस भ्रष्टाचार के विरुद्ध यह आन्दोलन हुआ उसके आज के नेतागण भ्रष्टाचार की सभी सीमाओं को पार कर गये। सिद्धान्त में तो वे भारतीय संस्कृति के नाम पर घृणित एवं संकीर्ण सम्प्रदायवादी बन गए या सामाजिक न्याय की दुहाई देकर निकृष्ट जातिवादी बन गए। इसलिए आज व्यवहार में संघ परिवार की राजनीति में पहले से अधिक संकीर्ण राष्ट्रवाद और समाजवादी धड़े में आरक्षण का कवच पहन करके जातिवाद पहले से ज्यादा जहरीला हुआ है। लगता है सद्यः सफलता प्राप्ति के लिए जे॰पी॰ ने पहले राजनीतिक दलों से दूर रहने का व्रत भंग कर जीर्ण-शीर्ण मूल्यों पर जीने वाले राजनैतिक दलों के नेताओं के आगे अशक्तता

के कारण उन्हें समर्पण कर देना सम्पूर्ण क्रांति के विचार एव व्यवहार के साथ अनजाने या विवशता-वश विश्वासघात है। गांधी के लोकसेवक संघ, विनोवा की लोकनीति और पक्षातीत राजनीति तथा जे॰पी॰ स्वयं अपने दलविहीन प्रजातंत्र की रट लगाने वाले जे॰पी॰ तो विचारों के विन्ध्याचल से नीचे गिरे ही, इतिहास ने उसकी व्यावहारिक संभावना को भी भस्मीभूत कर दिया जिसे मानवेन्द्रनाथ राय ने भी सराहा था। यही नहीं इसी दलविहीन प्रजातंत्र की बात रखने पर कांग्रेस और कम्युनिस्ट (सी॰पी॰आइ॰) से उन्होंने फासिस्ट होने की उपाधि पायी, उस धरोहर को भी नजर अन्दाज कर दिया।

आज कम से कम दो धुरी– भाजपा और कांग्रेस रहित शेष के थपेड़ों में लोकतंत्र सिसकियाँ भर रहा है। सब लाभ में है, घाटा तो एकमात्र देश का है और सम्पूर्ण क्रांति का। यह दलील कि इंदिरा जी के तानाशाही से बचने के लिए विपक्षियों की एकजुटता एकमात्र विश्वसनीय राष्ट्रीय विकल्प था। लेकिन 1977 के आमचुनाव में किसी दल या घटक को वोट नहीं मिला, सबों के समन्वित एकता एवं परिवर्तन की तीव्रतम आकांक्षा और जे॰पी॰ की जीवन भर की सत्ता निरपेक्ष तपस्या थी। जे॰पी॰ रोगग्रस्त तो थे ही मोहग्रस्त भी हो गए। इसलिए उन्होंने अपना गांडीव उन दलों एवं उनके दलपतियों को सौंप दिया।

आज अहंकार से परिपूर्ण राष्ट्रीय स्वयंसेवक संघ अपने राजनीतिक पुतले भाजपा का नियंत्रण बेतरह कड़ा कर रहा है। यदि यही गति रही तो फिर भारत में दलीय प्रजातंत्र की सीढ़ी पर चढ़कर ही एक राजनैतिक तानाशाही आ जाएगी जिसमें देश टूटकर बिखर जाएगा। यदि मुहम्मद अली जिन्ना का मुस्लिम राष्ट्र की अवधारणा राष्ट्र के विखंडन का कारण बना तो हिन्दू राष्ट्र की घोषणा भारत में पुनः अंतहीन मुस्लिम, सिक्ख, ईसाई आदि राष्ट्रों के विभाजन को देखेगा। इन सबो को संगीन के बल पर दबा देना असंभव है। हम देख रहे हैं कि मध्यपूर्व में फिलस्तीन को दबाया नहीं जा सका। कश्मीर के आतंकवाद पर हम संगीन नहीं समझौते की ओर जा रहे हैं। दुर्भाग्य है कि भारत में वर्तमान समाजवाद के अन्तर्राष्ट्रीय नेता जिन लोगों ने राष्ट्रीय स्वयं सेवक संघ के कारण जनतापार्टी को तोड़ा था आज सम्प्रदायवादी नेताओं के चंवर डुला रहे हैं। सिद्धान्त का श्राद्ध तो है ही, निकृष्टतम अवसरवादिता एवं सत्ता सुख की कामना भी स्पष्ट है। इन सब विकृतियों के कारण जिस संघ परिवार पर राष्ट्रपिता गांधी की हत्या का कलंक है जो नसली राष्ट्रवाद में हिटलर का प्रशंसक हो आज सत्ता में नहीं भी रहने पर प्रतिसत्ता में दीख रहा है। संभवतः इसीलिए व्यथित होकर जे॰पी॰ के राजनैतिक उत्तराधिकारी माने जाने वाले पूर्व प्रधानमंत्री श्री चन्द्रशेखर जी को कहना पड़ा कि यह गलती जे॰पी॰ के कारण है कि आज संघ परिवार को इतनी प्रतिष्ठा मिली है। जे॰पी॰ कोई सन्यासी नहीं थे, उन्हें जनसंघ-भाजपा की जड़ और उस जड़ के राजनैतिक, सांस्कृतिक दर्शन और

उसके तानाशाही के तर्ज पर गोपनीयता के आवरण में रहकर काम करने की वृत्ति को समझना चाहिए। शायद जे॰पी॰ ने समझा होगा कि जब मोहर सिंह-माधो सिंह बदल सकते हैं तो ये लोग यदि बदलकर राष्ट्र की मुख्यधारा सम्पूर्ण क्रान्ति के छत के नीचे आ जाए तो राष्ट्र का कल्याण हो जाएगा। साँप भी मरे, लाठी भी नहीं टूटे। लेकिन उनका छल वे नहीं समझ सके और जनसंघ को तो मुख्य धारा में भेज दिया, लेकिन राष्ट्रीय स्वयं सेवक संघ को अलग रखकर सशक्त किया। जो भी हो, नीयत में बिना कोई खोट रहते जे॰पी॰ ने यह गलतीं कर ही दी।

जे॰पी॰ के सम्पूर्ण क्रांति का आदर्शवाद का तेज जनतापार्टी के सत्ता में आते ही समाप्त हो गया। यही कारण है कि उनमें क्षुद्र से क्षुद्र सत्ता लोलुपता, साम्प्रदायिक या जातीय संकीर्णता, व्यक्तिगत जीवन में वीभत्स वैभव का प्रदर्शन, राजनीति का अपराधीकरण एवं अपराध का खुलेआम व्यावसायीकरण वंशवाद आदि के शिकार हो गए। जयप्रकाश जी इनके निवारण का कोई ठोस यंत्र और कार्यक्रम पेश नहीं कर सके। आज परिणाम यह है कि सम्पूर्ण क्रांति के विपरीत मूल्य समाज के जीवन मूल्य बन रहे हैं। हत्या, हिंसा, अपहरण, घोटाला, जातिवाद-सम्प्रदायवाद 1974 की अपेक्षा आज ज्यादा नग्न होकर व्यंग कर रहा है।

इससे तो अच्छा होता यदि जे॰पी॰, नेहरू का निमंत्रण स्वीकार कर उनके साथ मिलकर समाजवादी अभिक्रम का नेतृत्व कर कांग्रेस को समाजवादी रंग में रंग देते। कम से कम जे॰पी॰ रहते तो अटल जी या मनमोहन सिंह की सरकारों की तरह उदारवाद, निजीकरण एवं वैश्वीकरण के भंवर जाल में तो देश की जनता को छटपटाते नहीं देखते। आज जो उग्रवाद एवं आतंकवाद का खतरा बढ़ रहा है, वह कम होता। युवक वर्ग जो आज विलासिता या उग्रवाद की ओर उन्मुख हो रहा है उसको वे रचनात्मक दिशा देते। अगर इस आन्दोलन में नहीं पड़ते तो देश को एक स्वस्थ प्रेरक नेतृत्व देने के लिए हमेशा एक भीष्म पितामह के रूप में मिलते।

26 बिहार आन्दोलन की शव-परीक्षा

बिहार आन्दोलन के फलाफल के विषय में चाहे जो भी मतभेद हो लेकिन इसके युगान्तर और ऐतिहासिक महत्व को भुलाया नहीं जा सकता। बिहार आन्दोलन को छात्रों ने भले ही शुरू किया हो और इसका समर्थन मुख्यत: विरोधी दलों ने दिया हो, लेकिन इसके साथ जनाकांक्षा जुड़ी हुई थी। यदि ऐसा न होता तो इमरजेन्सी, प्रेस की सेंशरशिप, विरोधी दलों के नेताओं को लम्बे अरसे तक जेल में डालकर उनकी सामान्य गतिविधियों को समाप्त किए जाने के वावजूद जब "उपयुक्त" समय में चुनाव हुआ तो उसका परिणाम ऐसा हुआ जिसका इतिहास में कोई उदाहरण नहीं है। 1999 के चुनाव में न तो उम्मीदवार चुनाव लड़ा और न तो जनतापार्टी। वह तो जनता ने लोकशाही और तानाशाही के बीच स्वयं चुनाव किया और स्वयं चुनाव का आयोजन किया। वस्तुत: यह तो लोकशाही के लिए संघर्ष का ही विस्तार था। इसलिए 1974-77 के सम्पूर्ण आन्दोल को बाद के तिक्त अनुभव के आधार पर "राजनीतिक आन्दोलन" कह देना पूर्वाग्रह तो है ही, इसमें जनता का भी खुला अपमान है। साथ-साथ व्यर्थ ही राजनेताओं एवं राजनीतिक दलों को इस ऐतिहासिक कार्य के लिए प्रतिष्ठा देनी है। माना कि बिहार विधान सभा का भंग एक राजनीतिक मुद्दा था, लेकिन वह तो उसी तरह था जैसे "स्वराज्य" के लिए गांधी जी ने अंग्रेजों के साथ राजनैतिक संघर्ष किया था। यों राजनीति का भी इस आन्दोलन में कायाकल्प करने का उद्देश्य था और "अच्छाई की राजनीति" का मूल्य प्रतिष्ठित करना था। इसीलिए जे॰पी॰ ने "शांतिमय एवं शुद्ध साधनों" के उपयोग पर इतना बल दिया है। यों राजनीति को "अछूत" मानना एक आत्मघाती व्याधि है जो किसी हीन-भावना से उत्पन्न होती है। राजनीति बुरी नहीं है, राजनेता बुरे हो सकते हैं। इस आन्दोलन ने जनता को यह समझाने की कोशिश की कि राजनीति में भी नीति या नैतिकता है। यही रामचन्द्र, कृष्ण, जनक, गाँधी और जयप्रकाश की परम्परा थी। हाँ इस राजनीति को ही सब कुछ समझ लेना गलत है। राजनीति के प्रति नकारात्मक दृष्टिकोण रखने के कारण ही सर्वोदय आन्दोलन एकांगिता का शिकार होकर समाज के ज्वलन्त प्रश्नों से खिचा-खिचा रहा एवं बिहार-दान के दान-पत्र की माया को ही ब्रह्म समझता रहा। जीवन समग्रता को कहते हैं। बापू भी राजनीति से इसलिए अलग नहीं रह सके क्योंकि राजनीति साँप की कुंडली की तरह

हमें घेरे रखती है जिससे हम बच नहीं सकते। अतः राजनीति में रहकर भी बापू एवं जे॰पी॰ ने राजनीति की विकृतियों को दूर करने का नया आयाम रखा। बिहार आन्दोलन भी मैकियाबिली की कूटनीति के बदले "मूल्यों की राजनीति" को प्रतिष्ठित करने का प्रयास किया। लोगों को पता भी नहीं लगा और जे॰पी॰ ने राजनीति को राजनीतिक दलों के संकीर्ण घरौंदे से निकालकर जनता के विशाल प्रांगण में खड़ा कर दिया ताकि जनतंत्र दलतंत्र का विकृत पर्याय नहीं बनकर सचमुच जनता का तंत्र बन सके। विरोधी दलों के सिद्धान्तहीन सीमाओं को ध्वंस कर जे॰पी॰ ने एक राष्ट्रीय विकल्प बना दिया जिसका आधार एक ठोस निश्चित कार्यक्रम एवं उसके प्रति निष्ठा थी। जनता पार्टी के घोषणा-पत्र केवल राजनैतिक नहीं बल्कि आर्थिक, सामाजिक, शैक्षिक एवं सांस्कृतिक मान्यताओं को भी अभिव्यक्त करते हैं। संसदीय लोकतंत्र को समाप्त कर दलविहीन जनतंत्र बनाने का अभी अवसर नहीं था इसलिए एक स्वस्थ सिद्धान्तपूर्ण विरोधी दल जो राष्ट्रीय विकल्प बन सके, आवश्यक था। यह ठीक था कि जनता सरकार ने जिस गति से जनान्दोलन की आकांक्षाओं की पूर्ति होनी चाहिए, नहीं की। कम से कम उसमें अक्षम्य आलस्य किया। जनता सरकार को राष्ट्र का इतना विपुल समर्थन मिला था कि एक सप्ताह के अन्दर लोकपाल दल-बदल-निरोध, आकाशवाणी की स्वायतता, चुनाव कानून के संशोधन आदि के विधेयक पारित कर सकती थी, लेकिन उसमें उसने 2½ वर्ष खोया और नहीं कर सकी। प्रयास हुआ लेकिन देर से तब तक चिड़िया खेत चुग चुकी थी। काम का अधिकार देने की ठीक थी, लेकिन तत्काल संभव नहीं था, लेकिन विभिन्न चरणों में कालबद्ध ढंग से जारी करने की घोषणा तो हो सकती थी। प्रतिनिधियों की वापसी के अधिकार का विधेयक सरकार नहीं लायी और न लाने की मंशा थी। मेरा मानना है कि जनता सरकार के लोग अच्छे थे लेकिन क्रांतिकारी नहीं थे, इसलिए उनके पैरों में स्थिति स्थापकता की जंजीरे थी हीं। जहाँ तक जनतापार्टी के राजनैतिक घोषणा-पत्र का प्रश्न है, वे काफी दूर तक पूरे किए गए, आर्थिक क्षेत्र में भी कृषि ग्रामोद्योग एवं गाँवों की तरफ रुझान हुआ। सम्पत्ति का संवैधानिक अधिकार भी समाप्त हुआ। काम के बदले भोजन, अन्त्योदय कार्यक्रम, गाँवों को बैंक द्वारा कर्ज आदि देने की दिशा में आधे प्रयास हुए लेकिन व्यक्तिगत सम्पत्ति का ट्रस्टीशिप में रूपान्तरण आदि की ओर कोई प्रयास नहीं हुआ। चुनाव के प्रति दृष्टिकोण में परिवर्तन हो नहीं सका जिसका प्रमाण है कि चुनाव कानूनों में संशोधन के लिए त्वरा नहीं दिखायी गयी एवं चुनावों में फिर वहीं पूँजीपतियों से पैसे बटोरकर जात-पांत, लाठी-डंडे का आधार लेना बुरा नहीं माना गया। 1977 के लोकसभा के चुनाव को छोड़कर अन्य चुनावों में जनतापार्टी ने भी चुनावी लोकतंत्र के प्रति कोई नया मूल्य प्रदर्शित नहीं किया। जनतापार्टी के विभिन्न खंड आज चुनाव में उतने ही भ्रष्ट हैं जितने दूसरे, हाँ अवसर एवं कुशलता न हो तो अलग बात है।

यह ध्यान रखना होगा कि सम्पूर्ण आन्दोलन के समक्ष साम्यवादी या द्वन्द्वात्मक भौतिकवादी सोच नहीं था चूँकि उससे बेहतर विकल्प गाँधी-विचार में मौजूद है। भारत की साम्यवादी राजनीति में भी क्रांति की प्रखरता नहीं है। सी॰पी॰आई॰ तो सीधे सत्ता के दामन में सटी रही और सी॰पी॰एम॰ का भी आन्दोलन के प्रति खंडित रुख था। आन्दोलन की अगली पंक्ति में वे कभी नहीं आ सके। अतः उनका प्रभाव भी कभी नहीं रहा। हाँ, आन्दोलन की सफलता ने नक्सलवादियों को भी बन्दक के बदले बैलट बॉक्स पर विश्वास करने को वाध्य किया और सी॰पी॰एम॰एल॰ की चुनावी दंगल में दाखिल हो ही गए। असल में मार्क्सवाद वर्ग-संघर्ष की मृग-मरीचिका में पड़े रहने के कारण सम्पूर्ण जनता को आन्दोलित नहीं कर सकते, फिर उनके आन्दोलन से उत्पन्न सत्ता में व्यक्ति की आजादी के ह्रास का खतरा रहता ही। मुझे तो लगता है कि मार्क्सवादी राजनीति अवसरवाद से इस तरह ग्रसित है और अपने अन्तर्राष्ट्रीय अन्तर्कलह ने उसे इस तरह जर्जर कर दिया है कि वह एक विश्वसनीय राष्ट्रीय विकल्प बन भी नहीं सकता।

1974 के आन्दोलन की सबसे बड़ी उपलब्धि है- जन चेतना इस आन्दोलन ने जनता को इतना जगा दिया है कि उसे धोखा देना आसान नहीं। इसी जागरण के कारण 30 वर्ष की कांग्रेसी हुकूमत एवं 11 वर्षों की इंदिराशाही को एकबार विश्रामागार में भेज दिया, लेकिन जब जनतापार्टी ने घृर्णित एवं कुत्सित अन्तर्कलह के द्वारा जनता के मन को दुखी किया तो उसे 3 वर्ष भी पूरे नहीं होने दिया और ऐसा सबक सिखाया कि छठी के दूध याद आ गया। एक बार जे॰पी॰ के पास कुछ नौजवान गए और कहा- "जे॰पी॰ लोग अब जनता सरकार के दोषों के लिए आपके विरुद्ध भी बोलते हैं।" जे॰पी॰ ने कहा- "जन-जागरण, यही वह कुंजी है जो हमने हासिल करने को सोचा था।" जन-जागरण ही स्वतंत्रता का मूल्य है। जनजागरण ही जनतंत्र की बुनियाद है। जन-जागरण ही जनशक्ति का निर्माण करेगी। आज 1 वर्ष के बाद इंदिरा सरकार के विषय में जनता का आक्रोश सीमा पार कर गया है लेकिन वह चेतना ही है कि वह खामोश है क्योंकि उसके पास कोई विकल्प नहीं।

काश! आज फिर एक बार आन्दोलन होता। क्यों नहीं ये सभी घरौंदे तोड़कर लोग आगे आ जाएं और विलपन नहीं बल्कि एक नया संगठन बनावें। संविद एवं विलयन के प्रयोग हम देख चुके। अब हमारे सामने जनान्दोलन का ही विकल्प रह गया है। बिहार आन्दोलन का भावार्थ भी यही था।

मार्क्स और एजेल्स ने मिलकर "साम्यवाद" का घोषणापत्र लिखा था जो एक गंभीर क्रांतिकारी ऐतिहासिक दस्तावेज है। काश! यदि इसको आंशिक रूप से भी परिपालन होता तो साम्यवाद का प्रकाश मंद नहीं पड़ता। इस घोषणापत्र के भाव जितने

क्रांतिकारी हैं, उसकी भाषा बाइबल की भाषा के समान सरल किन्तु अत्यधिक सशक्त है। बाद में मानवेन्द्र नाथ राय ने लगभग उसी तर्ज पर "क्रांतिकारी मानवतावाद" का घोषणा-पत्र लिखा है जो उतना लोकप्रिय नहीं हो सका है। हर राजनैतिक दल की ओर से चुनाव के पूर्व घोषणापत्र करने की एक परम्परा अवश्य है लेकिन यह मात्र औपचारिकता बनकर रह गयी है। अतः उनकी विश्वसनीयता भी संदेहास्पद बन गयी है।

बिहार में जब दरोगा रायजी मुख्यमंत्री थे तो उन्होंने अपने भाषण में कह दिया कि जयप्रकाश जी आलोचना तो करते हैं, लेकिन कोई विकल्प नहीं सुझाते। यह नहीं बताते कि क्या करना चाहिए। जे॰पी॰ तुरन्त काम में लग गये और घनघोर मेहनत कर बिहार के लिए एक घोषणा-पत्र तैयार कर दिया। स्वाभाविक है कि इसमें दिए गए कुछ आंकड़ों में परिवर्तन होंगे, शायद कुछ नए मुद्दे भी जुटें लेकिन बिहार में पुनर्निमाण के लिए जे॰पी॰ ने जो घोषणा-पत्र तैयार किया है, वह एक अच्छा आधार हो सकता है।

लोग यह चाहते हैं कि उनकी जरूरतें और अभिलाषाएं पूरी हों और उनकी जिन्दगी में सम्पूर्ण परिवर्तन हो। उदाहरण के लिए जहां उनके पास पीने का पानी नहीं है वहीं पानी मिले, अपने बेकार हाथों को काम मिले जिससे जिन्दगी चल सके। वे जोतने और रोजी-रोटी भर की जमीन या यदि यह न मिले तो कम से कम इतना भत्ता मिले जिससे जिन्दगी बसर हो सके। शरीर ढकने और जाड़े से बचने के लिए कपड़ा, रहने लायक मकान तो न्यूनतम बुनियादी जरूरते हैं। साथ उनके बच्चों को ऐसी शिक्षा हो जो निःशुल्क हो या सस्ती हो, साथ-साथ सार्थक हो जो बच्चों के दिल-दिमाग को विकसित करे, उन्हें रोजी-रोजगार व्यवसाय और लाभकर स्वरोजगार के लिए तैयार कर सके। वे यह चाहते हैं कि ग्रामीण एवं शहरी समाज में सत्ता के ढांचे का विकेन्द्रीकरण हो ताकि वह लोगों का बहुतों के ऊपर आधिपत्य खत्म हो और लोग अपनी जिन्दगी व्यवस्थित कर सकें। प्रशासनिक व्यवस्था में सुधार हों ताकि वह लोगों के नियंत्रण में लायी जा सके। यह व्यवस्था कम खर्चीली भी हो और कुशल तथा क्षमतावान हो।

लेकिन प्रश्न है कि यह सब कैसे हो? पहली बात तो यह कि इन सबो का जबाव किसी भी एक विचारधारा के ढांचे में नहीं पाया जा सकता है। सैद्धान्तिक तक झगड़ों के कारण राजनैतिक हत्यायें भी होती हैं। सैद्धान्तिक सवालों का बहुत कुछ शमन हम व्यावहारिक जीवन पटल पर कर सकते हैं। माना कि विकास के माडल पर बड़ी सार्थक चर्चा हो सकती है एवं उनमें मतभेद भी होंगे लेकिन विकास के सम्बन्ध में वास्तविकताओं की दृष्टि से हम दूर-दूर तक सहमति पर पहुँच सकते हैं। जैसे भूमि सुधार के स्थायित्व कानूनों का कार्यान्वयन, कृषि को आश्वस्त सिंचाई देना, हर व्यक्ति

की न्यूनतम आवश्यकताओं की पूर्ति करना, हर हाथ को काम, हर घर में परवाना, हर व्यक्ति को स्वच्छ पानी, हर बच्चे को शिक्षा, हर आदमी को चिकित्सा सुविधा आदि जैसे सवालों में सिद्धान्तों का बहुत कुछ बंधन नहीं आयेगा। यदि हमारे सामने कुछ मूल्यों के प्रति प्रतिबद्धता सामने हो और कुछ लक्ष्य सामने हों तो समस्या का हल पाना मुश्किल नहीं है क्योंकि यह एक वैज्ञानिक कार्य है। सिद्धान्तवाद के कारण हम सामाजिक और आर्थिक समानता सिर्फ किसी एक ढांचे में देखने के आग्रह से कुछ कठिनाइयां हो सकती हैं किन्तु, यदि लक्ष्य और मूल्यों के बारे में यदि दृष्टि साफ हो तो साधनों के बारे में मताग्रह नहीं हो सकता। अनुभव के आधार पर हम साधनों को बदल सकते हैं।

लोग घोषणा-पत्रों के वायदों को पूरा होने में रुचि रखते हैं लेकिन यह तो सत्ता में बैठे लोगों की ईमानदारी और उनकी गंभीरता पर निर्भर है। इन पर नजर रखने के लिए जब तक जन-संगठन नहीं रहेगा तो सत्ता के लोग अपने वायदों को भुला देंगे। वे तो लोगों की भावनाओं और इच्छाओं की कोई परवाह नहीं करते। यह सिद्धान्तहीन राजनीति की ओर ले जाती है। इसीलिए जे०पी० ने जगह-जगह संघर्ष-समितियां एवं जनता सरकार का जाल बनाने की सलाह दी थी और प्रतिनिधियों की वापसी के अधिकार के प्रावधान की वकालत की थी।

जहां तक बिहार का प्रश्न है, बिहार की गरीबी और पिछड़ापन एक आम कहावत की चीज बन गयी है, हालांकि झारखंड निर्माण होने के पूर्व तक साधनों की प्रचुरता की दृष्टि से यह अग्रणी राज्यों में एक माना जाएगा। भारत के कुल खनिज धन का 30% यह देश को दे रहा था। इसकी व्यक्तिगत आमदनी जो कि जीवन स्तर का कोई विश्वसनीय पैमाना नहीं है। 1968-69 में 215 रुपये थी और चतुर्थ पंचवर्षीय योजना के अंत में यानी 1973-74 में 225 रुपये अनुमान था। 1961-62 से 1968-69 के काल खंड में प्रति व्यक्ति आमदनी की विकास दर मात्र 0.26% थी। चतुर्थ पंचवर्षीय योजना में आर्थिक विकास की दर 1.9% हो जाने की उम्मीद थी। इस दर से 2000 ई० तक प्रति व्यक्ति आमदनी 493 रुपयें हो जाने की उम्मीद थी। जहां तक 1974-75 से ही बहुत राज्य पहुँच चुके हैं। इसका अर्थ है कि राज्य के तीन-चौथाई लोग गरीबी की रेखा के नीचे जा रहे हैं जिन्हें हम वर्तमान कीमतों के आधार पर प्रति व्यक्ति 50 रुपये है। नेशनल सैम्पुल सर्वे (16वीं आवृत्ति के आधार पर वर्ष 1971-72 के आंकड़ों के अनुसार राज्य में गरीबी रेखा के नीचे की आबादी 74.47% थी, उत्तरी बिहार में 77.01%, दक्षिण बिहार में 66.69%। निम्नतम खर्च पर जीने वाला वर्ग यानी शून्य से 8 रुपये प्रति व्यक्ति खर्च में 9.17 प्रतिशत परिवारों का है जबकि शहरी प्रतिशत 1.66 परिवारों का है। दूसरे वर्ग जो 11 रुपये प्रति व्यक्ति खर्च करते हैं अच्छे ग्रामीण 11.16% एवं शहरी 15.01% परिवार आते हैं।

विषमता का भी आयाम गंभीर है। लगभग 63% ग्रामीण परिवारों की निगेटिव यानी नकारात्मक असली बचत बतायी गयी है यानी उनकी कमाई कम सघन खर्च की आवश्यकताओं से भी कम है। श्रमिकों के 64% ने सप्ताह में 46 घंटों से अधिक श्रम किया लेकिन इनमें 48% गरीबी रेखा के नीचे थे। संस्थागत कर्ज की सुविधााएं नगण्य थीं। ग्रामीण कर्ज एवं निवेश सर्वेक्षण 1961–69 के अनुसार सभी खेतिहरों द्वारा उधार का 77.4% पेशेवर कर्ज देने वालों से 7% कृषि सम्बन्धी कर्ज देने वालों से 5.5% रिश्तेदारों से, 4.9% जमीदारों से, 4.7% सरकारी माध्यमों से और 0.1% कोपरेटिव संस्था। इसमें अब तक सुधार नहीं हुआ है एवं पेशेवर कर्ज देने वाले अभी भी हावी हैं। आदिवासी ग्रामीण कर्ज की संख्या 30 करोड़ है, शायद अब तक 60 करोड़ हुई हो।

27 राष्ट्रीय भूमिनीति के बीजांकुर भूदान की भ्रूण हत्या

कृषि प्रधान भारत में पिछले वर्षों में लगभग 8000 किसानों की आत्म-हत्या सत्ता एवं विरोधी पक्षों के लिए एक राष्ट्रीय कलंक है। आज की आत्म-हत्यायें कल व्यापक अराजकता की समस्त जन जीवन को नष्ट कर सकती हैं। आत्म-हत्या की यह त्रासदी किसी गहरी बीमारी के उपलक्षण हैं। भारत जैसे कृषि प्रधान देश में अभी तक हम कोई समग्र भूमि नीति नहीं बना सके हैं। भूमि-नीति के संबंध में हमें भूमि के स्वामित्व, उपयोग एवं अधिग्रहण या हस्तांतरण ये तीन प्रमुख समस्याएं हैं।

1. स्वामित्व : पाश्चात्य जगत में भूमिनीति के मोटे तौर पर दो प्रयोग हुए हैं। एक तो व्यक्तिगत स्वामित्व जिसके रूप गुण बड़े-बड़े फार्म हाउस में देखते हैं। इसमें यंत्रीकरण, बड़ी पूंजी एवं व्यक्तिगत नियंत्रण, अधिक्रम एवं लाभ प्रमुख तत्व हैं। इसके विकल्प के रूप में पुराने सोवियत संघ में भूमि का राष्ट्रीयकरण है। वस्तुतः यह राष्ट्रीयकरण सरकारीकरण ही था। संक्षेप में भूमि के प्रारूप भी पूंजीवाद बनाम समाजवाद का परिदृश्य है। व्यक्तिगत स्वामित्व में धीरे-धीरे छोटे एवं मंझोले किसान खत्म होते गए। खेतिहर मजदूरों की संख्या भी इसलिए कम होती गयी क्योंकि बड़े स्तर पर कृषि का यंत्रीकरण (ट्रैक्टर, हारमेस्टर आदि) भी बढ़ता गया फिर उसमें कृत्रिम खाद, कीटनाशक, संकर बीज आदि का धड़ल्ले से प्रयोग बढ़ने लगा। इसमें भूमि मालिक एक बड़ा सामन्त होते हैं। एवं यहां कृषि एक उद्योग का रूप ले लेता है। जहां एक बड़ा भू-स्वामी उद्योगपति का स्थान ले लेता है एवं यंत्र प्रधान होने के कारण उसमें छोटे-छोटे काश्तदार तो नहीं रहते हैं, मजदूरों की संख्या कम होती जाती है। भारत में प्राचीनकाल में भूमि इतनी अधिक थी जनसंख्या इतनी कम थी कि भूमि स्वामित्व कोई समस्या के रूप में नहीं थी। लेकिन इससे भी महत्वपूर्ण बात थी कि भूमि के मालिक की- अवधारणा बनी ही नहीं थी। वेद में कहा गया है- 'माता भूमिःपुत्रेदुहं पुथव्याः'। सम्पूर्ण पृथ्वी सूक्र में पृथ्वी को माता एवं कृषक को पृथ्वी-पुत्र कहा गया है। मध्ययुग के बाद अंग्रेजों के समय में लार्ड कार्नवालिस ने भूमि की व्यवस्था के लिए "चिर-स्थायी प्रबन्ध" नामक एक व्यवस्था बनायी जिसमें सरकार ने जमींदारों के रूप में एक मध्यम श्रेणी को जन्म दिया। वस्तुतः इसके द्वारा एक साथ आर्थिक और राजनैतिक नियंत्रण भी होता था। इस कारण एक सरकार प्रायोजित व्यापक सामंतवाद स्थापित हुआ। जो जमींदारी उन्मूलन

तक प्रकट रूप से और उसके बाद अप्रत्यक्ष रूप से अभी भी चल रहा है। इसके परिष्कार के लिए "भूमि सुधार" कानून बनाए गए जिसमें भू-हदबन्दी, बटाईदारी, न्यूनतम मजदूरी, वसीयत पर्चा, आदि कानून बने लेकिन राजनैतिक इच्छाशक्ति के अभाव एवं लगातार जनान्दोलन नहीं चलने के कारण इनका कार्यान्वयन नहीं हो सका। सीलिंग कानून की तो धज्जियां उसी समय उड़ गयीं जब बड़े-बडे भू-स्वामियों ने अपनी जमीन को कानून से बचाने के लिए परिवार में इस प्रकार बांट लिया कि उससे गरीबों में बैठने के लिए कुछ बचा ही नहीं। यही नहीं हजारों बीघे बेनामी जमीन कर दी गयी ताकि कानून को धोखा दिया जा सके। इसके अलावा लाखों एकड़ गैर मजरूआ जमीन सरकारी कर्मचारियों को रिश्वत देकर सफेदपोशों ने वह जमीन लूट ली जो वस्तुतः बेजमीन वालों को देने की थी। इसके खिलाफ कुछ स्थानों पर साम्यवादी एवं नक्सलवादी मित्रों ने संघर्ष किया लेकिन भूमि छोटे, मंझौले हजारों श्रेणियों में बंटे हैं कि उनके बीच द्विविभाजन असंभव है। सर्वहारा और बुर्जुआ, भूमिहीन और भूमिवान के बीच हजारों नहीं तो सैंकड़ों श्रेणियां हैं। अतः आर-पार या आपने-सामने का संघर्ष संभव ही नहीं। यदि सच उन लोगों ने शायद नहीं समझा और शायद समझकर भी इसकी उपेक्षा की, जिसका प्रतिफल है कि सतत संघर्ष नहीं चल सका।

इसी दृष्टि से विनोबाजी के भूदान-ग्रामदान को समझा जा सकता है। जमीन के प्रति भारत में अत्यधिक आसक्ति इसलिए भी है कि गांव में खेती के अलावा जीविका का कोई ठोस आधार नहीं है। विनोबाजी ने भूदान आन्दोलन के जरिये केवल कुछ जमीन ही गरीबों के लिए एकत्र नहीं किया बल्कि जमीन की आसक्ति पर भी गदा-प्रहार किया और भू-स्वामित्व की भावना को परिवर्तित करने की कोशिश की। उन्होंने वेद वचन को लोकभाषा में "सवैभूमि गोपाल की" प्रस्तुत कर लोकमानस के सामन्तवाद की दृष्ट अवधारणा से मुक्त करने की भी कोशिश की। भूदान का दूसरा चरण ग्रामदान तो भूमि के व्यक्तित्व स्वामित्व पर एक ठोस प्रहार तो है ही, साथ-साथ उसका एक व्यावहारिक सयंत्र भी है। यह भूमि के सामाजिक स्वामित्व की गायत्री है। अफसोस सर्वोदय के लोग भी ग्रामदान-ग्रामस्वराज्य का केवल जप करते रहे। लेकिन छोटे-मोटे महत्वहीन कार्यों में फंसकर अपनी अमूल्य धरोहर खो दी। जो काम सोवियत संघ में कोलखोज, चीन में कम्यून, इजरायल में किबुन्स नहीं कर पाया, अधिक ग्रामदान में संभावना बची खुची और आज भी है। भूदान भावना का पुरुषार्थ है, ग्रामदान तो वास्तविक संरचना हैं। इसमें सामूहिक पुरुषार्थ के लिए काफी गुंजायश है। किन्तु हमने इसके स्थान पर पंचायती राज को स्थापित कर ग्रामसमाज को तो तोड़ ही दिया, फिर ग्रामों में एक राजनैतिक जातिवादी तथा सामंतवाद को जन्म दे दिया। आज पंचायत स्वयं एक समस्या बन गयी है। असल में वर्तमान पंचायती राज्य की बुनियाद संसदीय प्रजातंत्र के पेटर्न पर है। यह भी सत्ता एवं पार्टी के आधार पर बन जाती है जिसमें सत्ता और विरोध, पक्ष और विपक्ष

प्रधान हो जाता है। इसीलिए पंचायत की शक्ति परस्पर संघर्ष में स्वाहा हो जाती है। इसे विकास एवं भूमि व्यवस्था के समाधान के लिए न अवसर है, न उसमें रुचि है।

इसी भूदान का जन्म तो आन्ध्र प्रदेश के तत्कालीन रंजित व तेलांगना की भूमि पांचमपल्ली में हुआ था। लेकिन उसका संबंध जितना बिहार की धरती पर हुआ, वह अद्‌भुत उपलब्धि है। विनोवा जी को सम्पूर्ण भारत में कुल 42 लाख एकड़ जमीन भूदान में प्राप्त हुई जिसका 21 लाख एकड़ बिहार में मिली। इसमें साढ़े दस लाख एकड़ जमीन पहाड़, नदी, बालू आदि के कारण बांटने लायक नहीं मानी गयी। उसमें पांच लाख अठारह हजार भूमिहीन परिवारों के बीच सवासात लाख एकड़ जमीन बांटकर उन्हें भूदान का पर्चा दिया गया। इतनी जमीन न तो किसी किसान आन्दोलन से भूमिहीनों को दी गयी न सरकारी तंत्र से यह मिली। लेकिन यहीं से दुर्भाग्य शुरू होता है। इन्हें दानपत्रों को जिले के राजस्व विभाग में पुष्टि के लिए जमा किया गया। आज इसके 25 साल हो गये लेकिन इन दानपत्रों में मात्र 10 प्रतिशत की पुष्टि का काम हुआ। नतीजा है कि जमीन का दाखिल खारिज या स्वामिहस्तांतरण भूदान किसानों के नाम नहीं होने से उन्हें बड़े पैमाने पर बेदखल किया जा रहा है और रिश्वत खोरी चल रही है। यही भूदान की भ्रूण हत्या है जिससे विश्व में एक इतिहास बनता। सरकार से बार-बार अनुनय हो रहा है। यदि सरकार एक वर्ष में बाकी जमीन गरीबों में बंटवा दे और दानपत्रों की एक आर्डनेन्स बनाकर 4-6 माह में पुष्टि कर नाजायज बेदखली को गैर कानूनी करार दे। यदि ऐसा नहीं होगा तो बिहार में हजारों गांव में रक्तपात और परस्पर संघर्ष अवश्यम्भावी है।

बिहार के प्राय: सभी राजनैतिक दलों ने इस मांग का समर्थन किया है। सरकार यदि इसकी अपेक्षा करेगी तो वह जानेगी कि जनता जग गयी है।

अम्बर में आग लगा सकती,
ज्वाला प्रचंड फैला सकती,
एक छोटी सी चिनगारी भी।

28 दांडी मार्च का सच

देश की सत्तारूढ़ पार्टी द्वारा ऐतिहासिक दांडी मार्च को दोबारा किए जाने के वावजूद एन स्वतंत्रता दिवस पर सादे नमक को प्रतिबंधित करने की कार्यवाई शर्मनाम है। लगभग 75 साल पहले गांधीजी के नेतृत्व में किया गया दांडी मार्च किन मूल्यों और विश्वास को आधार बनाकर किया गया था? और आज की सरकार कैसे इस पूरे इतिहास को झुठला रही है? प्रस्तुत है इस विषय की जानकारी देता यह आलेख।

मात्र 78 स्वयंसेवकों के साथ एक बूढ़े आदमी की अगुवाई में नमक जैसी बेहद सस्ती चीज को किसी भी टैक्स से मुक्त करने के लिए कानून तोड़ने का मंसूबा लेकर चली छोटी टूकड़ी से दुनिया की सबसे बड़ी ताकत हिल जाएगी, यह कोई सोच भी नहीं सकता था, लेकिन इस छोटी सी टुकड़ी में धीरे-धीरे करोड़ों भारतवासियों की भावना और लाखों देशभक्तों का हुजूम जुटता गया। 12 मार्च 1930, बुधवार को साबरमती आश्रम से निकली इस टोली का पक्का अनुशासन था। सबेरे ठीक साढ़े छह बजे कूच करने के पहले गुड़ और मोटी रोटी, दोपहर भाखरी, शांक, दूध या मट्ठा, शाम को चने और भूरभूरे तथा रात को खिचड़ी और मट्ठा। दोपहर या रात में ठहरने के लिए किसी मकान की जरूरत नहीं थी। गांधीजी के लिए यदि मिल सके तो बकरी का दूध, सूखी किशमिश एवं तीन नींबू। सुबह साढ़े छह बजे कूच और साथ मिलकर दूसरे पड़ाव पर जाना।

गांधीजी के इस करिश्मे को बहुतों ने नहीं समझा। उस समय के वरिष्ठतम विधिवेत्ता पं॰ मोतीलाल नेहरू ने लिखा– "मुटठीभर नमक बनाने से क्या होगा?" उनके लम्बे पत्र का उत्तर गांधी ने एक वाक्य में दिया– "बनाकर देखिए।" जिस दिन कराह में नमक बनाने पर मोतीलाल नेहरू को उन अफसरों ने ही गिरफ्तार कर लिया, जो उनके आला दोस्त और दरबार के साथी थे, हिन्दुस्तान ही नहीं दुनिया के अखबारों में यह खबर जंगल में आग की तरह फैल गयी।

सरकार को झुकना पड़ा और वाइसराय के साथ समझौता हुआ। लेकिन समझौते के बाद सरकार ने जुल्म का रवैया अपनाया तो 30 जनवरी 1931 को 'डेली हैरोल्ड', लंदन को गांधी ने तार दिया– "यह वर्तमान दमन जो लगातार जारी है रिहाई की सारी

शोभा न ट कर देता है।" फिर दूसरे दिन 31 जनवरी को इलाहाबाद में कांग्रेस कार्यकर्ताओं को ललकारते हुए गांधीजी ने कहा- "जलियांबाला बाग के लिए डायर को माफी दे दें, किन्तु यहां जो जुल्म हुआ है उसकी भी माफी दे सकते हैं, हालांकि यहां जलियांवाला बाग से भी भयंकर घटना हुई है।" (सम्पूर्ण गांधी वाड्मय- 93, 41, पृ॰ 134) डेली न्यूज, लंदन को तार में 3.2.31 को गांधी जी ने लिखा- "बेगुनाह नागरिक भी अभी तक मारे-पीटे जाते हैं, इज्जतदार लोगों की अचल और चल सम्पत्ति बिना किसी कारण के प्रशासनिक कार्यवाही करके छीन ली जाती है। महिलाओं के जुलूस को तितर-बितर कर दिया जाता है, उन्हें बाल पकड़कर घसीटा गया और बूटों से ठोकरें माारी गई।" (पायोनियर) 17 फरवरी 1931 को वायसराय से गांधी ने भेंट की, कहा कि वे वाबदा तो नहीं कर सकते कि सविनय अवज्ञा नहीं करेंगे, तब वाइसराय ने कहा कि गांधीजी ऐसा वक्तव्य दें कि वे स्थाई शांति चाहते हैं। 2 फरवरी को न्यूज क्रानिकल के प्रतिनिधि को उन्होंने कहा कि सरकार इसे माने कि यदि नमक कानून नहीं भी तोड़ा जाए लेकिन जो चाहे नमक बनावें, तो वे मान लेंगे। वाइसराय को गांधी जी ने 2 मार्च 1931 को अपने ऐतिहासिक पत्र में लिखा कि कृत्रिम नमक बनाने की प्रणाली ने करोड़ों भारतीयों को दरिद्र और लगभग गुलाम बनाकर रख छोड़ा है। यदि आज यह पत्र भारत के राजनेतागणों को दिखाया जाए तो उनके वैभव के वीभत्स प्रदर्शन पर गदा प्रहार होगा।

असल में गांधीजी ने नमक को एक प्रतीक माना था जिसका व्यवहार गरीब से गरीब भी करते हैं। 31 दिसम्बर 1859 को अंग्रेज नमक का विधेयक लेकर आए थे जिसमें गवर्नर जनरल को नमक कर लगाने का अधिकार दिया गया था। 1890 में बंबई के गवर्नर ने वाइसराय लैन्स डाउन को लिखा कि नमक पर कर लगाने से शासन बदनाम होगा लेकिन कुछ नहीं सुना गया और 1920 में पूरे नमक उद्योग को अपने अधिकार में ले लिया गया एवं भारत के लोगों ने नमक बनाने पर रोक लगा दी गई। गांधी ने इसीलिए दांडी यात्रा कर सत्याग्रह किया था।

सन् 1962 में सर्वेक्षण करवाकर सादे नमक की जगह आयोडीन युक्त नमक को खाना जरूरी बताया गया था लेकिन आंदोलन के दबाव से बातें दब गई। फिर वैश्वीकरण की आंधी में नई आर्थिक नीति के नाम पर 1992 में घेंघा-नियंत्रण कार्यक्रम को आयोडीन जनित रोग नियंत्रण में बदलकर 641 निजी कंपनियों को आयोडीन नमक बनाने का लाइसेंस देकर जनता के नून, रामाष और नमक पर पाबंदी लगा दी गई। विदेशी कारगिल कंपनी को 15 हजार एकड़ जमीन देकर 10 लाख टन नमक बनाने की योजना बनी जिसमें मात्र 50 लोगों की जरूरत थी जबकि इससे 12 लाख परिवारों का रोजगार छिनने वाला था। अतः एक जन आंदोलन हुआ एवं कारगिल कंपनी को

देश छोड़कर भागना पड़ा। अटलजी की सरकार में 29 जनवरी 1998 को जनता के नमक पर फिर पाबंदी लगी, लेकिन जन संघर्ष के कारण सरकार को आदेश वापस लेना पड़ा। मनमोहन सिंह की सरकार ने तो स्वतंत्रता दिवस से ही देशी नमक का उपयोग, करने पर जेल जाने की सजा घोषित कर दी। इसके खिलाफ हमारे निम्न तर्क हैं-

(1) देशी दमक अभी तो 7 रुपए किलो है जो धीरे-धीरे बेहद महंगा होता जाएगा।

(2) 20 करोड़ लोगों में आयोडीन की कमी के लिए एक अरब लोगों को आयोडीन खिलाना अपराध है।

(3) सर्वेक्षण के अनुसार देश में मात्र 275 जिलों में 20 करोड़ लोग आयोडीन की कमी के शिकार हैं। खाने-पीने की चीजों में भी आयोडीन होता ही है। हैदराबाद के राष्ट्रीय पोषण संस्थान की 1985-86 की रिपोर्ट के अनुसार गुजरात में 205, मध्यप्रदेश में 255, महाराष्ट्र में 249, कर्नाटक में 290, बंगाल में 237 माइक्रोग्राम आयोडीन प्राकृतिक रूप से लोगों को प्राप्त हो जाता है।

(4) पर्यावरण मंत्रालय के अलावा देश के चोटी के वैज्ञानिक और डॉक्टर भी आयोडीनयुक्त नमक को अनिवार्य किए जाने के पक्ष में नहीं हैं। न्यूट्रीशन इम्प्रूवमेंट अकादमी के डॉ॰ एस॰ कोठारी, जसलोक अस्पताल के डॉ॰ सादीकाट, आदि आयोडीन युक्त नमक को अनिवार्य करने के स्वास्थ्य की दृष्टि से अनुपयुक्त मानते हैं।

(5) अमेरिका, ब्राजील, आस्ट्रेलिया समेत कई देशों में आयोडीन के कारण थाईरोटोक्सिकोसिस जैसा घातक और हृदय, किडनी के रोग होने लगे हैं।

(6) भारत में ज्यादातर नमक किसानों, मवेशियों और उद्योगों के काम में आता है। इनके लिए सादे नमक पर पाबंदी गलत है।

(7) नमक पर बड़ी कंपनियों का एकाधिकार होने से कुटीर उद्योगों के जुड़े लाखों लोग बेकार हो जाएंगे। बड़ी कंपनियां छः पैसे प्रतिकिलो खरीदकर 6 से 17 रुपये प्रति किलो की लूट करेंगी। भारत में 15 करोड़ लोग, जिनकी आमदनी आयोडीन युक्त नमक के पैकेट की कीमत से कम है, यानि नमक रेखा के नीचे है, उनकी दुर्दशा हो जाएगी।

(8) आयोडीनयुक्त नमक का कानून अमेरिका, इंग्लैंड, में लागू नहीं है। तस्मानिया एवं हालैंड में लागू किया गया था जिसे वापस ले लिया गया।

(9) नमक के आयोडीनीकरण में जिस रसायन का प्रयोग होता है वह पोटेशियम आयोडेट है। इसकी कमी हिमालय की तराई वाले प्रदेशों में ज्यादा है, इसे सभी जगह थोपना गलत है।

(10) आयोडीन की कमी के कारण नहीं बल्कि थायरोकसिन की कमी के कारण घेंघा होता है, जिसकी कमी अन्य रसायनों से पूरी होती है।

(11) आयोडीन की कमी का हौवा यूनीसेफ ने फैलाया, लेकिन उन्होंने इसे अमेरिका एवं जर्मनी आदि में नहीं किया जहां भारत की अपेक्षा घेंघा के रोग दस गुना हैं।

(12) जवाहरलाल नेहरू विश्वविद्यालय के सेंटर फार सोशल मेडीसन एण्ड कम्यूनिटी हेल्थ द्वारा 1930-2004 तक के दस्तावेजों की समीक्षा के बाद आयोडीन के पक्ष में वैज्ञानिक दलील कमजोर पाई गई। आयोडीन में पोटेशियम डालना स्वास्थ्य के लिए खतरनाक है।

(13) 1982 में घेंघा नियंत्रण कार्यक्रम के अंतर्गत कुल अनुमानित जरूरत का लगभग 15 प्रतिशत ही देश में उपलब्ध कराया गया।

ऐसे में आज दूसरे नमक आंदोलन की जरूरत आ पड़ी है। नमक पर हमला हमारी जिंदगी पर हमला है। गांधीजी ने तो कहा ही था कि जैसे जल, सूर्य का प्रकाश प्रकृति का अवदान है उसी तरह नमक पर कर लगाना अनैतिक है।

29 नयी तालीम के यक्ष प्रश्न : स्वतंत्रता एवं स्वावलम्बन

नयी तालीम का विचार गांधी जी के दिमाग की एक पुरानी खुजलाहट थी। लेकिन जहाँ हम लोग विचार मात्र बौद्धिक आयाम के रूप में करते हैं, गांधी उसे आचरण और प्रयोग का विषय बनाते थे। केवल विचार जो प्रयोग नहीं किया जाय, वह विचार भी भ्रूण हत्या है। शायद सम्मेलन भी इसी सत्य को समर्थन करेगा। अपनी शिक्षा-दृष्टि के विषय में गांधी जी ने हरिजन में कई लेख लिखे। फिर बाद में वर्धा में 1937 में एक सम्मेलन बुलाया गया। इसमें बड़े-बड़े शिक्षाविद् जमा हुए। नीचे से लेकर ऊपर तक प्राय: सभी लोग प्रचलित शिक्षा पद्धति से नाखुश थे लेकिन गांधीजी निषेधात्मक चिंतन करने वाले व्यक्ति नहीं थे। अत: उन्हें इसके विकल्प को तैयार करने की गरज थी। इसीलिए वह सम्मेलन बुलाया गया। शिक्षा के संबंध में गांधी जी के विचार देशवासियों के बीच स्पष्ट हो चुके थे। वे विस्तार के कुछ कहकर सम्मेलन में भाग लेने वाले शिक्षाविदों को कतई प्रभावित नहीं करना चाहते थे, लेकिन शिक्षा के सम्बन्ध में उनके दो यक्ष प्रश्न थे।

प्रथम- शिक्षा स्वतंत्र एवं स्वायत्त हो। क्योंकि शिक्षा मानव मुक्ति का उपकरण है। सा विद्या विमुक्तये। विद्या वही है जो मुक्ति दिलावे। जो स्वयं आग्रहों एवं पूर्वाग्रहों की बेदिली हो। वह शिक्षा किसी व्यक्ति को मुक्ति कैसे दिला सकती है। इतिहास साक्षी है कि प्राचीन काल में रेम्स का बृहद साम्राज्य था लेकिन शिक्षा राज्य की बंदिनी थी। प्राचीन यूनान में शिक्षा एक पारिवारिक कार्य मानी जाती थी। मिश्र में शिक्षा सामान्य ज्ञान का अंग था। मध्य युग में तो शिक्षा धर्म और पंथ की बेदिली थी। गिरजा घरों, बड़े प्रार्थना गृहों, मकतब, मदरसों एवं मंदिरों के साथ शिक्षण कार्यों का अनुबंध था। इन स्थलों पर केवल मूल्य परकता या नैतिक-आध्यात्मिक शिक्षा का ही मुक्त-व्यापक विचार नहीं वरन् पंथ-सम्प्रदायों के जीर्ण-शीर्ण रूढ़ियों, अंधविश्वासों एवं आग्रहों की अस्वस्थ छाया-प्रतिच्छाया है जिस कारण धर्म के नाम पर इतिहास में लगभग साढ़े छ: हजार से अधिक छोटे-बड़े युद्ध हो चुके हैं। विज्ञान के आधुनिक युग में भी धार्मिक-साम्प्रदायिक के कारण धार्मिक-संघर्षों ने हटींगटन के अनुसार सभ्यताओं का संघर्ष का विकृत रूप धारण कर लिया है। इसी के परिष्कार के लिए राजा राममोहन राय एवं स्वामी विवेकानन्द ने "विश्व धर्म", रवीन्द्रनाथ ने "मानव धर्म", डॉ॰ भगवान

दास ने "सभी धर्मों की बुनियादी एकता", गांधी-विनोवा ने "सर्वधर्म समभाव", काका कालेलकर ने "सर्व-धर्म-समभाव" के विचार रखे। स्वामी रामकृष्ण परमहंस ने तो स्वयं कई धर्मों के नियम, व्रत एवं कर्मकांड का अपने जीवन में भी प्रयोग किया। आधुनिक युग में सर्वसत्ता प्राप्त सरकारों ने भी शिक्षा को अपने शासनकाल की बंदिनी बनाने में कम नहीं किया है। चाहे वह सर्वहारा की तानाशाही वाले देश हो या फासिस्ट यूनानी शासनतंत्र हो, शिक्षा वहां स्वतंत्र नहीं थी। आज भारत में शिक्षा का चाहे लालकरण हो या भगवाकरण उसी बीमारी का संकेत है। पुराने सोवियत संघ में साम्यवादी दल के इतिहास का तीन पुनर्लेखन हुआ। सरस्वती विद्या मंदिर हो चाहे जमात-ए-इस्लामी संचालित मदरसे आदि ये सभी स्वतंत्र चिंतन में न्यूनाधिक बाधक हैं। गुरुदेव रवीन्द्रनाथ ठाकुर ने इसीलिए भगवान से प्रार्थना की थी- "मुझे वहाँ ले चलो जहाँ मस्तिष्क स्वतंत्र हो और माथा ऊँचा हो। इस दृष्टि से यूरोप-अमेरिका के कई देशों में उदार शिक्षा परम्परा में स्वतंत्रता की रश्मियां है। लेकिन धीरे-धीरे शिक्षा का जिस प्रकार व्यापारीकरण या बाजारीकरण हो रहा है, वह एक अपशकुन है। शिक्षा के क्षेत्र में निजीकरण, उदारीकरण के नाम पर शिक्षा जनसाधारण को वंचित रखना शिक्षा के आधारभूत मानवाधिकार से वंचित रखना है। जिस प्रकार आजीविका का अधिकार मनुष्य का एक मौलिक अधिकार है, शिक्षा भी उसी कोटि में आता है। इसलिए संयुक्त राष्ट्र संघ के सार्वभौम मानवाधिकारों की सूची के क्रमांक 1 में कहा गया है कि जन्म से सभी समान हैं अत: शिक्षा के क्षेत्र में भेदभाव नहीं होना चाहिए। क्रमांक 26 में स्पष्ट कहा गया है कि सभी को शिक्षा का जन्मसिद्ध अधिकार है। भारतीय संविधान की धारा 14 में अवसर की समानता, धारा 15 में भेदभाव का निषेध भी है। बल्कि, केवल शिक्षा एक निहित स्वार्थ हो गया है। इसका एक ही प्रमाण आज है कि आज प्राथमिक स्तर पर 95 प्रतिशत छात्र पढ़ाई बंद कर देते हैं, 100 छात्र ग्रेजुएट हैं। इसका अर्थ है आज उदारीकरण एवं वैश्वीकरण के नाम पर शिक्षा बाजार का विषय बन गयी है। विदेशी विश्वविद्यालय भी इस देश में अपना पांव पसार रहे हैं। शिक्षा में पूंजीवाद या वैश्वीकरण के पक्ष में वातावरण बनाया जाता है। सरकारों के पास भी वित्तीय संकट रहता है। अत: छुट्टा सांड की तरह शिक्षा माफिया को अधिकाधिक शुल्क वसूलने का मार्ग प्रशस्त किया जाता है।

2. इसीलिए शिक्षा की स्वायत्तता के साथ शिक्षा के स्वावलम्बन के विषय में सोचना जरूरी है। गांधीजी ने शिक्षा के संबंध में यही दो महामंत्र दिए थे- (1) स्वतंत्रता एवं स्वावलम्बन। वर्धा में नयी तालीम समिति की योजना बनाई लेकिन साफगोई से कहा कि वे शिक्षा की स्वायत्तता को तो मानते हैं लेकिन शिक्षा के स्वाश्रयी को व्यावहारिक नहीं समझते। गांधी जी ने कहा- ठीक है, आपने जो सोचा है, उसी को करें लेकिन शिक्षा बिना स्वाश्रयी हुए, स्वतंत्र भी नहीं हो सकती। वर्तमान शिक्षा पद्धति

में चाहे जितनी भी स्वायत्तता का आग्रह हो लेकिन शिक्षा सरकार के अनुदान पर निर्भर है या फिर जहाँ निजीकरण है, वह शिक्षा एक व्यवसाय बन गयी है। अपवाद को भूलकर हम आज शिक्षा के निजीकरण की नृशंसता के खिलाफ न्यायालयों को हस्तक्षेप करना पड़ रहा है क्योंकि प्रौद्योगिकी एवं चिकित्सा विज्ञान के शिक्षण के लिए ही नहीं बड़े शहरों में छोटे-छोटे बच्चों के प्राथमिक शालाओं में प्रवेश के लिए मनमाने ढंग से जबरिया चंदा के नाम पर भारी रकमें उगाहे जाते हैं। वह निजीकरण के नाम पर शिक्षा का जालिया कहा जा सकता है। उधर सरकारी अनुदान पर आश्रित शिक्षण संस्थाओं से शिक्षा की स्वायत्तता किस प्रकार है, यह हम देख चुके हैं।

इस दृष्टि से यह निष्कर्ष आता है कि शिक्षा में स्वावलम्बन के बिना शिक्षा की स्वतंत्रता एक दिवा स्वप्न है। लेकिन यह क्या संभव है और यदि हाँ तो उसकी क्या विधि हो सकती है? क्या नयी तालीम ने उसे प्रयोग-सिद्ध किया है? मेरी समझ से यही नयी तालीम का यक्ष प्रश्न हैं, इसी को लेकर वर्धा सम्मेलन बुलाया गया था। यह सोचा गया कि शिक्षा किसी ऐसे मूलोद्योग के मार्फत स्वावलम्बी होनी चाहिए और जिससे बनी हुई चीजों की कीमत पैसों में आंकी जा सके। स्वाभाविक ही इसमें शरीर श्रम की महत्ता केवल अक्षर या बौद्धिक ज्ञान को ही शिक्षा समझने की भूल नहीं समझ कर उसे सामाजिक मूल्यों पर आधारित जीवन बिताने में से अनेकों साधन में एक साधन मानना चाहिए। वर्धा सम्मेलन में काफी बहस के बाद बुनियादी तालीम का एक पाठ्यक्रम भी बना। फिर 1938 के मार्च महीने में अ०भा० कांग्रेस कमेटी के सामने गांधी जी की राष्ट्रीय शिक्षा योजना रखी गयी जो सर्वसम्मति से स्वीकृत हुआ। इसके अनुसार मुख्य निम्न बातें थीं– 1. हर बच्चे को सात साल की मुफ्त एवं अनिवार्य शिक्षा दिया जाय, 2. शिक्षा का माध्यम मातृभाषा हो, 3. शिक्षा किसी उत्पादक उद्योग के इर्द-गिर्द हो।

लेकिन बुनियादी तालीम के इन सिद्धान्तों का प्रयोग करने के लिए शांति बहन नासलकर को चुना था। उसके निष्कर्ष आशाप्रद हैं। पूर्व बुनियादी शाला सेवाग्राम के एक वर्ष के प्रयोग में 7-14 साल के बच्चों की तालीम में बच्चों के घर हाजिरी, आरोग्य, अभिभावकों (पालकों) की तालीम, जीवन शिक्षण (खाना-पीना, कपड़े स्वास्थ्य, खेती-गोपालन, सफाई, ग्राम-पढ़ाई, पढ़ाई का शौक) नाश्ता, बच्चों का वजन, तन्दुरुस्ती की जांच, शरीर की सफाई (जरूरत, पाठशाला) कपड़े (देहाती साधन एवं तरीके), सामाजिक तालीम, एक दिन के काम, छुट्टियों में काम, बच्चों का संगठन, अन्य सभी बातों का मूल्यांकन किया गया और नतीजा अच्छा आया। फिर पूर्व बुनियादी शिक्षा का कन्या आश्रम ने भी प्रयोग कर बताया कि बुनियादी शिक्षा केवल स्वप्न एवं सिद्धान्त नहीं, यह व्यावहारिक रूप से सही है। इसी प्रकार सेवाग्राम बुनियादी विद्यालय का आनन्द निकेतन में भी प्रयोग हुए। बुनियादी शिक्षा का प्रयोग डॉ० मोहन सिंह मेहता के मार्ग-दर्शन में विद्या भवन जयपुर में 1946 में हुआ जहाँ स्वावलम्बन

की दृष्टि से काफी सफलता मिली। जून 1955 से अप्रैल 1956 तक सेवाग्राम में बुनियादी शिक्षा के प्रयोग की आत्म-समीक्षा तुकाराम धनुजी हाजरे की रिपोर्ट से देखी जा सकती है। बुनियादी तालीम से निकले हुए विद्यार्थियों की कसौटी के विषय में 1943 में बिहार में 15 बुनियादी स्कूलों और सेवाग्राम बुनियादी शाला के मूल्यांकन के लिए आर्यनायकम् जी ने कुछ कसौटियां निर्धारित की हैं जिनमें शारीरिक शिक्षण, सामाजिक शिक्षण, स्वावलम्बन, संगठन और सहयोग, बुनियादी दस्तकारी, सफाई, तन्दुरुस्ती, मातृभाषा और साहित्य, हिन्दुस्तानी का मामूली ज्ञान, हिसाब, भूगोल, इतिहास, सामान्य विज्ञान, चित्रकला, संगीत और खेलकूद हैं। ये पहली नजर में कुछ ज्यादा मालूम पड़ सकती है लेकिन यदि स्कूल का काम बच्चों की जिन्दगी के सवालों के साथ जोड़कर संगठित किया जाय एवं उसे भी सिखाया जाय तो मंजिल को पहुंचना आसान होगा। इसी प्रकार उत्तर बुनियादी शिक्षाक्रम और प्रत्यक्ष काम में आये बिहार के 250 एवं सेवाग्राम के 15 विद्यार्थियों के सम्बनध में आशा देवी आर्यनायकम् एवं जनाब सैयदीन साहब ने जो लिखा है, उसे ध्यान में रखना है। आर्यनायकम् जी ने भी वेदारायम् और कल्लुपटटी में उत्तर बुनियादी पाठ्यक्रम के प्रयोग की समीक्षा करते हुए संतोषजनक पाया। इसी प्रकार और भी मूल्यांकन हुए एवं वे संतोषजनक पाये गये। नयी तालीम की अर्द्धशताब्दी पर 1987 में नई तालीम सम्मेलन देश की बदलती परिस्थिति में नई तालीम की सार्थकता एवं इसमें आवश्यक संशोधन पर भी विचार हुए हैं लेकिन मूल्य निष्ठा का परित्याग नहीं किया जाय।

नई तालीम का भविष्य- इनके भव्य अतीत, इनके सुलभ प्रयोग, इतना वैज्ञानिक अनुकूलताओं के वावजूद नई तालीम केवल इतिहास एवं संग्रहालय एवं शोध के विषय रह जायेंगे, यह एक राष्ट्रीय दुर्घटना के साथ सम्पूर्ण शिक्षा जगत की त्रासदी है। प्रचलित शिक्षा का चाहे जितना भी प्रसार एवं विस्तार हुआ हो आज उसका गतितत्व लड़खड़ा रहा है। विनोबा के शब्दों में जो पढ़ते हैं बेकार रहते हैं, जो नहीं पढ़ते हैं वे बेवकूफ रहते हैं। इसको किंचित संशोधन करते हुए डॉ॰ जाकिर हुसैन ने कहा था- "जो पढ़ते हैं वे बेकार भी रहते हैं।" इसका अर्थ है आज की शिक्षा में न जीवन है न जीविका की गारंटी। साक्षरता शिक्षा न तो आरम्भ है न अंत। शिक्षा का उद्देश्य यदि चरित्र-निर्माण है तो शिक्षा का इतना अधिक विस्तार होने पर आज देश दुनिया में भ्रष्टाचार में प्राय: सबसे आगे क्यों है? क्यों आज हिंसा और उग्रवाद पराकाष्ठा पर है? क्यों आज राजनीति का अपराधीकरण एवं शिक्षा का व्यवसायीकरण हो गया है? क्यों देश में विघटन एवं विध्वंस की शक्तियां बढ़ रही हैं? इसलिए आज पुन: नई तालीम के पुनर्जन्म के लिए कठोर संकल्प लेना होगा। आज शिक्षा को उपयोगी काम-कौशल से जोड़कर नौजवानों को स्वरोजगार में सहायता करना होगा। आज देश के बेरोजगार, अर्द्धबेरोजगार या प्रच्छन्न बेरोजगार मिलाकर 33 करोड़ से अधिक लोग यदि असामाजिक या आतंकवादी,

लूटने वाले गिरोहों में शामिल होते हैं, तो यह स्वाभाविक है। आज हमारे सामन वैश्वीकरण के नाम पर मात्र 10 प्रतिशत लोगों के लिए प्रौद्योगिकी कम्प्यूटर प्रबन्धन आदि की शिक्षा का व्यामोह पैदा कर हमें स्वर्ण मृगमारीच का लोभ दे रहा है, लेकिन सर्वशिक्षा का अर्थ सर्वजीविका की शिक्षा होनी चाहिए। हम विज्ञान या प्रौद्योगिकी के विरोधी नहीं लेकिन देश की भारी जनसंख्या एवं कम पूंजी का ध्यान रखकर सोचना होगा।

हमें नयी तालीम पर बढ़ती राजनीति एवं वैज्ञानिक परिस्थिति के अनुसार आवश्यक परिवर्तन से मुँह मोड़ना सारस्वत अपराध होगा। शिक्षा के मामले भी आज राजनीति के साथ जीवन मूल्य प्रदान करने की जिम्मेवारी आ गयी है। लेकिन जीवन-मूल्य शून्य में विकसित नहीं हो सकते। इसलिए शिक्षा में परिवर्तन के लिए हमें समाज परिवर्तन को ध्यान में रखना होगा। उदारीकरण, निजीकरण एवं वैश्वीकरण के झंझावात में शिक्षा बाजार में बेची एवं खरीदी जा रही है। वह कभी धर्म की बंदिनी होता है, आज तो पूंजी की बंदिनी हो रही है। शिक्षा की योजना बनाने के समय विश्व बैंक एवं देश के धन्ना सेठों की राय को सर्वोपरी माना जा रहा है। जो विद्या स्वयं इतने बंधनों में हो, वह हमें कहाँ से मुक्ति दे सकती है? लेकिन सा विद्या या विमुक्तये।

अखिल भारतीय नयी तालीम सम्मेलन

20.10.2000 कारकम सम्मेलन स्वागताध्यक्ष

चर्खा द्वादशी - भारतीय पंचाग के अनुसार बापू की जयंती आज है - नयी तालीम में बापू के 11 सत एवं 18 रचनात्मक कार्यक्रम इसमें निहित हैं। यह जरूरी थी व्यावहारिकता के ऊपर प्रश्न उठाने वाली भूमिका है - हिन्द स्वराज्य, ग्राम स्वराज्य से होगा एवं नयी तालीम इसको रंग देगी। नयी तालीम कोई एक शिक्षा पद्धति नहीं यह एकमात्र समग्र एवं सम्पूर्ण शिक्षा पद्धति है। यह एक-साथ व्यक्ति तथा समाज के निर्माण करने का आज यहाँ बापू एवं कार्यक्रम में आशा देवी उपस्थित थे।

यशदेव मित्तल

विनोबा देहमुक्त होने के बाद पवनार में रहेंगे। उसी प्रकार बापू भी देहमुक्त होने के बाद बापू स्वयं उपस्थित हैं - हमें उनका उतना ही प्रकाश मिलेगा जितना हम चाहेंगे - आने वाला गांधी का ही युग है और उनका प्रियतम कार्य नयी तालीम है - The fulfilment of Swaraj a constructive programme हिन्दुस्तान तालीमी संघ में विलीन कर देने का प्रस्ताव हुआ। विनोबा-एकमात्र कार्यक्रम रचनात्मक कार्य है - नयी तालीम इसमें दूध में शक्कर है - नयी तालीम का रंग है-The last and the last key role in Gandhian Programme will be of Nai Talim.

सिद्धराज ढढ्ढा

गांधी कभी अप्रासंगिक नहीं हैं। इस सम्मेलन से नई तालीम का युग शुरू होना चाहिए- बहुत देर हो चुकी है।

प्रो॰ रिमपोचे

गांधी जी की उनके अनुयाइयों के प्रति विशेष श्रद्धा है - कर्मयोगी की आशा भी नयी तालीम का चिंतन गांधी जी की सर्वोत्तम एवं अंतिम सोच है। हम सर्वोत्तम शिक्षा प्रभाव का राष्ट्रीय स्तर पर समुचित प्रयोग करना जिसके फलस्वरूप यह ग्राम स्वराज्य को प्राप्त नहीं कर पश्चिमी सभ्यता की दौड़ में जा रहा है - वैश्वीकरण के नाम पर हृदयहीन भोगवाद की ओर केवल उपयोग के साधन में हो रहा है - रोप दिया हो ताकि राष्ट्रीय स्तर पर दृष्टिगोचर हो एवं आकर्षण पूंजीपतियों पर आधारित शिक्षा - वहाँ केवल सम्पन्न लोगों के बच्चे ही पढ़ सकते हैं - भारतीय मौलिक शिक्षा को ग्रहण करने के लिए अभिभावकों की इच्छाशक्ति नहीं - जनसाधारण की गुलामी परस्त मानसिकता को दूर नहीं कर सकती - मूल्यपरक शिक्षा पर एक तरफ ज़ोर दूसरी तरफ शिक्षा में मूल्यहीनता है - जनता को साधन जुटाने का प्रयास होना चाहिए - शिक्षा को स्वावलम्बी होना या शिक्षण संस्थाओं को राज्याश्रित, पूंजीपति आश्रित नहीं करना - इसके बिना शिक्षा में परिवर्तन असंभव है। यत्रवत शहरी समाज में नई तालीम असंभव है। अत: आज की ओर देखना चाहिए और अहिंसा एवं शांति सफल नहीं हो रही है कि इससे लगे चित्त शुद्धता सरलता से प्राप्त हो सकती है लेकिन साधन शुद्धता इस अर्थ युग में कठिन है। अंतिम विनम्र निवेदन - हिन्द स्वराज एक साधु ग्रंथ है जिसका केन्द्रीय स्थल है जो शिक्षा नई तालीम का केन्द्रबिन्दु है - इस ग्रंथ की शताब्दी है- आज हम संभावनाओं के मूल में नहीं जाते एवं ऊपर-ऊपर इसका समाधान खोजते हैं।

प्रो॰ ठाकुरदास बंग

नारायण भाई का बाल्यकाल सेवाग्राम में गांधी की गोद में बीता। नयी तालीम के विद्यार्थी एवं शिक्षक दोनों - सर्वोत्त्म व्यक्ति - केवल पढ़ी ही नहीं, आजन्म आचरण किया - शांति सेना मंडल के सचिव - जन्म गुजरात में - 11 साल सावरमती 12 साल वर्धा।

नारायण भाई

एक दिन पुराने स्कूल वर्धा में पढ़ने के बाद महादेव भाई से कहा- निर्णय तो वही होगा जो तुम तय करोगे, लेकिन बापू से पूछ ला — महादेव भाई डाकिया हैं — बापू संक्षेप में लिखने के माहिर थे — चिट्ठिया थे — एक छोटी चिट्ठी-शाबाश (चि॰ वावला-बच्चे आशीर्वाद) फिर बाद में एक लम्बी चिट्ठी — उंनके शिक्षक की शिकायत — तीन दिन का प्रातःकाल घूमते थे — गुजराती में कह दिया निर्णय पढ़ाई

30 दसवीं लोक सभा चुनाव : एक अनुभव

चुनावी अनुभव लिखने के पहले मैं यह स्पष्ट कर देना चाहता हूँ मैं न तो कोई राजनेता हूँ और न ही तथाकथित राजनेताओं के पिछलग्गुओं (चमचों) में से हूँ। सच पूछा जाए तो इस घृणित राजनीतिक माहौल में राजनीति में प्रवेश करने की भी इच्छा नहीं होती या इच्छा भी होती है तो साहस नहीं होता। मैं तो अपने गुरुदेव भागलपुर संसदीय क्षेत्र के सजपा के उम्मीदवार डॉ॰ रामजी सिंह की सेवा भावना से उनके एक निष्ठावान सेवक के रूप में चुनाव अभियान में सक्रिय कार्यकर्त्ता के रूप में काम किया, जिसके दौरान हमें जो अनुभव हुआ उसे ही रखने का प्रयत्न किया हूँ।

चूंकि चुनाव में मेरी भूमिका चुनाव प्रचार से ही प्रारम्भ हुई इसलिए सर्वप्रथम मैं चुनाव प्रचार में उम्मीदवारों तथा चुनाव प्रचारकर्त्ताओं द्वारा अपने-अपने जीत के लिए अपनाए गए हथकंडों का उल्लेख करता हूँ। दसवीं लोकसभा चुनाव प्रचार का कांग्रेस (आई) का हथकंडा था स्थायी सरकार देने का। भारतीय जनता पार्टी तो पूर्णत: अयोध्या में राम मंदिर निर्माण को अपने मुख्य मुद्दा बनाए हुए थ। जनता दल का मुख्य हथकंडा था जातिवाद पर आधारित सामाजिक न्याय देने का वायदा और इन चार मुख्य दलों में से सजपा देश और जनता को स्वच्छ सरकार एवं स्वच्छ प्रशासन के साथ देश की गरीबी, बेरोजगारी, साम्प्रदायिक तथा जातीय झगड़े मिटाने का वायदा विजयी होने के लिए जी तोड़ मेहनत कर रहे थे।

चुनाव परिणाम से राष्ट्रीय स्तर पर तो यह बात सिद्ध हुई कि जनता स्थायी सरकार चाहती है। खासकर जब बिहार की बात आती है तो यहाँ चुनाव परिणाम के पूर्व भी और बाद भी जनता दल द्वारा अपनायी चुनावी नीति सामाजिक न्याय की आड़ में जातिवाद का असर स्पष्ट दीखता रहा। चुनाव प्रचार के समय जहाँ शत-प्रतिशत कट्टरपंथी मुस्लिम मतदाताओं का सम्मान जनता दल के प्रति दिखलाई पड़ता था वहाँ हिन्दू मतदाताओं का वोट मात्र हिन्दूवासी पार्टी भाजपा की ओर न होकर विभिन्न पार्टियों में विभक्त। चुनाव प्रचार के समय एक मुस्लिम मतदाता ने बातचीत के दौरान कहा कि जिस समय भाजपा नेता लालकृष्ण आडवाणी को मुख्य मंत्री लालू यादव द्वारा गिरफ्तार कर लिया गया, उसी दिन से मुस्लिम बच्चे तक के हृदय में "चक्र छाप"

अंकित हो गया। वैसे मुस्लिम मतदाताओं के प्रति एक नजरिया यह भी है कि उनका उद्देश्य भाजपा हराओ अभियान था। यानी जिस क्षेत्र में मुसलमान यह देखते थे अमुक पार्टी का उम्मीदवार ही भाजपा उम्मीदवार को मात दे सकता है- उसी पार्टी को मुस्लिमों ने वोट देने का निर्णय लिया था। यह दृष्टि की भी बहुत हद तक सही है लेकिन चुनाव प्रचार के दौरान यह अनुभव किया गया कि मुस्लिम विशेषकर जनता दल के प्रति निष्ठावान् रहे।

दूसरी ओर हिन्दू मतदाताओं पर भाजपा का असर छोड़कर जातिवाद का असर देखा गया। जहाँ पिछड़ी जाति के लोग जनता दल के प्रति निष्ठावान् थे वहाँ अगड़ी जाति के मतदाताओं का रुख जनता दल विरोधी था। चुनाव के दौरान अगड़ी जाति के अधिकांश मतदाता यही कहते पाए गए कि हम लोग उसी उम्मीदवार को वोट देंगे जो उम्मीदवार जनता दल को हराने वाला हो। उनके ऐसे विचार पर जब मैं प्रश्न करता कि आप लोगों की दृष्टि ऐसी क्यों है? तो कुछ लोग तो कहते कि मंडल आयोग गैर कानूनी है और अगड़ी जाति के गरीब लोगों को तबाह करने की साजिश है। दूसरे महत्वपूर्ण कारण बतलाते हुए वे लोग कहा करते थे कि मंडल आयोग के अलावा जनता दल नेताओं का सबसे घृणित और खतरनाक कार्य यह ही रहा है। वे लोग हमें आपस में लड़ा रहे हैं, हम भाई-भाई ऐसे रहते आये हैं, वे लोग समाज और देश को तोड़ रहे हैं। जातिवाद के नारे से समाज में जहर फैलाने में वे लोग रामविलास पासवान, शरद यादव और विशेष रूप से बिहार के मुख्य मंत्री लालू प्रसाद यादव को जिम्मेदार ठहराते थे। वे लोग मुख्य मंत्री जी के वैसे भाषणों का उद्धरण भी सुनाते थे।

मुसलमान भाजपा के साम्प्रदायिक भाषणों और पोस्टरों से आतंकित थे तो स्वर्ण हिन्दू जनता दल नेताओं के जाति विरोधी उग्र नारों और भाषणों से।

मतदाताओं को जब हम लोग यह कहा करते थे कि न तो आप लोग पार्टी को देखिए और न ही धर्म, जाति तथा सम्प्रदाय को ही - इन सबों से ऊपर उठकर अपने योग्य एवं समाजसेवी गांधीवादी विचारक उम्मीदवार रामजी बाबू को चुनिए तो उन लोगों (हिन्दू+मुसलमान) का जवाब होता था कि वास्तव में तो लोकसभा में जाने लायक उम्मीदवार रामजी बाबू ही हैं, लेकिन हम लोग क्या करें, परिस्थितवश लाचार हैं। सारी समस्याओं को तिलांजलि देकर अस्तित्व की रक्षा करनी पड़ रही है।

साम्प्रदायिक और जातीय आधार पर खड़ी भाजपा और जनता दल के प्रतिनिधित्व करने का दायरा चुनाव प्रचार के दौरान ही स्पष्टतः दृष्टिगोचर होता था। जहाँ भाजपा मुसलमानों के गाँव या मोहल्ले वोट मांगने के लिए नहीं जाते थे, वहीं जनता दल अगड़ी जाति के गाँव तथा मोहल्ले में प्रवेश करने से कतराते थे। इस प्रकार इन दोनों पार्टियों ने तो विजयी होने के पूर्व ही एक-एक वर्ग का प्रतिनिधित्व त्याग दिया।

चुनाव में विजयी होने के हथकंडे

चुनाव में विजयी होने के उपायों में अधिक धन खर्च कर चुनाव में विजयी होने का उपाय प्रमुख है। दसवीं लोक सभा चुनाव में राजनीतिक दलों के उम्मीदवारों द्वारा अधिक से अधिक धन खर्च कर पिछलग्गू नेताओं, मतदाताओं तथा गुण्डा तत्वों को खरीदा गया तथा खरीदने का प्रयास किया गया। लेकिन उम्मीदवारों के ये मंसूबे दसवीं लोक सभा चुनाव में खासकर बिहार में बहुत हद तक असफल रहा। चुनाव जीतने के लिए उम्मीदवारों द्वारा अपनाए गए अन्य साधनों की चर्चा करने के पूर्व यह बतला देना प्रासंगिक होता कि चुनाव कार्य में धन का अपव्यय करने का सम्बन्ध उम्मीदवार के विजयी होने से कहाँ तक है। मैं अपने अनुभव से इतना तो दावे के साथ कह सकता हूँ कि उम्मीदवार के विजयी होने से चुनाव कार्य में अधिक से अधिक धन अपव्यय करने का कोई संबंध ही नहीं रहा। चार-पांच प्रतिशत से अधिक मतदाता इस प्रकार धन के अपव्यय से नहीं रीझ सके। धन का अपव्यय मुख्यता उम्मीदवारों के द्वारा कुछ कमाने के उद्देश्य से, अधिक से अधिक जीप, कार दौड़ाने से, अधिक से अधिक चमचों द्वारा मांस, मछली खाने तथा शराब पीने से, आवश्यकता से अधिक पोस्टरों के छपवाने में होता है। इन खर्चों का वोट प्राप्त करने से अब कोई संबंध नहीं रहा है। यदि यही सत्य होता तो भागलपुर संसदीय क्षेत्र कांग्रेस या भाजपा के उम्मीदवार विजयी होते, बांका संसदीय क्षेत्र से सजपा के श्री दिग्विजय सिंह तथा मुंगेर संसदीय क्षेत्र से सजपा के उम्मीदवार श्री धनराज सिंह ही विजयी होते या कम से कम दूसरे नम्बर पर रहते।

भागलपुर लोक सभा क्षेत्र से सजपा के उम्मीदवार डॉ॰ रामजी सिंह द्वारा चुनाव प्रचार में सीमित यानी आवश्यकतानुसार धन खर्च किए जाने के कारण इन्हें कुछ लोग कंजूस की उपाधि देते हुए यह कहते पाए गए कि अगर रामजी बाबू रुपया खर्च करते तो ये विजयी हो सकते थे। उन लोगों के ऐसे वक्तव्य पर जब मैं ऐसे उम्मीदवारों का हवाला देता जिसके द्वारा धन का अपव्यय करने के वावजूद भी जनमत पर कुछ असर नहीं पड़ रहा था तो वे लोग चुप्पी साध लेते थे। हाँ, मैं इतना जरूर कहूंगा कि वही धन यदि उम्मीदवार अपने-अपने क्षेत्र में रचनात्मक कार्यों में खर्च करें तो एक चुनाव में नहीं भविष्य में आने वाले चुनाव में भी वे विजयी होते रह सकते हैं रचनात्मक कार्य का अर्थ हुआ छोटी-छोटी सड़कों का निर्माण करवाना, छोटे-छोटे सिंचाई के साधनों का उपलब्ध करवाना, पीने के पानी के लिए चापाकल वगैरह की व्यवस्था करवाना, जिस गांव में बिजली नहीं है अपना रुपया खर्च कर भी बिजली उपलब्ध करवा देना, स्कूल, पुस्तकालय के मरम्मती तथा गांव के अन्य सार्वजनिक भवनों के मरम्मती आदि के लिए सार्वजनिक रूप से गांव में रुपये देना आदि।

चुनाव में विजयी होने का दूसरा पुराना तरीका मतदान केन्द्रों पर कब्जा करना

भी था। कुछ उम्मीदवारों द्वारा चुनाव कर्मचारियों का अपने तरफ मिलाया गया या मिलाने का प्रयास किया गया। यहाँ तक कि मतदान कार्य करवाने आये हुए पदाधिकारियों पर साम्प्रदायवाद एवं जातिवाद का पूरा असर प्रत्यक्ष दिखलायी दिया।

चुनाव प्रचार का जनमत पर प्रभाव

मेरे अनुभव के अनुसार चुनाव प्रचार से जनमत पर 10 प्रतिशत से अधिक प्रभाव नहीं पड़ता है। मतदाता पहले से ही तय कर लेते हैं कि हमें अमुक पार्टी के अमुक उम्मीदवार को वोट देना है या फिर चुनाव के नाम एक-दो दिन पूर्व एक लहर, एक हवा किसी भाग्यशाली उम्मीदवार के पक्ष में उठती है और मतदाताओं का विशाल जन समूह उन उम्मीदवार को वोट दे देते हैं। दसवीं लोक सभा चुनाव में जनता दल के प्रति समर्पित मतदान इतने कट्टर बन गए थे कि उन पर चुनाव अभियान का मांगने-रिझाने वाला कोई भी तरीका उन्हें जनता दल के विपरीत वोट डालने के लिए कामयाब नहीं हुआ।

मतगणना के अनुभव

यह एक संयोग ही कहा जाए कि सजपा जिला पार्टी अध्यक्ष श्री अशोक घोष जी की ओर से मतगणना में शामिल होने का प्रस्ताव आया और मैंने इसे सहर्ष स्वीकार कर लिया। भागलपुर लोकसभा क्षेत्र के मतगणना हॉल टी०एन०बी० कॉलेज में हम लोग अपने गुरुदेव डॉ० रामजी सिंह के साथ 12 बजे प्रवेश किए। लगभग दो बजे दिन में मतगणना का कार्य प्रारम्भ हुआ। मतगणना के दौरान मुझे सबसे ज्यादा इस बात का अफसोस हुआ कि बुलंद सुरक्षा व्यवस्था के वावजूद भी मतगणना अधिकारी मतगणना के समय हो रहे अनियमितताओं को रोकने में दल के दबंग लोगों से डर रहे थे। प्रथमत: तो अधिकारी गण अपने कर्त्तव्य के प्रति उदासीन देखे गए। अगर वे किसी न किसी प्रकार का गैरकानूनी कार्य रोकने के लिए कदम उठाने की कोशिश भी करते तो पार्टी के एजेंटों (अभिकर्त्ताओं) द्वारा किसी न किसी तरह एक तरफ कर दिए जाते थे। मतगणना में गैरकानूनी 'कारनामों को रोकने में जिलाधिकारी महोदय की सक्षम देखे गए। मुझे यह अनुभव हुआ कि मतगणना के समय जिस हॉल में जिस दल के अभिकर्त्ता मजबूत यानी रंगदार रहता है उसी के हाथ में मतगणना के सारे नियम कानून होते हैं।

चुनाव में हिंसा के लिए उत्तरदायी तत्व

चुनाव में हिंसा के प्रमुख कारणों में उम्मीदवारों द्वारा धन का अपव्यय करना है। उम्मीदवार अपने धन का उपयोग मतदान केन्द्र को लूटने के लिए, अपने समर्थकों को धन का लालच देकर अपने पक्ष में अधिक से अधिक मतदान करवाने के लिए करते हैं। ऐसे रुपया खाने वाले लोगों द्वारा मतदान केन्द्रों पर बल प्रयोग करने से गाली-गलौच तथा मारपीट होता है।

दसवीं लोक सभा चुनाव में जाति विद्वेष ने भी मतदान के समय उग्र रूप ले लिया फलतः कई मतदान केन्द्रों पर मार-पीट हुई। कुछ लोग व्यक्तिगत विद्वेष के कारण भी मतदान केन्द्रों पर झगड़ते हैं। छोटे-बड़े नेताओं द्वारा भाषणों में अपशब्द के प्रयोग से भी हिंसा भड़कती है। मतदान केन्द्रों पर सरकार तथा चुनाव आयोग द्वारा सुरक्षा की उचित व्यवस्था के अभाव में भी हिंसा होती है। इस बार के लोक सभा चुनाव में तो मात्र एक ही चौकीदार को दो-दो मतदान केन्द्र की रखवाली करना पड़ रहा था, पुलिस की तो बात ही नहीं थी।

वर्तमान राजनीति का नीति से सम्बन्ध (लोक सभा चुनाव के परिपेक्ष में)

खासतौर से दसवीं लोक सभा चुनाव के अनुभव से ऐसा लगता है कि नीति का राजनीति से कोई रिस्ता ही नहीं रह गया है। गांधी जी का यह विचार कि नीति के बिना राजनीति मौत का फंदा है। इस चुनाव में अक्षरशः सत्य सिद्ध हुआ। नैतिकता को तिलांजलि देने का परिणाम ही बड़े पैमाने पर बड़े नेताओं तथा साधारण जनता की हत्या तथा मारपीट को बढ़ावा। डॉ॰ रामजी सिंह तथा राममोहन गांधी ऐसे योग्य एवं गांधीवादी अहिंसाप्रिय, नीतिवान् उम्मीदवार की उपेक्षा किया जाना ही इस बात का प्रबल प्रमाण है कि बर्तमान राजनीति से नीति को तिलांजली दे दी गयी है। इस तथ्य को मतदाता भी सहर्ष स्वीकार करते हैं। डॉ॰ रामजी सिंह के बारे में मतदाता यह टिप्पणी करते थे ऐसे नीतिवान व्यक्ति को तो अब राजनीति से दूर ही रहना चाहिए, नहीं तो वर्तमान राजनीति ही जो कि अब भ्रष्ट नीति बन चुकी है उनके व्यक्तितव पर ही प्रश्नचिन्ह लगा देगी। वे लोग यह स्वीकार करते थे कि अब 'वोट' जातिवाद, सम्प्रदायवाद और गुंडावाद पर आधारित हो गया है और रामजी बाबू इन तीनों तत्वों में से एक में भी खरे नहीं उतरते हैं तो उनको वोट कैसे मिलेगा। फिर भी हमारी लम्बी बहस के बाद जनता यह स्वीकार करती कि अगर जातिवाद, सम्प्रदायवाद और गुंडावाद का वर्चस्व खत्म हो जाए तो रामजी बाबू निश्चित रूप से विजयी होंगे।

इस चुनाव के अनुभव से इतना कहा जा सकता है कि राजनीति से नीति को दूर करने का काम नेताओं का ही है और अभी भी वे लोग अपने इस कार्य में तन-मन-धन से लगे हुए हैं। इसके लिए विशेष दलील की जरूरत नहीं है।

दसवीं लोक सभा चुनाव में मेरे विचार से सबसे चिन्ताजनक बात यह रही कि चुनाव प्रचार से व्यक्ति, समाज और देश की मुख्य समस्याओं को गौण कर दिया गया। रुचिकर बात तो यह रही कि मतदाताओं ने भी इस सवाल के प्रति कोई रुचि नहीं दिखलाई। यह मान्य है कि प्रायः सभी दलों के चुनाव घोषणा पत्रों में देश-विदेश की सभी समस्याओं को उठाकर उसे पूरा करने का वायदा भी किया गया था, लेकिन घोषणा पत्र तो गिने-चुने मतदाताओं के पास ही पहुँच सकते हैं। अगर यही हालत आगे रही

तो इस देश की रक्षा ईश्वर ही करेंगे। आज नेता तो अपने कर्त्तव्य से च्युत हो ही गयें हैं, जनता भी अपने कर्त्तव्यों का निर्वहन नहीं कर रही है। यह भी सत्य है कि जनता को कर्त्तव्यों से विमुख करने में नेताओं का योगदान है। फिर भी यह लज्जाजनक बात है कि बुद्धिजीवी वर्ग भी योग्य, सत्यनिष्ठ, नीतिवान्, समाजसेवी उम्मीदवारों की उपेक्षा कर मजहब और जाति के घृणित विचारों में उलझकर किसी खास पार्टी या उम्मीदवार के प्रति श्रद्धावान् होकर एक धूर्त्त और निकम्मे उम्मीदवारों का समर्थन करने लग गए हैं।

साधारण निरक्षर जनता तो पढ़े-लिखे बुद्धिजीवियों के मार्ग का ही अनुसरण करती हैं, इसलिए समाज तथा देश को बचाने की जिम्मेदारी हम पढ़े-लिखे लोगों पर विशेष रूप से आ जाती है। हम नेताओं को ही सब कुछ न मान बैठें।

गांधी जी ने ठीक ही कहा था "असत्य से सत्य को नहीं पाया जा सकता, अशुद्ध साधनों से शुद्ध साध्य की प्राप्ति नहीं हो सकती। बैर से बैर को शांत नहीं किया जा सकता।" गांधी जी के उक्त कथन को ध्यान में रखते हुए हम दल विशेष में नहीं बंधकर ऐसे उम्मीदवार को चुने जिनका चुनाव में विजयी होने का आधार उनकी योग्यता, कर्त्तव्यनिष्ठा तथा सेवा भावना हो। हम ऐसे उम्मीदवार से कोसों दूर रहें जो कि गलत नारों के बल पर, लुभावने एवं खोखले वायदों पर मनमोहक भाषणों और धन का लालच दिखाकर चुनाव में विजयी होना चाहता हो। क्योंकि नैतिक साधनों से जिस लक्ष्य की प्राप्ति होगी उससे कदापि नैतिकता की आशा नहीं की जा सकती है। जो लोग लाखों खर्च करके विजयी होंगे वे परोपकारी, जनता की सेवा करने वाले देशभक्त होंगे यह मानना व्यर्थ है। जो लाखों खर्च करेंगे वे करोड़ों कमायेंगे।

इसलिए यह समय की मांग है कि समाज तथा देश को बचाने के लिए नेता तथा जनता बनावटी अंधेपन को त्याग कर देश को सजाने-संवारने में जुट जाएं, क्योंकि यह देश किसी नेता का नहीं जनता का है, हम सब का है।

31 इस जनादेश की चेतावनी

समय से कुछ पूर्व लोक सभा में जनादेश संचार के साधनों द्वारा भविष्यवाणियों, राजनीति विशारदों के अनुमान एवं तमाम अटकलबाजियों को गलत साबित कर दिया। इससे पक्ष की पराजय और विपक्ष की विजय उतना महत्वपूर्ण नहीं है जितना इसका अप्रत्याशित परिणाम और उससे भी अधिक जनता का खामोश इन्कलाब। यह एक बार फिर साफ हो गया कि भारत की सामान्य जनता ज्यादा समझदार भी है और ज्यादा ईमानदार भी। सवाल किसी की हार-जीत का नहीं, लोकतंत्र के प्रति जनता का विश्वास एवं लोकतंत्र के संकट को दूर करने की उसकी पहल।

भारतीय जनता पार्टी जैसी बड़ी ताकतवार पार्टी तो मानो हार के हादसे से उबर ही नहीं पा रही है। लेकिन उसके प्रवक्ता का एक वक्तव्य कि "किसी एक दल को जनादेश नहीं मिला है," बहुत मायने में सही है। मतों का अनुपात गिने तो इससे भी अधिक से अधिक 5 प्रतिशत की कमी-पेशी है, लोक सभा में सीट से भी भाजपा और कांग्रेस को प्राप्त सीटों में बहुत ही कम कमी-पेशी है। फिर भी पूरे राष्ट्रीय स्तर पर ऐसा समीकरण बना कि तख्ता पलट गया। लेकिन जनता ने भले कांग्रेस गठबंधन को आगे बढ़ाया लेकिन कांग्रेस को इतनी अधिक सीट नहीं दी कि उसे अभिमान हो जाए या अपनी गलत सही नीतियों को ही लागू करती रहे। यह जनता का सुरक्षा कवच है।

भाजपा के प्रचार और अकूत पैसे के बल पर चुनाव के पूर्व ऐसा समां बांध दिया था कि चाहे बुद्धिजीवी हो या मीडिया के लोग, भाजपा की पुनर्वापसी की अधीरता किन्तु विश्वास के साथ प्रतीक्षा कर रहे थे। लेकिन हार भी संख्या में भले साधारण हुई हो, बड़े-बड़े केन्द्रीय महारथियों की शर्मनाक हार सामान्य लोक सभा की पराजय से ज्यादा महत्व रखता है।

यह देश इतना बड़ा और वैविध्यपूर्ण है कि यहाँ संविद सरकार की राजनीति भी अनुकूल होगी, चाहे वह लोकतांत्रिक राष्ट्रीय गठबंधन हो या प्रगतिशील गठबंधन, ये दोनों मिली-जुली सरकारें हैं। कांग्रेस गठबंधन में कांग्रेस के 145 सदस्य हैं, जबकि सब मिलाकर 217 स्थान हैं जबकि भाजपा को 137 सदस्यों को मिलाकर कुल 186 स्थान ही मिल सके। वाम दलों के 61 सदस्यों का मजबूत संगठन बाहर रहकर भी अपनी

शक्ति प्रदान कर कांग्रेसी गठबंधन को मजबूत करता है। लेकिन है दोनों गठबंधन ही। राजग गठबंधन की भांति संयुक्त राजतांत्रिक प्रगतिशील गठबंधन को भी विसंगतियां झेलते हुए आगे का सफर तय करना होगा।

नये गठबंधन को अपेक्षाकृत "प्रगतिशील" कहने के तीन आधार हैं। प्रथम तो वामपंथी 61 सदस्यों की प्रगतिशील आर्थिक-सामाजिक रुझान और उसका दबाव। यह कांग्रेस के संभावित पूंजीवाद परस्त नीतियों को संतुलित करेगा। दूसरा राजग पर भाजपा और भाजपा का संघ परिवार का वर्चस्व छाया हुआ रहना स्वाभाविक था। फिर विश्व हिन्दू परिषद, शिव सेना और कुछ हद तक राष्ट्रीय स्वयंसेवक संघ जैसे अतिवादी और अराजनैतिक संगठनों ने अटल जी जैसे उदार एवं आदर्शवादी व्यक्ति को गिरगिट की तरह रंग बदलने वाले व्यक्ति की कोटि में डालकर उनकी प्रभावशीलता छीन ली है। भले ही अपनी पार्टियों के हित की दृष्टि से वामपंथ सरकार में शामिल नहीं है लेकिन बाहर से समर्थन महत्व का है। बाहर रहकर भी वामपंथी दल सरकार पर जितना दबाव बनाकर गठबंधन सरकार को प्रगतिशील आर्थिक नीतियों को लागू करा सकती है। पूर्व प्रधानमंत्री श्री वी॰पी॰ सिंह ने चुनाव के बाद कहा ही था कि वामपंथ का समर्थन से गरीबों के हित में नीतियां होनी स्वाभाविक है। हमने देखा कि अभी राजग गठबंधन वापपंथ के बिना पूंजीवाद परस्त नीतियों की ओर बढ़ती जा रही थी जिसमें अनिवेश, विदेशी पूंजी का स्वागत, देशी पूंजीपतियों को विशेष छूट, मजदूरों के आंदोलनों पर पाबन्दी, निजीकरण की ओर बढ़ते कदम आदि शामिल थे। नये गठबंधन में किसानों के हित, अनिवेश पर पाबन्दी, वैश्वीकरण पर नियंत्रण आदि शामिल हैं।

यह तो साफ ही था कि राजग गठबंधन में साम्प्रदायिक सोच का बाहुल्य है। चाहे गुजरात से राज्य प्रायोजित या समर्थित वीभत्स दंगा हो या ईसाइयों पर कुदृष्टि या शिक्षा में भगवाकरण, यह सब कुछ अकाट्य प्रमाण हैं। यही नहीं गांधीवादी संस्थाओं पर योजनाबद्ध कब्जा या उनकी सहायता-अनुदान बंद कर उन्हें निरुपाय करना भी उनकी नीति का हिस्सा था। नयी सरकार के आने से अल्पसंख्यकों में विश्वास लौटा है जो देश की अकात्मता एवं अखंडता के लिए अपेक्षित है। भाजपा तो पुनः साम्प्रदायिक हिन्दुत्ववादी मुद्दों को उठाकर जनता का मत बटोरने की व्यूह-रचना में लगी है।

राजग गठबंधन से जनता का मोहभंग होने का मुख्य कारण था कि "भारत उदय" या "गुड फील" का प्रचार प्रतिउत्पादक रहा। क्योंकि सरकारी नीतियों में चलते बेरोजगारी बढ़ी और लगभग 1 करोड़ मजदूरों की छंटनी हुई। विदेशी मुद्रा की वृद्धि, राष्ट्रीय आय में इजाफा आदि मात्र 10 प्रतिशत लोगों को लाभ पहुंचा रहा था, दूसरी ओर बेरोजगारी एवं महंगाई की मार से जनता कराह रही थी। यही कारण है कि आंध्र में हाई-टेक से सबसे उज्जवल नक्षत्र के रूप में श्री चन्द्र बाबू नायडू की सरकार बालू

की भीत की भांति गिर गयी। सबसे दुर्गति किसानों की हुई क्योंकि उनका उत्पादन खर्च, बिजली, खाद, कीटनाशक एवं मजदूरी बढ़ती गयी लेकिन अनाज की कीमतें उस अनुपात में कम रहीं। फल है कि कृषि प्रधान देश में लगभग 4000 किसानों ने आत्महत्या कर ली। विदेशी पूंजी के व्यामोह एवं उद्योगपतियों को तरजीह देने के लिए किसानों की अनदेखी हुई। मौजूद सरकार पर किसानों की इस प्रकार की उपेक्षा को सुधारने का दायित्व है।

निजीकरण का भूत इतना बढ़ गया था कि धीरे-धीरे सार्वजनिक उद्योगों की अंधाधुंध अनिवेश एक राष्ट्रीय नीति बन गयी। कौड़ी के दाम बड़े-बड़े कारखाने बिकने लगे। स्कूल, विश्वविद्यालय, अस्पताल आदि सामाजिक कल्याण के विभागों को निजी क्षेत्र में डालकर ऊंची आय के लोगों की तरफ देखा गया लेकिन जो 40 प्रतिशत लोग गरीबी रेखा के अंदर थे उनके लिए निजीकरण एक अभिशाप सिद्ध हुआ।

विदेश सम्बन्धों में राजग सरकार ने अटल जी के नेतृत्व में सचमुच कई क्षेत्रों में सराहनीय काम किये जिसमें भारत-पाक संबंधों में उसने जो अभिक्रम दिखाया, वह अभूतपूर्व है। लेकिन पश्चिम और अमेरिका की तरफ झुकाव अंतर्राष्ट्रीय शक्ति संतुलन की दृष्टि से कमजोर है। अफगानिस्तान और बाद में ईराक के सवाल पर भारतीय जनमानस के भारी दबाव से सरकार भले सैन्य सहयोग नहीं कर पायी लेकिन संयुक्त राष्ट्र संघ में अनैतिक, अवैधानिक आक्रमण के प्रति मुखर भी भारत नहीं हो सका। अमरीका और इजरायल के प्रति धीरे-धीरे झुकाव से इस्लामी मुल्कों से भारत का अलगाव बढ़ता गया। भारत को तो एक धुरी जिस पर विश्व के स्तर पर एकपक्षीय ध्रुवीकरण विश्व हित में ठीक नहीं था उसी प्रकार केवल राजग का गठबंधन एकपक्षीय, सम्प्रदायोन्मुख एवं पूंजीवाद परस्त होता जा रहा था। उससे जनता को न्याय नहीं मिल रहा था। अत: एक ओर गठबंधन राजनैतिक शक्ति संतुलन की दृष्टि से ठीक था। केवल कांग्रेस का सत्ता पर काबिज होना भी समुचित नहीं होता। वैसे तो अब देश में लगभग चुनाव के 40 प्रतिशत मतदाताओं का समर्थन नयी सरकार को है। पिछले पांच वर्षों में राजनीति में शुद्ध सत्तामूलक अवसरवादी राजनीति का बाहुल्य हो गया था। जार्ज, नीतीश एवं शरद जैसे प्रखर समाजवादी एवं सम्प्रदाय विरोधी भी भाजपा-छत्रप के चंवर डुला रहे थे, उधर नजमा जैसी कर्मठ राजनेता भी कांग्रेस छोड़कर राजग की तरफ मुड़ी। असल सत्ता का आकर्षण एवं आसक्ति ने राजनीतिक मतवाद की नींव हिला दी। अब देश में दो समान रूप से सबल धुरी बन जाने से जनता का ज्यादा हित होगा।

जिस सर्वधर्म समभाव एवं संवैधानिक धर्मनिरपेक्षता पर भारत की सांस्कृतिक विरासत रही है, उसे नवगठन में एक नया आयाम मिला। डॉ० मनमोहन सिंह अल्पसंख्यक समाज के हैं, श्रीमती सोनिया गांधी भी अल्पसंख्यक हैं, फिर भी सब लोगों

ने एकमत से दोनों को क्यों चुनकर धर्म-निरपेक्षता जो काले बादल छा रहे थे उसे छिन्न-भिन्न कर दिया। अब कौन कहेगा कि देश में धर्म-निरपेक्षता नहीं है।

प्रधानमंत्री के चुनाव में जिस प्रकार श्रीमती सोनिया गांधी ने कांग्रेस दल एवं मिले-जुले गठबंधन द्वारा नेता निर्वाचित होने के बाद जिस प्रकार प्रधानमंत्री का पद छोड़ा उसका भारतीय इतिहास में लोकनायक के बाद यही उदाहरण है। सत्ता के लिए घृणित छीना-झपटी पर एक छोटा-सा ही सही, नैतिक गदा प्रहार है। वर्तमान प्रधानमंत्री डॉ॰ मनमोहन सिंह केवल अनुभवी और विद्वान ही नहीं, पूर्ण विश्वसनीय एवं निष्कलंक छवि के व्यक्ति हैं। इस प्रकार के वित्तीय संकट एवं गरीबों के हित का संतुलन बिठाने वाले एक सिद्धान्तनिष्ठ ईमानदार व्यक्ति का प्रधानमंत्री होना भारत के लिए गौरव की बात है।

32 तेजस्विनी अहिंसा

1. भ्रम एवं प्रश्न

अहिंसा के अनेको प्रकार हो सकते हैं लेकिन जनमानस में एक भ्रान्ति है कि अहिंसा-धर्म के प्रचार-प्रसार से ही भारत जैसा महान् देश संसार के इतिहास में सबसे अधिक दिनों तक गुलाम रहा। पृथ्वीराज के बाद अंग्रेजी शासन तक दासता की परम्परा रही है। राष्ट्र कवि दिनकर ने चीन द्वारा भारत पर आक्रमण के बाद आहत होकर कहा था- "बुद्ध और गांधी आज रक्षक नहीं रक्षणीय हैं।" कुरुक्षेत्र में राष्ट्रकवि की आत्मा विचलित होकर कहती है- "क्षमा शोभती उस भुजंग को जिसके दंत गरल है।" लेकिन हम भूल जाते हैं कि महात्मा गांधी ने भी कहा था कि हिंसा से अहिंसा सर्वदा श्रेष्ठ है किन्तु "जब हिंसा और कायरता के बीच चुनाव करना हो तो हिंसा को वरण करना चाहिए।" आज फिलस्तीन, ईराक, अफगानिस्तान एवं ईरान पर जो अमरीकी साम्राज्यवादी दुष्चक्र चल रहे हैं, तो क्या हम कह सकते हैं कि अहिंसकार मूक द्रष्टा या शांति-शांति का जप करने की अपेक्षा आंतकवाद ज्यादा अच्छा है? या वैश्वीकरण के नव साम्राज्यवाद को चुपचाप एवं निर्वीय-सहिष्णुतापूर्ण अहिंसा से आणविक-आतंकवाद ही श्रेयस्कर है? ये सब कुछ प्रश्न हैं जिनका खुलासा आवश्यक है।

2. प्रवंचक अहिंसा

धर्म के मूल में भले ही अहिंसा मानी जाती हो लेकिन धर्म के नाम पर मानवता के इतिहास में लगभग साढ़े छह हजार युद्ध हुए। धर्म के नाम पर कुल्सित से कुल्सित धार्मिक उत्पीड़न और अंध-विश्वास और गर्हित से गर्हित सामाजिक-आर्थिक-लैंगिक अन्याय के आख्यानों से इतिहास के पन्ने भरे पड़े हैं। वेद को ही लें—एक तरफ अहिंसा परमोधर्मः "या मा हिंस्यात् सर्व भूतानि" कहा जाता है, दूसरी तरफ "वैदिकी हिंसा हिंसा न भवति" या "यज्ञार्थ" पशवः श्रष्ठाः कहकर क्रूर से क्रूर पशु-पक्षी बलि या कुर्बानी को धर्म का अभिरक्षण है। चाहे धर्मयुद्ध हो या जेहाद या क्रूर या धर्म के नाम पर सौ साल का युद्ध से लेकर आधुनिक युग में "सभ्यताओं का संघर्ष" धर्म के साथ अहिंसा के समन्वय की चेष्टा को प्रर्वचना सिद्ध करता है। प्राचीन लोकायत-चार्वाक वेद विहित वैदिकी हिंसा की आलोचना में ठीक कहते हैं कि यदि "पशुओं की सृष्टि यज्ञ में बलि

के लिए होती है और उन्हें स्वर्ग की प्राप्ति होती है तो वे अपने वृद्ध माँ-बाप की बलि देकर उनके लिए स्वर्ग में स्थान क्यों नहीं सुरक्षित करा लेते हैं?

मेरी समझ से इस प्रकार की वैदिक-इस्लामी बलि-कुर्बानी धार्मिक प्रवंचना है। उसी प्रकार अन्याय का मूक द्रष्टा होना भी नपुंसकता भले हो उसे अहिंसा मानना गलत है। यही कारण था कि कालीघाट (कोलकाता) के मंदिर बकरे एवं भैंसों की बलि से रक्तों के नाले की भांति बहने लगे और किसी ने गोरक्षा के लिए 69 दिनों तक अनशन करने वाले श्री रामचन्द्र शर्मा वीर को लिखा कि आप गोहत्या के खिलाफ तो अनशन कर रहे हैं लेकिन कालीघाट में इन बकरों और महिषों में क्या प्राण नहीं हैं? इस पर रामचन्द्र शर्मा वीर ने वहीं बलि बन्द करने के लिए आमरण अनशन प्रारम्भ कर दिया। इस पर विश्वकवि गुरुदेव की करुणा जाग्रत हो गयी और कविता "मैं रामचन्द्र शर्मा को बार-बार नमस्कार करते हुए एक पूरी कविता ही लिख डाली जो मूल बंगला में है- तो मार जानईं नमस्कार।

"स्तनच्युत भीत पर्शुक्रदन"- आदि यानी बकरे के छोटे श्रावक जब माँ का स्तनपान कर रहा हो तो उसे खींचकर बध करना क्रूरता की पराकाष्ठा है। इस विकृत वैदिकी हिंसा के विरोध में श्रवण-संस्कृति के तीर्थंकरों एवं स्वयं भगवान बुद्ध ने विरोध का स्वर ऊंचा किया था। आज तो विनोबा द्वारा प्रारम्भ किये गए गोहत्या के विरोध में लगभग 25 वर्षों से चल रहे देवनार में शांतिपूर्ण सत्याग्रह के विषय में सरकार या संसद, समाचार पत्र या आकाशवाणी--दूरदर्शन की संवेदना जाग्रत ही नहीं होती। धर्म के नाम पर हिंसा की प्रशंसा करने वाले एकतो कहते हैं कि भगवान राम के हाथों भी धनुषवाण एवं श्री कृष्ण के हाथों में सुदर्शन-चक्र तथा विष्णु-इन्द्रादि के हाथों में वज्र आदि न जाने हिंसा के कौन-कौन से हथियार हैं, यह धर्म समर्पित हैं। राम-रावण या कौरव-पांडव के युद्ध की कथा जो जानते ही हैं। अतः हमें या तो धर्म की नयी व्याख्या करनी होगी या अहिंसा को भी नए ढंग से पारिभाषित करना होगा।

3. मानवता आधारित अहिंसा

वैदिक संस्कृति के हिंसा-मिश्रित अहिंसा के विरोध में श्रमण-संस्कृति ने जिस अहिंसा और करुणा की धारा बहायी उस धारा को मध्यकालीन संतों ने शुद्ध मानवीय भाव से समर्थन किया। संतों ने मानवीय गुणों को धर्म का मूल बताया। "दया धरम को मूल हैं, नरक मूल अभिमाना"। अठारह पुराणों का सार-सर्वस्व भी तो "परोपकाराय पुरायय पापाय पर पीड़नम्" बताते हुए तुलसी ने परहित सरिस धरम नहीं भाई कहा संक्षेप में प्रायः सभी संतों ने "अहिंसा को परम धर्म ही कहा।" असल में धर्मों में या तो मानव को ईश्वर के समान माना गया है जैसे तत्वमसि या "अहं प्रह्मस्मि" (अद्वैत वेदान्त)। या फिर विशिष्टद्वैत-ईश्वरवाद के रूप में "ईश्वर अंश जीव अविनाशी" या "आदम खुदा

नहीं लेकिन खुदा के नूर से आदम जुदा नहीं।" के सिद्धान्त हैं। चाहे तुलसी, सूर, कबीर, मीरा, सूफीसंत या ईसाई संत, गुरुनानक देव सबो ने मानवता के साथ अहिंसा धर्म को अविभाज्य बना दिया है। फिर भी आश्चर्य है कि मध्यकालीन युग में भी युद्ध और हिंसा कम नहीं हुई। मानव कल्याण-जन्य अहिंसा से भी ऊपर उठकर मानवेता अहिंसा की अवधारणा उभरकर आयी। कबीर जैसे हिन्दू-मुस्लिम दोनों के संस्कार से प्रभावित ने कहा- "बकरी पातिखात है ताको गाढ़ी छाल, जो नर बकरी खात है, उनकर कौन हवाल?" लेकिन फिर भी समाज में हिंसा चलती रही। यज्ञ के नाम पर प्राणी-हिंसा का श्रमण-संस्कृति एवं संत-परम्परा ने काफी विरोध किया। वैष्णव परम्पराओं में निरामिष आहार उसी तरह प्रचलित है जैसे- श्रमण परम्परा में। हां बौद्धों के बीच मांसाहार कहीं-कहीं प्रचलित हैं। वे भिक्षा के नाम पर पाखंड करते हैं और यहां तक कहने में लज्जित नहीं होते कि उन्होंने प्राणी को नहीं मारा है, किसी और ने मारा है। आज तो रामकृष्ण मिशन जैसी अद्वैत की महान परम्परा में काली के प्रसाद के नाम पर सामिष आहार से सन्यासियों को भी परहेज नहीं। मिथिला के ब्राह्मणों में बिना मांसाहार के श्राद्ध या विवाह कोई यज्ञ पूरा ही नहीं होता। अब तो मांसाहार आधुनिकता का एक अलंकरण हो रहा है जबकि विदेशों में निरामिष आन्दोलन जोर पकड़ रहे हैं। कुर्बानी के नाम पर पशु की हत्या इस्लाम में उसी प्रकार होती है, जैसे काली, दुर्गा आदि के नाम पर हिन्दुओं में बलि होती है। असल में बलि या कुर्बानी अपने अन्दर की पशुता यानि क्रोध, काम, लोभ, मोह आदि की बलि है। इस भावार्थ को भुलाकर हम वाच्यार्थ को ही श्रृति संदेश मान लेते हैं।

4. क्रांतिकारी अहिंसा

धर्म और संत विचार के अन्दर रोग-द्वेष या आवेग और आक्रोश को आत्मशुद्धि से शमन करने का प्रयत्न तो करते हैं किन्तु समाज में व्याप्त अभाव, अन्याय एवं शोषण के खिलाफ सामाजिक संरचना में क्रांतिकारी परिवर्तन के लिए संगठित क्रियात्मक प्रयत्न नहीं कर पाते। इसी भाव से कुछ क्रांतिकारी लोगों ने क्रांतिकारी कदम उठाये। इस दृष्टि से सोचा जाए तो राम-रावण युद्ध या कौरव-पांडव का महाभारत "धर्म-संस्थापनाय" ही था। इसी दृष्टि से मार्क्सवाद ने भी सामाजिक-आर्थिक शोषण के विरोध में जिस हिंसा को क्षाम्य माना उसे "क्रांतिकारी हिंसा" की संज्ञा दी गयी। मार्क्स ने कभी भी व्यक्तिगत या अपराधिक हिंसा की बात नहीं की। हिंसा उनके लिए परिस्थिति विशेष में विवशता है। साम्यवाद के घोषणा-पत्र में ही कहा गया है कि हिंसा तो समाज-परिवर्तन के लिए दाई का काम करती है ताकि क्रांति-शिशु का प्रसव हो सके। हां यह अवश्य है कि साम्यवाद ने पूंजीवाद को शत्रु मानते हुए उनके साथ "संघर्ष की अनिवार्यता" का सिद्धान्त माना लेकिन आणविक युग में "युद्ध की अनिवार्यता का सिद्धान्त भी अब बदल

दिया गया। अपने देश में सरदार भगत सिंह एवं उनके क्रांतिकारी साथी कोई आतंकवादी या हिंसावादी नहीं थे, उन्होंने हिन्दुस्तानी "रिपब्लिकन आर्मी" इसलिए बनायी थी कि समाज में शोषण एवं विषमता का अंत हो।

लेकिन क्रांतिकारी हिंसा का सबसे बड़ा दोष है कि हिंसा प्रतिहिंसा को जन्म देती है जिसका कभी अंत नहीं होता है। फिर हिंसक क्रांति में सत्ता भी कोई जरूरी नहीं कि जनता के हाथों में आ जाए। फ्रांस में लुई की हत्या तो हुई लेकिन उससे नेपोलियन जैसा तानाशाह इंग्लैंड में चार्ल्स प्रथम की हत्या से क्रामवेल, रूस में जार और बंगला देश में परिवार समेत जार या मुजीबुरहमान की हत्या हुई लेकिन दोनों जगह तानाशाह का ही आधिपत्य हुआ। फिर जोर-जबर्दस्ती या हिंसा से हम सत्ता तो बदल देते हैं लेकिन विचार, मान्यता, मूल्य या आदर्श को नहीं बदल सकते। क्रान्ति में व्यवस्था के साथ व्यक्ति का मूल्य परिवर्तन जरूरी है, वरना क्रांति टिकाऊ नहीं होती।

5. संरचनात्मक अहिंसा

अहिंसक संरचनात्मक समाज-व्यवस्था से है जो अभाव, अन्याय, शोषण, विषमता आदि से मुक्त हो। दान यदि "संविभाग" है तो अहिंसा है, वरना यदि भीख है तो गलत है। आज समाज इस रोग से पीड़ित है कि अरबों रुपये का शोषण मुनाफाखोरी आदि भी चलता है। साथ-साथ धर्मशाला, अनाथालय आदि में दान देकर उदारता और यश के भागी बनते हैं। "ऐरण की चोरी करें, करें सूई का दान।" अत: संरचनात्मक अहिंसा के लिए न्याय, समतामूलक एवं शोषणहीन सामाजिक-आर्थिक व्यवस्था होनी चाहिए। राजनीति भी इसका एक अविभाज्य अंश है। जैसे- केन्द्रित अर्थव्यवस्था हिंसक प्रवण होती है वैसे ही केन्द्रित राज-व्यवस्था और संसदीय दलीय प्रजातंत्र के मूल में ही हिंसा है। अस्वस्थ प्रतिद्वन्द्विता पर आधारित संस्कृतिक विकास हो या वर्ग संघर्ष पर आधारित हिंसक समाज परिवर्तन दोनों ही हिंसा की जननी हैं। समाज में समता तो चाहिए ही लेकिन शिक्षा में समानता भी अपेक्षित है। समाज एक ओर अखंड है अत: उसकी समग्र संरचना में सम्यक्-परिवर्तन ही अहिंसक लक्ष्य की ओर बढ़ सकती है।

लेकिन, हमें यह भ्रम भी हरगिज पालना नहीं चाहिए कि केवल व्यवस्था परिवर्तन से अहिंसा आ जाएगी। जिस प्रकार हिंसा का जन्म मानव मन से होता है उसी प्रकार शांति और अहिंसा भी मानव मस्तिष्क के गर्भ से ही पैदा होगी। मानव मन में हिंसा के साथ अहिंसा दोनों के भाव विद्यमान रहते हैं। अगर हम शांति का शिक्षण एवं अहिंसा का संस्कार नहीं दे सकेंगे तो समाज में व्यवस्था बदलने का प्रयत्न भी प्रति उत्पादक हो सकता है। इसलिए पतंजलि ने योगसूत्र में कहा ही है- "तन्नसिन्धों बैरत्याग:" ही अहिंसा की कसौटी है। करुणा के बिना अहिंसा स्थायी और प्रभावी नहीं हो सकती। अस्त्र-शस्त्र से मानव समाज जितना बदला, सुकरात, ईसा, बुद्ध, महावीर आदि की

शिक्षाओं एवं जीवन से शायद ज्यादा ही स्थायी परिवर्तन हुआ है। गांधीजी ने अहिंसा के लिए आत्मशुद्धि और उसके लिए सत्य, अहिंसा, ब्रह्मचर्य, अपरिग्रह, अस्तेय, अस्पृश्यता निवारण, सर्वधर्म समभाव, शरीरश्रम, अस्वाद और अभय एकादशव्रत का रक्षा कवच अपनाया और असहयोग, सविनय अवज्ञा, भारत छोड़ो आन्दोलन, चंपारण, खेड़ा, बारडोली, अहमदाबाद आदि अनेक संघर्ष किए और रचनात्मक वृत्ति के विकास के लिए आश्रम व्यवस्था के साथ अठारह रचनात्मक कार्यक्रम का भी अनुपालन किया। अहिंसा की तेजस्विता के लिए व्यक्ति और व्यवस्था, सत्याग्रह संघर्ष और रचनात्मक कार्यक्रम दोनों पूरक हैं। इसीलिए गांधीजी रचनात्मक कार्यक्रम को स्वराज्य की कुंजी मानते थे और सत्याग्रह को जीने के साथ मरने की कला मानते थे। परिस्थिति को सुधार करने के लिए सत्याग्रह शायद संसार का सबसे शक्तिशाली साधन है। यह दुर्बलों का अस्त्र नहीं। शरीर बल से अन्याय-प्रतिकार करने वाला व्यक्ति की अपेक्षा इसमें कहीं अधिक साहस और धैर्य चाहिए। यह एक प्रचंड आक्रमणशील शक्ति है। स्वयं कष्ट सहना और अन्याय का विरोध करना ही सत्याग्रह है। सत्याग्रह तो दिव्या है यह उसी मनुष्य के हाथ में होगा जिसमें साहस एवं पौरुष होगा। अहिंसा महानतम गुण है, कायरता महानतम अवगुण है। इसमें निष्पक्षता के साथ निस्वार्थता, विनम्रता के साथ निर्भयता, निर्वैरता के साथ प्रेम की पराकाष्ठा है। अहिंसक तरीका धीमी गति और लम्बी अवधि वाला नहीं होता है। इसकी गति तीव्रतम होती है। अन्याय के विरुद्ध न्याय के संघर्ष को जीतने के लिए एक ही पूर्ण सत्याग्रही पर्याप्त है। शक्ति शारीरिक क्षमता से नहीं वरन् अदम्य इच्छाशक्ति से निकलती है। सत्याग्रही के लिए सत्याग्रह संघर्ष ही स्वयं विजय है क्योंकि उसे केवल उसी में आनन्द मिलता है। अहिंसा रेडियम की तरह शांत, सूक्ष्म व अदृश्य ढंग से काम करती है। उससे सारे समाज को चेतना मिलती है। वीरतापूर्वक सही हुई वास्तविक यातना, पाषण हृदय को भी पिघला देती है, यह सर्वोच्च प्राणी की सक्रिय शक्ति है। इसीलिए कहा गया है- "वीरों की यह वाट है भाई, कायर का नहीं काम। सिर पर बांध कफन जो निकले बिन सोचे परिणाम।"

33 क्या विनोबा मठाधीश थे?

किसी खास विचार और प्रवृत्ति को लेकर संस्थाओं का निर्माण और फिर केवल उसके ढांचे को ढोते रहने की मारामारी के इस जमाने में यह जानना दिलचस्प होगा कि पवनार के बाबा विनोबा को मठाधीश कहना कितना उचित है? और क्या पवनार के ब्रह्म विद्या मंदिर का किसी भी मठनुमा ढांचे से दूर-दूर का कोई ताल्लुक दिखता है? प्रस्तुत है विनोबा निर्वाण दिवस (15 नवम्बर) पर यह विशेष टिप्पणी।

डॉ० राममनोहर लोहिया ने अपनी विलक्षण एवं चुभती शैली में तीन प्रकार के गांधीवादियों का वर्गीकरण किया था। गांधीवादियों की प्रथम कोटि को उन्होंने 'सरकारी गांधीवादी' कहा था, जिसमें पं० नेहरू, सरदार पटेल, डॉ० राजेन्द्र प्रसाद जैसे सत्ता पर आसीन लोगों की तरफ यह कहते हुए इशारा किया था कि गांधी तो क्रांतिकारी थे जबकि सरकार स्थिति-स्थापक होती है। दूसरी कोटि में उन्होंने उन लोगों को रखा था, जो कहीं, किसी आश्रम को पकड़कर समूचे गांधी की एकाध प्रवृत्ति को संचालित करने में लगे हैं। आश्रम ही उनका मठ है और गांधी विचार उनमें कोई परिवर्तन भी नहीं करते। लोहिया ने इन्हें 'मठी गांधीवादी' कहा था। तीसरी कोटि में उन्होंने खुद को रखकर 'कूजात गांधीवादी' कहा था। शायद डॉ० लोहिया ने सत्याग्रह को अधिक महत्व दिया था, जिसके कारण उन्हें शांत-सौम्य गांधीवादियों ने अपनी जमात में रखना भी पसंद नहीं किया था।

विनोबा जैसे, बचपन से ही स्थापित सामाजिक मान्यताओं को तोड़ने की वृत्ति रखने वाले पर ऐसा आरोप कि वे मठाधीश थे, क्यों लगाया गया? ब्राह्मण कुल के रहते हुए भी उन्होंने कर्मकांड छोड़ा, यज्ञोपवीत भी नहीं रखा, आजीवन ब्रह्मचर्य व्रत का पालन किया, परम्परागत शिक्षण शालाओं के सब सर्टिफिकेट जला डाले, कभी किसी संस्था के पद पर नहीं रहे। आश्रम में भी उन्होंने कांचन-मुक्ति एवं ऋषि खेती का प्रयोग किया, स्त्री शक्ति को महत्वपूर्ण रूप से विकसित कर उन्हें वेद-उपनिषद् का स्वाध्याय तथा ब्रह्मचर्य व्रत की साधना की ओर प्रेरित किया और राज्य शास्त्र पर भी 'स्वराज्य शास्त्र' लिखकर पारम्परिक राजनीति, विज्ञान को नई दिशा दी। फिर भी उन्हें मठाधीश

क्यों कहा गया? यही नहीं राष्ट्रीय स्वतंत्रता संग्राम में 1940 में व्यक्तिगत सत्याग्रह के लिए गांधीजी ने उन्हीं को चुना थ। क्या जिस सत्याग्रह के डॉ॰ लोहिया इतने पक्षपाती थे, उस सत्याग्रह के सेनापति को मठाधीश कहना समीचीन माना जा सकता है? स्वतंत्रता प्राप्ति के बाद भी जब गांधी के भक्त कहलाने वाले नेता सत्ता सुख या सत्ता के लिए संघर्ष में मशगूल रहे, विनोबा ने आर्थिक स्वतंत्रता के लिए भूदान-ग्रामदान का एक देशव्यापी अभियान चलाया और लगभग 90,000 हजार मील की पदयात्रा की। लगभग 90 लाख बीघे का दान प्राप्त करने के अलावा, हजारों गांवों का ग्रामदान हुआ और आचार्यकुल, शांतिसेना, सर्वोदय पात्र, स्त्री-शक्ति, लोकनीति सरीखे न जाने कितने महत्वपूर्ण विषयों के आंदोलन खड़े किए। इनके परिणामों को लेकर मूल्यांकन भिन्न-भिन्न हो सकता है किन्तु विनोबा के पुरुषार्थ एवं पराक्रम के विषय में शंका की संभावना नहीं है।

शंकराचार्य के वे अनन्य भक्त थे और उन्होंने चारों दिशाओं में धर्मप्रचार के लिए, बल्कि स्थूलसेवा के लिए बिहार के गया में 'समन्वय आश्रम', पठानकोट में 'विसर्जन आश्रम', बंगलौर में 'विश्वनीड्म' आदि आश्रम इसलिए बनाए ताकि लोग आत्मशोधन के साथ-साथ समाज परिवर्तन की साधना में लगें। जब विनोबाजी ने भूदान की शुरुआत की थी तो व्यंग से डॉ॰ लोहिया ने ही कहा था कि भूदान-यज्ञ द्वारा 200 वर्षो में भूमि समस्या हल होगी। विनोबा ने इसका विनम्रता से उत्तर दिया था कि- "मैंने तो 500 वर्षो का अंदाजा लगाया था, किन्तु डॉ॰ लोहिया के सहयोग से 200 वर्षो में ही पूरा होगा।" धीरे-धीरे भूदान से जब ग्रामदान की ओर बढ़े तो 1957 में चेलवाल कांफ्रेंस में 1957 में कांग्रेस, प्रजा समाजवादी और कम्युनिस्ट पार्टियों ने भी इसको स्वीकार किया। भारत जैसे विशाल आबादी वाले देश में जहां जमीन एक एकड़, दो एकड़, पांच एकड़ आदि के छोटे-छोटे टुकड़ों में बंटी है वहां वर्ग के आधार पर हिंसक ब्यूह-रचना कर समस्या का हल करना ही अव्यावहारिक है। भूदान-ग्रामदान तो व्यावहारिक दर्शन है ही, विनोबा ने अपने जीवन का बोधमंत्र भी ऐसा रखा है जिसमें न सन्यास का बंधन होता है न मायावाद का। उन्होंने शंकर के मायावाद के बदले स्फूर्तिवाद को स्थान दिया- 'ब्रह्म सत्यम्, जगत स्फूर्ति जीवनम् सत्यशोधनम्।' इस दृष्टि से भी उन्हें पलायनवादी, मायावादी या मठाधीश कहना गलत है। विनोबा तो मठ तोड़ने वाले हैं। बिहार में जब घूम रहे थे तो उन्होंने संगठन के अंदर गड़बड़ियों एवं उठा-पटक को समाप्त करने के लिए तंत्र-मुक्ति एवं निधि-मुक्ति का मंत्र दिया था। यह इसलिए कि कहीं, किसी का निहित स्वार्थ नहीं जमे। उनके एकमात्र आश्रम पवनार को भी यदि माना जाए तो वहां ब्रह्मचारिणी बहनों द्वारा ब्रह्मविद्या का प्रयोग होता है। श्रम की प्रतिष्ठा एवं निष्ठा वहा देखने को मिलती है।

संक्षेप में विनोबा विचार और आचार से परिग्रह, पदाग्रह और विरासत-वितरण के खिलाफ थे। उन्होंने तो कहा ही था कि 'हम किसी देश के अभिमानी नहीं, किसी जाति विशेष के बंदी नहीं, किसी धर्म विशेष के आग्रही नहीं।' अत: उन्हें किसी मठ या सम्प्रदाय की सीमाओं से मुक्त रखना ही न्याय होगा।

34 अहिंसा बनाम संप्रभुता और सुरक्षा

समाज में बढ़ती अराजकता संप्रभुता का औचित्य बन जाती है। यूरोप में अराजकता का अत्यधिक उत्कर्ष पवित्र रोमन साम्राज्य के विघटन से शुरू हुआ। पुनर्जागरण ने व्यक्तिवाद को बढ़ावा दिया। धर्म-सुधार ने भी व्यक्ति को ही पाप और पुण्य, अच्छे और बुरे का निर्णायक बनाया। इससे भी व्यक्तिवाद को प्रोत्साहन मिला। इंग्लैण्ड में इसकी परिणति, धार्मिक क्षेत्र के विवादों को लेकर दीर्घकाल तक गृह-युद्ध में हुई। प्राकृतिक विधियों में पहले से चली आ रही आस्था के कारण भी अराजकता बढ़ी। इन सब कारणों से हॉब्स ने अराजक तत्वों के निदान संप्रभु सत्ता के निर्माण में पाया। हिन्दू राजतंत्र के विकास का लगभग यही आधार है जबकि विभिन्न देवताओं ने अपने-अपने दिव्य अंश देकर नर-रूप में राजा की सृष्टि की। शायद इसी से मिलता-जुलता राजा का दैवी अधिकार का सिद्धान्त भी आया। हॉब्स के अनुसार अच्छे-बुरे के विषय में विवेक व्यक्ति का अधिकार हो सकता है लेकिन जब यह अधिकार राजनीतिक समाज के नियमों से टकराता है। तो संकट पैदा होना स्वाभाविक है। जहाँ विधि नैतिकता पर आधारित माना जाता था। हॉब्स के अनुसार नैतिकता ही विधि पर आधारित है। इसका कारण हॉब्स यह देते हैं कि व्यक्ति-व्यक्ति के बीच इतने मतभेद होते हैं कि नैतिकता राज्य का आधार नहीं बन सकती है क्योंकि नैतिकता व्यक्ति-व्यक्ति में आभगत होती है।

राज्य का एकमात्र आधार जीने का या जीवित रहने की चाहना हो सकती है क्योंकि यह सभी मनुष्यों की समान चाहना है। इस तरह हॉब्स ने संप्रभुता को मनुष्य की जैविक आवश्यकता सिद्ध करने की कोशिश की है। आत्म-रक्षा या सुरक्षा एक मनोवैज्ञानिक आवश्यकता है। यद्यपि शांति और नागरिक जीवन के नियमों में आबद्ध रहने का उसका स्वभाव नहीं है लेकिन सुरक्षा की भावना शांति और नागरिक जीवन को स्वीकार करता है जिसे प्राकृतिक नियम पूरा नहीं कर पाते। इस व्यवस्था की प्राप्ति हेतु संविदा द्वारा संप्रभुता का निर्माण होता है। संप्रभु के द्वारा ही प्राकृतिक विधियों को वास्तविक विधियां बना देता है और फिर उनका सहज अनुपालन होने लगता है। यद्यपि मनुष्य में दर्प और यश या शक्ति की कामना है किन्तु आत्म-रक्षा के लिए अपने को संप्रभु के अधीन करता है। अराजक मनुष्य भी सुरक्षा के खातिर सामाजिक कार्य करता

है और राज्य का निर्माण करता है और बुद्धि इसे संविदा का मार्ग दिखाती है। हॉब्स शारीरिक और भौतिक आभार (Obligation) को नहीं मानता। उसके अनुसार जो मनुष्य स्वयं बेड़ियों में आबद्ध है वह उसी कारण हकदार नहीं होता है। सुरक्षा के लिए संविदा उसका मूल्य है। आकशाट की व्याख्या परीपूर्ण नहीं कही जा सकती क्योंकि इस स्थिति में 'वैयत्कि विवेक' अभिप्राय, नागरिक कर्त्तव्य, नागरिक विधि पालन करने का उसका मूल दायित्व आदि व्याख्याचित नहीं होता। बारेंडर और टेलर नागरिक विधि की बंधनकारिता पूर्णतया प्राकृतिक विधि से उत्पन्न मानता है। लेकिन इसमें टेलर धर्मशाला का महत्व बढ़ा-चढ़ाकर रखा जाता है। जबकि बारेंडर धर्मशाला के आधार के बदले बौद्धिक निष्ठा का आधार मानते हैं।

हम हॉब्स के विचार को अहम वाक्य नहीं मान सकते क्योंकि वह मनुष्य को स्वभाव से ही दुष्ट मान लेता है जिससे इसमें निखिल मानव जाति का अपमान तो है ही निराशावाद भी कमाल का है। हॉब्स प्राकृतिक अवस्था को ऐतिहासिक ही समझ लेते हैं। वे विकासवादी नहीं हैं अत: उसके अनुसार मानव स्वभाव में विकास नहीं होता है। अत: मानव-प्रकृति जंगली मानव की प्रकृति का होता है जो मैकफर्सन के अनुसार परम स्वार्थी होता है। हॉब्स राज्य के आविर्भाव की ऐतिहासिक व्याख्या प्रदान करना चाहते हैं जबकि उनकी व्याख्या मनोवैज्ञानिक है। उनकी समस्या राज्य-निष्ठा की है, न कि राज्य के उद्‌गम की। क्यों हमें शक्तिशाली शासन चाहिए। अराजकता में असुरक्षा है, जीवन के लिए निरंतर संकट है। हॉब्स के चिंतन में एक दूसरा दोष है कि वह न्याय को शक्ति पर नहीं, शक्ति को न्याय पर आधारित करता है। लेकिन वास्तव में तो न्याय पर ही शक्ति को आधारित होना चाहिए वरना शक्ति को औचित्यता नहीं मिल सकता। हॉब्स मानव-प्रकृति के अध्ययन में एकांगी है। वास्तव में देखा जाए तो 'कुमति सुमति सब के डर रही।' मनुष्य में अच्छाई-बुराई दोनों तत्व हैं लेकिन हॉब्स को केवल बुराई ही नजर आती है। असल में हॉब्स राजतंत्र का प्रतिपादन करना चाहता है। लेकिन प्रश्न यह नहीं कि शासनतंत्र कौन-सा है, महत्व का यह कि शासितों में संप्रभु के आदेशों के अनुपालन की प्रवृत्ति है या नहीं। एलेग्जेन्डर पाप ने कहा ही है किसी तंत्र के लिए चिंता नहीं करनी चाहिए जो कुशलतंत्र है, वही सर्वश्रेष्ठ शासनतंत्र है। हॉब्स की वैज्ञानिकता का सबसे बड़ा दोष है कि यह न तो निरीक्षण पर आधारित है न अनुभव पर। वह वास्तविक मानवो को अवश्य ध्यान में रखता है लेकिन वह ऐसे मानवो की कल्पना करता है जो अन्य किसी सत्ता, जैसे ईश्वर, धर्म या समाज से उन्मुक्त होकर संप्रभु के आदेशों का अनुपालन करता है। हॉब्स का एक दूसरा दोष है कि उसका व्यक्तिवाद राजनीतिक नहीं है। व्यक्ति इसकी अध्ययनात्मक इकाई है। वह व्यक्ति की वासनाओं एवं प्रवृत्तियों के वैज्ञानिक विशेषण पर न कि देशभक्ति, राष्ट्रवाद आदि किसी राजनीतिक संवैधानिक तंत्र पर अपने राजनीतिक सिद्धान्त को आधारित नहीं करता है।

उसे संप्रभु के प्रति निष्ठा का एकमात्र आधार सुरक्षा प्राप्त करना है। समाज के व्यापक हित की कोई धारणा वहाँ काम नहीं करती। पृथक-पृथक वैयक्तिक स्वार्थों का योग ही सामाजिक हित है। यानी समाज एक कृत्रिम निकाय है। हॉब्स के सिद्धान्त में उस श्रद्धापूर्ण निष्ठा के लिए कोई स्थान नहीं है जिस पर राजतंत्र सुरक्षित एवं प्रतिष्ठित अनुभव कर सकता था। यहाँ हम परंपरा की शक्ति को बुद्धिवाद के प्रहार से ध्वस्त होते हुए पाते हैं, इसीलिए सेवाइन महोदय ने हॉब्स को 'पूर्ण उपयोगितावादी' एवं 'पूर्ण व्यक्तिवादी' कहा है। उसके सिद्धान्त में कर्त्तव्य और अधिकार संबद्ध नहीं हैं। संप्रभु मनुष्य की नैतिक आवश्यकता है, जिसका विकल्प मयावह है। इस दृष्टि से हॉब्स ने संप्रभुता का प्रतिपादन तार्किक, न कि ऐतिहासिक आधार पर किया है। प्राकृतिक अवस्था की उसकी धारणा जिस पर संप्रभुता आधारित है, काल्पनिक या मनोवैज्ञानिक अवस्था है न कि ऐतिहासिक। संक्षेप में, हॉब्स ने सद्भाव तत्व की उपेक्षा की है। वह सृजनात्मक क्षमता एवं बुद्धि के संकेतों में तो विश्वास करता है लेकिन स्वार्थ के लिए ही सहयोग या नागरिकों की लोकभावना में विश्वास नहीं करता। इस दृष्टि से उसका संप्रभुता पर इतना अधिक बल देना उचित नहीं लगता। कलेरेडिन के अनुसार संविदा भंग कर देने पर संप्रभु उनके मार्ग में व्यवधान नहीं पैदा कर सकता क्योंकि उन्होंने आपस में संविदा की है, न कि संप्रभु के साथ। हॉब्स द्वारा शक्ति की पूजा तो ठीक है लेकिन मानव पर अविश्वास सीमा से परे है। इसलिए लैम्प्रेक ने ठीक ही कहा है कि उन्होंने तर्क को षड्यंत्र, आलोचना को तर्क, एवं विचार-विमर्श को राजतंत्र का विघटनतंत्र माना है। इन्हीं कारणों से राजतंत्र के रचनात्मक विरोध को भी वह बर्दाश्त नहीं कर सकता। हॉब्स ने अराजकता के दौरान संप्रभुता की हिमायत की है, लेकिन आज हमारे सामने केवल व्यवस्था का ही प्रश्न नहीं बल्कि विकास, नव-निर्माण एवं समाज सेवा का भी है। अराजकता परिस्थितियां, हिंसा और शत्रुता पैदा करती है तो अनुकूल परिस्थितियां उसे शांति, सहयोग और सद्भाव के लिए प्रेरित करती है। संप्रभु को मात्र व्यक्तिगत सुरक्षा अधिकारी मानना एवं उसे सर्वोच्च आसन देना अनुचित है।

इसीलिए आज हॉब्स का राजनीतिक-दर्शन जनसाधारण का भी दर्शन नहीं बन सका और न इसमें प्रजातंत्र का ही सशक्त हो सका। इसके विपरीत लॉक ने संविदा पर बल देकर मानव स्वतंत्रता के महत्व पर बल दिया। संविदा भले ही ऐतिहासिक सत्य न हो, यह मनोवैज्ञानिक तथ्य के रूप में अधिकांशतः सार्थक पायी जाती है। इस विचार ने दो आदर्शों की प्रतिष्ठा में सहायता पहुँचायी है- स्वतंत्रता जिसका राजनीतिक भाष्य यह हुआ कि शासन का आधार इच्छा है न कि बल। इस तरह हॉब्स की संप्रभुता का पाषण पिघलने लगा और वह सीमित राजसत्ता के पक्ष में आ गया। इसी उद्देश्य से लॉक सहमति और विधि के शासन, संवैधानिक व्यवस्था और बहुमत सिद्धान्त का समर्थक है। उन्होंने स्वतंत्रता की रक्षा के लिए ही राजसत्ता का यह समाधान प्रस्तुत किया है जो

संप्रभुता को लोकभिमुख एवं मानवीय बनाता है। उसके अनुसार वह सरकार औचित्यरहित है जो व्यक्ति के निजी क्षेत्रों में हस्तक्षेप करती है और उसके विवेक पर आघात करती है। राज-निष्ठा सदैव नैतिक-निष्ठा होती है। कोई भी संप्रभु उसे हर हालत में प्राप्त मानकर नहीं चल सकता है। रूसो के अनुसार तो संप्रभुता का आधार सामान्य इच्छा एवं व्यक्ति की नैतिक इच्छा है। इसलिए रूसो सामान्य इच्छा एवं स्वतंत्रता के बीच विरोध नहीं मानता है। सामान्य इच्छा एवं नैतिक इच्छा के बीच समरूपता है, अत: सामान्य इच्छा व्यक्तियों की नहीं, नागरिकों की इच्छा है। सामान्य इच्छा संप्रभु एवं अदेय-अविभाज्य शक्ति है तथा वह समस्त लोक हितकारी विधियों का स्रोत है। शासन संप्रभु निकाय में अन्तर होता है। शासन तो संप्रभु निकाय का सेवक है।

संपभुता सामान्य इच्छा और सामान्य जन में होता है, अत: यह सच्चा गणतंत्र है। सामान्य इच्छा का मर्म है कि समाज की बुनियाद सत्य और न्याय में है, स्वार्थ एवं संकीर्ण उपयोगितावाद में नहीं। रूसो में राज्य या नागरिक सब कुछ है और सरकार कुछ नहीं। मेरीअम ने ठीक ही कहा है कि रूसो की व्यवस्था में सरकार राज्य में खो गयी है। फिर उसकी स्वतंत्रता कोट एवं ग्रीन की नैतिक स्वतंत्रता है जो सामुदायिक संदर्भ में ही सार्थक होती है। रूसो की व्यवस्था में सद्‌भावना का स्वर्णभूम एवं सामुदायिक भावना से गुम्फित है। निरंकुश सरकार के लिए उस व्यवस्था में कोई स्थान नहीं। वह मनुष्य की अस्मिता, उन्मुकतता एवं सद्‌भावना दार्शनिक है। मांटेस्क्यू के अनुसार स्वतंत्रता मनुष्य की चाहना है। इसलिए निरंकुश शासन को वह स्वतंत्रता का विरोधी मानते हैं। हाँ उनकी रुचि भी शासन की सक्रियों को मर्यादित करने में है। अत: राज्य की कठोर अनैतिक संप्रभुता का वह पक्षपाती नहीं हो सकता।

एडमन्ड बर्क के अनुसार चूंकि सत्ता और स्वतंत्रता दो परस्पर विरोधी सामाजिक मूल्य हैं, अत: दोनों का समन्वय संभव नहीं। टामस पेन ने बर्क को स्वप्नों का दृष्टा माना है क्योंकि वे राज्यतंत्र एवं कुलीन तंत्र को प्राकृतिक नियमों के विरुद्ध मानते हैं। असल में बर्क व्यक्ति नहीं समुदाय का चिंतक है। व्यक्ति वहीं तक महत्वपूर्ण है जहाँ तक समुदाय के मूल्यों एवं परंपराओं का वाहक है। इसलिए बर्क संवैधानिक शासन को जनतांत्रिक शासन भी नहीं मानता और बहुमत शासन को भी मात्र अभिसमय का विषय तथा प्रकृति-विरुद्ध है। इसके विपरीत जेरेकी बैंथम, जॉन स्टुअर्ट मिल एवं जेम्समिल के राजचिंतन में इस व्यक्तिवाद की हिमायत पाते हैं जिसे जॉन लॉक ने किया था। लॉक का/हॉब्स का व्यक्तिवाद राजनैतिक व्यक्तिवाद नहीं बन सका लेकिन यहाँ इसका दर्शन है। इसीलिए बर्टेन्ड रसेल मानते हैं- बैंथम का आदर्श इपीक्यूरस की भाँति सुरक्षा है, स्वतंत्रता नहीं। हीगेल पर इसके निरपेक्ष प्रत्ययवादी दर्शन के कारण राजतंत्र में अधिनायकवाद स्थापित करने का आरोप लगाया जाता है लेकिन यह इसलिए गलत

मानना चाहिए कि संप्रभु-सम्राट की सत्ता नैतिक है। वह स्वेच्छा से नहीं बल्कि सद्विवेक से, समस्त राज्य के श्रेय की भावना से प्रेरित होकर कार्य करता है। यह नैतिक व्यवस्था रूपी राज्य संरचना का मात्र संचारक है। फिर राज्य एक व्यवस्था है जिसका विकास ऐतिहासिक प्रक्रिया से होता है। हीगेल का राज्य एक ही साथ शक्ति, हित, नैतिकता एवं संस्कृति की व्यवस्था है। इसमें समुदाय भी है, राज्य भी और सबसे बढ़कर इतिहास-रथ की प्रगति की प्रधान धुरी राज्य ही है। हीगेल पर अरस्तु और रूसो का प्रभाव गहरा है, अत: वह राज्य को एक विकसित नैतिक निकाय मानता है न कि मात्र संस्था। समाज ही नैतिक रूपान्तरण से समुदाय बन जाता है और इसी का उत्कर्ष राज्य में प्रकट होता है। अत: नैतिक समुदाय के रूप में राज्य परम है, राजनीतिक संस्था के रूप में नहीं। अत: राज्य को वह परमता नहीं है जो उसकी भाषा से प्रकट होती है। इस तरह संप्रभुता की संकल्पना भी यहां नैतिक है। यद्यपि मार्क्स ने सामाजिक विकास की ऐतिहासिक व्याख्या की प्रेरणा हीगेल से पायी है लेकिन उसके अनुसार ऐतिहासिक भौतिकवाद एवं मानवता के लंबे अनुभव के अनुसार राज्य एक अनिवार्य बुराई है जो पूंजीवाद के साथ ही शुरू एवं समाप्त होता है। मार्क्स हीगेल के राजदर्शन का ही नहीं उसके राज्य का भी विघटन चाहता है। परिवार व्यक्तिगत सम्पत्ति एवं राज्य के तीनों शोषण के तंत्र हैं जिस पर समाज जीवन का रहस्यात्मक आवरण पड़ा है, जिसे मार्क्स ध्वस्त कर देना चाहता है। अत: प्रश्न राज्य की आलोचना का नहीं उसके ध्वंस का है। उसकी कसौटी वास्तविकता से उपजी है न कि आदर्श-जन्य है। इसीलिए राज्य के विलयन का सिद्धान्त दिया गया है जिसकी एक निश्चित विकास परम्परा है। अत: मार्क्स का राज्य का विलयन एक वैज्ञानिक प्रक्रिया के अन्दर है जिसमें सर्वहारा को भी तानाशाही का स्थान मिल गया है। सर्वहारा क्रांति के दौर में राज्य की भूमिका बदल जाती है। पहले आर्थिक सामाजिक प्रक्रिया राज्य में व्यक्त होती थी, अब चेतन राजनीतिक शक्तियां अनुकूल आर्थिक सामाजिक व्यवस्था के निर्माण में अपने को अभिव्यक्त करती हैं। राज्य जो स्वयं शोषण, दमन एवं दासता का उपकरण था, वह समाजवादी क्रांति में मुक्ति का माध्यम बन जाता है एवं साम्यवाद का मार्ग प्रशस्त हो जाता है। शासक वर्ग का राज्य न तो सार्वजनिक जनता का है न यह निजी मालिक है। लेकिन मार्क्स के मूल सिद्धान्तों को तो मानता है, लेकिन उसकी व्यूह-रचना में 'लेफ्ट विंग कम्यूनिज्म एण्ड इनफैनटाइल डिर्जाडर' में दल एवं जन समुदाय के बीच सही सम्बन्ध बनाए रखने पर बल दिया है एवं संघर्ष के वैधिक या संसदीय मंचों तथा प्रतिक्रियावादी मजदूर संघों से दूर रहने की अति वामपंथी नीति गलत है। लेनिन दल के अन्दर जनतांत्रिक प्रक्रिया के समर्थक हैं। दल के अन्दर स्वतंत्रता एवं अनुशासन को महत्व दिया है। लेनिन पर राजा-एक्जेमवर्ग आदि के द्वारा केन्द्रवाद का आरोप भी गलत है। समाजवाद में दल एवं राज्य दोनों की भूमिका शैक्षणिक एवं सांस्कृतिक निर्माण की

होगी। माओत्सेतुंग की विशेषता गतिशीलता एवं संगठन कुशलता एवं युद्ध की व्यूह-रचना है। वह सेना पर दल की, दल पर जन समुदाय की श्रेष्ठता का हिमायती है।

राज्य के सिद्धान्तों की पृष्ठभूमि में संप्रभुता के प्रश्न की समीक्षा से यह स्पष्ट हो जाता है कि राजनीति का इतिहास-चक्र संप्रभुता की अवधारणा को संतुलित एवं मर्यादित करने में लगा है। स्वतंत्रता मनुष्य की एक आन्तरिक अभीप्सा है। चाहे परिवार हो या पाठशाला, प्रौद्योगिकी हो या राज्य, ये सभी व्यक्ति कल्याण के लिए ही है। मनुष्य से ऊपर कुछ नहीं माना जा सकता। नहि श्रेष्ठतर किं चित् मानुषात्। 'मैन इज दी मेजर ऑफ आल थिंग्स।' मार्क्स ने सभ्यता में मानवता का अलगाव या नकार पाया था। मार्क्स की आलोचना द्वन्द्वानिक थी। गांधी ने इसकी नैतिक आलोचना की है। लगता है दोनों मानव की खोयी महिमा प्रदान करने के लिए राज्य की सत्ता पर है, अपनी-अपनी तरह से गदा प्रहार कर रहे हैं।

गांधी का मानवतावाद रूप अनेक रूपों में प्रकट होता है। वे मानव को ही परमपुरुषार्थ मानते हैं। धर्म हो या राज्य, समाजनीति हो या राजनीति, शिक्षा हो या चिकित्सा, सबो की सार्थकता तभी तक है, जब वह मानव के उद्धार के लिए परिणति पाता है। वे मानवरूप में अंतिम व्यक्ति या दरिद्रनारायण के रूप में देखते हैं। गांधी का सत्य भी कोई स्वपन जगत की कपोलकल्पना नहीं, बल्कि मानव अनुभूति का परिणाम है। मानव कल्याण के लिए है। उन्होंने सेवा के अनेकानेक रचनात्मक कार्यक्रम किए और मानव के लिए ही सत्याग्रह, सविनय अवज्ञा, आमरण उपवास आदि की तपस्या-मूलक संघर्ष किया एवं अन्याय-प्रतिकार का जीवन का मंत्र बना लिया। जब वे किसी महत्वपूर्ण निर्णय करना चाहते हैं तो हमेशा किसी अंतिम व्यक्ति का चेहरा देखते हैं एवं अन्तर्मन की आवाज सुनते हैं। किसी भी अन्यायपूर्ण नियम-कानून या आदेश को मानना मानव-गरिमा के विरुद्ध मानकर उसके लिए असीम से असीम कष्ट सहने की तैयारी उनके संघर्ष की वर्णमाला थी, यही उनके विचार-स्वराज्य की कुंजी है। अंधविश्वास एवं रूढ़ियों तथा अन्य सामाजिक परम्पराओं की बेड़ियों में जकड़कर जिन सामाजिक दुर्गुणों के विरोध में उन्होंने संघर्ष किया, वे बहुधा अल्पसंख्या से ही मान्य थे। उनके अनुसार तब तक दुनिया में दासता बनी रहेगी जब तक यह अंधविश्वास बना रहेगा कि अन्यायपूर्ण विधियों का भी अनुपालन करना चाहिए। अन्याय एवं दमन के विरुद्ध विद्रोह एवं अन्यायपूर्ण कानूनों-आदेशों की अवज्ञा करने का साहस जुटा कर ही हम स्वतंत्रता प्राप्त कर सकते हैं। हमारी स्वतंत्रता हम पर निर्भर है। वह हमारे अवरोध और संकल्प का विषय है। मार्क्स भी राज्य के विलयन का आदर्श रखते हैं एवं गांधीजी भी शासनमुक्त रामराज्य को ही अपना आदर्श मानते हैं। गांधी ने सत्ता या सम्पत्ति के केन्द्रीयकरण से संरचनात्मक हिंसा की वृद्धि स्वाभाविक मानते हैं। सत्ता का केन्द्रीकरण अधिनायकवाद को प्रश्रय देता है। इसलिए गांधी जी ने कहा है कि 'मैं राज्य की शक्ति

की वृद्धि के प्रत्येक कदम को अत्यन्त भय से देखता हूँ क्योंकि ऊपर से तो उनका प्रयास शोषण को कम करने का दीखता है लेकिन असल में इससे तो व्यक्ति की अस्मिता पर घातक प्रहार होते हैं जो सम्पूर्ण प्रगति के मूल में हैं।' वे फिर कहते हैं कि 'राज्य हिंसा का केन्द्रीभूत एवं संगठित रूप है। व्यक्ति की तो आत्मा भी होती है लेकिन वह आत्मा शून्य एक यंत्र है इसलिए राज्य को हिंसा-युक्त करना लगभग असंभव है।' गांधी राज्य की शक्ति वृद्धि को अशुभ मानते थे। उनकी संकल्पना का स्वराज्य में सत्ता का केन्द्रीकरण नहीं बल्कि विरोधीकरण होगा। उन्होंने नीचे के ग्राम समुदाय को अधिक सत्ता देने की बात की थी ताकि ऊपर केन्द्र में कम से कम सत्ता हो। राजनैतिक सत्ता तो राष्ट्रीय जीवन को नियंत्रित करने के लिए है। अतः यदि स्वयं अनुशासित एवं नियंत्रित व्यवस्था हो जाय तो फिर किसी प्रकार की प्रतिनिधि सत्तात्मक शासन की जरूरत नहीं होगी। यह एक जाग्रत अराजकता की स्थिति होगी जिसमें हर व्यक्ति अपने ऊपर शासन करेगा। अतः आदर्श राज्य में कहीं राजनैतिक सत्ता नहीं होगी लेकिन चूंकि आदर्श तो कभी प्राप्त होना कठिन होता है। अतः हमें थोरो के उस पंक्ति को याद करना चाहिए- **"वह सर्वोत्तम शासन है जहाँ सबसे कम शासन होता है।"** गांधी जी ने इसी दृष्टि से 'सबसे कम शासन' (लीस्ट गवर्नमेंट) की बात रखी थी। सामान्य भ्रम यह है कि जहां निरंकुश तानाशाही रहती है, वहाँ का शासन ठीक है। एडमन्ड बर्क ने कहा ही था कि ऐसी कोई सुन्दर एवं सौम्य चीज नहीं है जहां सत्ता न हो। सत्ता ही द्वारा हम सभी वस्तु प्राप्त करते हैं। सर्वे धर्मो राजधर्मा निमग्ना:। लेकिन सत्ता में अच्छे से अच्छे लोगों को अहंकार हो जाता है। कहा ही गया है, 'प्रभुता पाहि काहि मद नाही।' सत्ता मनुष्य को भ्रष्ट भी करती है अतः परम सत्ता पूर्णरूपेण भ्रष्ट करती है क्योंकि 'परम सुतंत्र न सिर पर कोऊ'। यह ठीक है कि सत्ता और शक्ति के बिना न्याय भी अक्षम हो जाता है किन्तु सत्ता भी न्याय के बिना निरंकुश हो जाती है। राज्य सत्ता की प्राप्ति साध्य नहीं, जनकल्याण करने का साधन है। यहां यह कहा जा सकता है कि निरंकुश सत्ता रखने वाले लोग भी जन-कल्याण करने की बात कहते हैं लेकिन इसको तो सही कसौटी पर कसना चाहिए। सत्ता सभ्यता की एक समस्या है और सत्ता साध्य नहीं हो सकती। इसीलिए गांधीजी एक 'वैकल्पिक सभ्यता' की बात रखते हैं जिसमें सत्ता को जनसत्ता या अहिंसक सत्ता का रूप देते हैं। इस प्रकार गांधी की दृष्टि अराजकतावादी एवं बहुलवादी चिंतकों की तरह राज्य की निरपेक्ष संप्रभुता के पक्ष में नहीं है। वे राज्य के बदले सामान्य जन की नैतिक संप्रभुता में विश्वास करते हैं। व्यक्ति राज्य के प्रति सापेक्षिक निष्ठा का भागी है क्योंकि राज्य सत्ता ही उसके जीवन का सर्वांश नहीं है। इसलिए तो राज्य के अनुचित कार्यों के प्रति वे सविनय अवज्ञा या सत्याग्रह करते रहे। अन्यायपूर्ण कानूनों की अवज्ञा नागरिक का नीति-धर्म है। मार्क्सवादी भी राज्य के विलयन का आदर्श रखते हैं किन्तु संक्रांतिकाल के लिए वे सर्वहारा की तानाशाही को

छूट देते हैं। लेकिन तानाशाह जब एक बार सत्ता का स्वाद चख लेता है तो उसे छोड़ता नहीं। इसीलिए गांधी सर्वहारा या किसी की तानाशाही के बदले विकेन्द्रित राज्य व्यवस्था, ग्राम-स्वराज्य, पंचायती राज आदि का विकल्प प्रस्तुत करते हैं। असल में गांधी मनुष्य की अन्तर्निहित अच्छाइयों में आस्था रखते थे, मार्क्स हॉब्स की तरह मानव-स्वभाव पर अविश्वास रखने के कारण दंडमय के लिए सर्वहारा की तानाशाही का सिद्धान्त रखते हैं। यों सच्चे प्रजातंत्र के लिए गांधी छः निर्धारक प्रस्तुत करते हैं- (1) सत्याग्रह (2) ग्रामोद्योग (3) नई तालीम (4) अस्पृश्यता-निवारण (5) साम्प्रदायिक सद्भाव (6) मजदूरों का अहिंसक संगठन। वे तो प्रतिनिधि सत्ता या संसदीय लोकतंत्र के बदले जनता का योगदानात्मक प्रत्यक्ष प्रजातंत्र चाहते थे जिसमें संप्रभुता जनता में वितरित एवं विस्तारित हो जाती है। असल में अच्छे साध्य के लिए अच्छा साधन भी चाहते थे। रामराज्य को वे अवश्य लोकतंत्र का आदर्श मानते थे लेकिन रामराज्य की प्राप्ति के लिए भी शुद्ध साधन का आग्रह था। केन्द्रीकरण में स्वाभाविक रूप से हिंसा अन्तर्निहित है, अतः वे केवल राजनैतिक विकेन्द्रीकरण ही नहीं आर्थिक विकेन्द्रीकरण चाहते थे।

आज राजसत्ता या उसकी संप्रभुता को आन्तरिक अराजकता एवं वाह्य आक्रमण से सुरक्षा के लिए आवश्यक मानते हैं। इतिहास साक्षी है कि केवल धर्म के नाम पर लगभग 6000 युद्ध हुए एवं राष्ट्रवाद की बलिवेदी पर उससे भी अधिक युद्ध में मानवों की बलि हुई। गांधी एक नई-विश्व व्यवस्था चाहते थे, जिसमें अन्तर्राष्ट्रीय अन्याय, उत्पीड़न, शोषण एवं आक्रमण नहीं होगा। यही विश्वराज्य की नींव होगी जिसे आधुनिक समय में भी एच०डी० वेल्स, बिन्डेल बिल्की आदि पाश्चात्य विचारकों ने उपस्थित किया है। सुकरात ने तो तभी कहा था कि 'मैं न एथेन्सवासी हूँ, न यूनान का हूँ, मैं तो एक विश्वनागरिक हूँ।' गांधी की भी यही भूमिका थी। एक विश्व, अहिंसक विश्व, एक मानवता ही उनका रामराज्य था। भले महावीर, बुद्ध, अशोक या इसामसीह के समय हिंसा की उतनी प्रासंगिकता न हो, लेकिन 4000 परमाणु बमों के रहते हुए परमाणु-युद्ध की संभावना एक प्रलय का निमंत्रण है। अतः युद्ध तो कालबाह्य हो ही चुका है। जिस विश्व में आधी से अधिक मानवता भूखी, अर्द्धनग्न, निरक्षर हो, वहीं मानव-विनाश पर 20 हजार विलियन डालर प्रतिवर्ष खर्च करना मानवता के प्रति, धर्म के प्रति एक जघन्य अपराध है। चाहे विनाश की या आर्थिक विकास की दृष्टि हो आज हमें अणुबम या अहिंसा के बीच ही अहिंसा को चुनना होगा। संकीर्ण राष्ट्रवाद और व्यक्तिगत धार्मिक कट्टरतावाद भी कालबाह्य हो चुके हैं। ये दोनों बहुत हद तक मानव-विरोधी एवं सभ्यता-विनाशक सिद्ध हो चुके हैं। इसलिए व्यक्तिगत राष्ट्रों के बदले हमें विश्वराज्य की तरफ बढ़ना होगा। दक्षिण-पूर्वी एशिया का संगठन, एशियान, सार्क और यूरोपीय देशों का संगठन उसी दिशा में बढ़ रहा है। आज बहिष्कारक राष्ट्रीय संप्रभुता का सिद्धांत अप्रासंगिक होने लगा है। विश्व स्तर पर संयुक्त राष्ट्र संघ एवं उसकी दर्जनों सहायक

संस्थायें हमारी राष्ट्रीय संप्रभुता को भी सीमित कर रही हैं। फिर भी आज भी युद्ध के अहिंसक प्रतिरोध की संभावना सोची जा रही है। प्रो० गालतुंग एवं अन्य शांति-शोध करने वाले विद्वानों ने इसके ऊपर गंभीरता से चिंतन किया है। भारत जब परतंत्र था, चीन पर जापानी आक्रमण हुआ था तो उन्होंने 'प्रत्येक जापानी नागरिक के नाम' एक खुला पत्र भेजकर इस प्रकार के आक्रमण से विमुख होने का अनुरोध किया था और चीन के अध्यक्ष च्यांग-काई-शेक को 40 करोड़ चीनी जनता को इस आक्रमण के खिलाफ अहिंसक रूप से संगठित करने की सलाह दी थी। इसी प्रकार चेकोस्लोवाकिया पर आक्रमण के खिलाफ एडल्फ हिटलर को भी खुला पत्र देकर विरोध किया था। द्वितीय विश्वयुद्ध के भी समय मित्रराष्ट्र-संगठन एवं ध्रुवराष्ट्र संगठन के बीच युद्ध के समय भी गांधी चुप नहीं रहे लेकिन उस समय देश परतंत्र था एवं युद्धोन्मत्त नेताओं ने उनकी बात नहीं सुनी। लेकिन आणविक युग में, परमाणु-संधि और शांति-समझौते के लिए आज विश्व में अनुकूल वातावरण तैयार हो रहा है। यह हिंसा पर अहिंसा की जीत है। यूरोप-अमेरिका में लगभग 1700 शांतिशोध के केन्द्र काम कर रहे हैं। यह मानव की शांति की आकांक्षा को व्यक्त करते हैं।

अब रही आंतरिक हिंसा और आतंक की समस्या। इसके लिए एक तरीका तो है कि हम पुलिस, अर्द्ध-सैनिक बल एवं सैनिक बलों को समृद्ध करें और आज से कई गुना उस पर खर्च करें। लेकिन उसका कहीं अंत नहीं है। हमें तो इसका मूल कारण ढूंढना होगा। हिंसा के मुख्यत: दो कारण हैं- (1) शिक्षा और संस्कार (2) सामाजिक संरचना और समाज की आर्थिक-सामाजिक व्यवस्था। आज भूख, गरीबी, बेकारी, शोषण आदि जितना बढ़ रहा है उसमें केवल इतनी ही हिंसा होती है, यही आश्चर्य है । यदि हत्या हिंसा है तो भूख एवं बेरोजगारी भी हिंसा है, शोषण एवं विषमता भी हिंसा है। हमें गंभीरता से इसे दूर करना होगा। दूसरा, हमारी शिक्षा पद्धति, हमारे सिनेमा एवं साहित्य हमें हिंसा की संस्कृति सिखा रहे हैं। अत: हमें शुरू से ही 'शांति-शिक्षा' को पाठयक्रम में स्थान देना होगा। जिस प्रकार हम लोग समाज सेवा के लिए 'स्काउटिंग' एवं एन०सी०सी० की ट्रेनिंग देते हैं उसी प्रकार हर शिक्षण संस्था में शांति सेना का प्रशिक्षण करना होगा। हिंसा एवं लोकतंत्र साथ-साथ नहीं चल सकते। इसीलिए गांधीजी ने अपनी आखिरी वसीयत में कहा कि स्वतंत्र होने के बाद नागरिक शक्ति एवं पुलिस-फौज की सैनिक शक्ति के बीच टक्कर अनिवार्य है। यदि नागरिक शक्ति कमजोर हुई तो लोकतंत्र समाप्त हो जाएगा। आज एशिया-अफ्रीका के अनेक देशों में सैनिक तानाशाही हमें इस सत्य को समझाने को कह रही है कि हमें अहिंसक नागरिक शक्ति को मजबूत करें। आज तो हम पुलिस एवं सरकार पर भी अपनी जान, माल एवं इज्जत की सुरक्षा के लिए भरोसा नहीं कर सकते हैं। अत: जनता द्वारा जनता की अहिंसक शांति सेना तो एकमात्र उपाय है।

संप्रभुता के नाम पर हमने बड़े-बड़े तानाशाहों को पाला है। संप्रभुता और संसदीय लोकतंत्र की काया से ही आज हमारे सामने हिटलर, मुसोलिकी, तोजो, पोलपोर, उदी अमीन : बुश और सद्दाम पैदा हुए हैं। इसलिए हॉब्स का लेभियाथन का विचार तो कालबाह्‌य हो ही गया है। अस्टिन की कानूनी संप्रभुता की अवधारणा से हम मैकाइवर के बहुलवादी संप्रभुता के द्वार पर खड़े हैं, लेकिन ये सब ओर-घोर के इलाज हैं। इस समस्या को समग्रता से सोचना है। अहिंसक विश्व के लिए अहिंसक और विकेन्द्रित लोकाधारित राजनीति, अर्थनीति समाजनीति एवं शिक्षा और संस्कृति अपेक्षित है। विश्व एक सम्पूर्ण समग्रता है, चाहे सुरक्षा का सवाल हो या संप्रभुता का, अहिंसा के आयाम में उन पर विचार करना होगा क्योंकि अहिंसा का विकल्प है अनस्तित्व।

35 'बंद' पर बवाल

अभी कुछ दिन पहले मुंबई उच्च न्यायालय द्वारा दिए गए एक फैसले ने 'बंद' के मुद्दे को फिर से बहस में ला दिया है। क्या अपने-अपने सामाजिक, आर्थिक और अंतत: राजनीतिक हित साधनों के लिए किसी समूह को 'बंद' प्रयोजित करने का अधिकार दिया जाना चाहिए? व्यापक परिदृश्य में देखें तो भू-मण्डलीकरण के मौजूदा दौर में, मजदूरों के हित में बने कानूनों को खत्म करने की कोशिशें जारी हैं। ऐसे में 'बंद' को बंद करना कितना लोकहितकारी होगा? प्रस्तुत है इस मुद्दे पर एक दृष्टिकोण से प्रकाश डालता यह आलेख।

ब्रितानी संसद के द्वार पर लिखा फ्रांसीसी दार्शनिक वोल्तेयर का यह वाक्य लोकतंत्र की दीपशिखा के समान जाज्वल्यमान है कि "मैं तुम्हारे विचारों का प्रबल विरोधी हो सकता हूं लेकिन तुम्हारे द्वारा विरोध करने के तुम्हारे अधिकार के संघर्ष मैं सदा साथ रहूंगा।" यह भी एक कारण है जब मुंबई उच्च न्यायालय ने भाजपा-शिवसेना के संयुक्त तत्वावधान में 30 जुलाई 2003 को प्रायोजित घाटकोपर बम बिस्फोट के विरोध में हुए बंद के खिलाफ एक जनहित याचिका पर अपना निर्णय देते हुए जनता की जीविका आदि की हानि के फलस्वरूप दोनों 'प्रायोजकों' को 20-20 लाख रुपये भरने का आदेश दिया था तो वामपंथ और दक्षिण पंथ में अनपेक्षित मैत्री का दृश्य देखने को मिला। शिवसेना और भाजपा ने जहां इस निर्णय के खिलाफ सर्वोच्च न्यायालय में गुहार लगाने की घोषणा की, वहीं भारतीय साम्यवादी दल शिवसेना-भाजपा का समर्थन करते हुए बंद पर अदालत के इस रुख को विरोध प्रदर्शन के लोकतांत्रिक अधिकार का सर्वथा हनन मानते हैं। भारत की कम्युनिस्ट पार्टी (मार्क्सवादी) के पोलिट ब्यूरो के सदस्य प्रकाश करात आदि ने इस निर्णय को निरस्त कराने के लिए संसद द्वारा कानून बनाने की मांग की है। आंदोलन के पायदान पर पल-पल रहने वाली नेत्री सुश्री ममता बैनर्जी ने तो खुलकर इसका विरोध किया है। इसका एक कारण यह भी है कि वे पश्चिम बंगाल सरकार के खिलाफ 'प्रखंड स्तरीय पूर्व-अदालती समाधान प्रस्तावित अधिनियम 2004' के खिलाफ 'बंद' की घोषणा कर चुकी हैं, क्योंकि उनके अनुसार यह जमीनी स्तर पर

'लाल अदालत' बनाने का साम्यवादी षड्यंत्र है। कांग्रेस के मानस भूटिया ने काफी संयम रखते हुए भी साफ कहा है कि राजनीतिक दलों को किसी भी प्रकार के आंदोलन करने का अधिकार है।

बंद के विरोध में विचारों का उल्लेख करने के पूर्व पश्चिम बंगाल में 2001 से अभी तक, जो प्राय: शांतिमय वर्ष माने जाते हैं, कुल 13 बंद आयोजित हुए हैं। इनमें सत्तापक्ष के वाम मोर्चा द्वारा 8 बंद हुए, तृणमूल कांगेस द्वारा 3 और एसयूसीआई ने 2 बंदों को अंजाम दिया। राजनीतिक दलों का प्राय: एक समान तर्क है कि विरोध प्रदर्शन करना भारतीय संविधान के मूलभूत अधिकारों के अन्तर्गत तो है ही, यह लोकतंत्र की आत्मा भी है। उच्च न्यायालय का कहना है कि यह बात बिल्कुल सही है लेकिन इस प्रकार के बंद सामान्य नागरिकों के जीविका, शांतिपूर्ण जीवन आदि के न्यूनतम नागरिक अधिकारों के खिलाफ हो रहे हैं। बंद से एक तो उनकी व्यापक सहमति नहीं रहती और दूसरे उनकी जीविका उनकी मर्जी के बिना दुष्प्रभावित होती है, इसलिए जनता को जो क्षति हुई है उसकी जिम्मेदारी सीधे बंद-प्रायोजकों पर ही आती है।

यक्ष प्रश्न यह है कि क्या बंद संविधान प्रदत्त नागरिकों के मूल अधिकारों के खिलाफ है? यदि है तो क्या न्यायालय का निर्णय असंवैधानिक है, यदि हां, तो क्या संविधान में संशोधन कर 'बंद' को प्रदर्शन के अधिकार के साथ जोड़ना चाहिए? सचमुच भाषण या अभिव्यक्ति की स्वतंत्रता, धर्म की स्वतंत्रता के साथ संगठन एवं प्रदर्शन की स्वतंत्रता भी संविधान की धारा 19 में प्रदत्त है। लेकिन क्या भाषण की स्वतंत्रता में गाली देने की स्वतंत्रता आएगी? क्या संगठन की स्वतंत्रता में अहितकर, हिंसक व गोपनीय संगठन बनाने की छूट हो सकती है? क्या प्रदर्शन के अधिकार में हथियार बंद प्रदर्शन आ सकते हैं? इसी तरह हमें सोचना होगा कि मजदूरों एवं उपभोक्ताओं के हित की रक्षा के लिए हमें शांतिमय हड़ताल का हक तो है लेकिन बंद का हक क्यों नहीं होगा? सामान्य शांतिपूर्ण हड़ताल और बंद में गुणात्मक अंतर है। 'बंद' तो स्थानीय से, सुरसा की तरह, बढ़ते-बढ़ते प्रदेश बंद और भारत बंद तक आ पहुंचे हैं। इससे अपार क्षति होती है। पश्चिम बंगाल में उपरोक्त तीन वर्षों में बंद से 4800 करोड़ रुपये की क्षति का आंकलन हुआ है। फिर बंद अक्सर स्वैच्छिक भी नहीं होते, भय एवं आतंक इसका प्रधान तत्व हो जाता है। बंद को अपने दल की लोकप्रियता नापने का पैमाना भी बनाया जाता है। लेकिन यह भी देखना चाहिए कि इसकी कीमत साधारण मजदूर, कारीगर, ठेलेवाले, रिक्शा चालक से लेकर बच्चे, वृद्ध, बीमार सबको चुकानी पड़ती है। क्या बंद ही विरोध प्रदर्शन का एकमात्र रास्ता है या इसका कोई विकल्प भी हो सकता है? क्या दबाव से आयोजित जन-प्रदर्शन के रूप में बंद लोकतांत्रिक कार्रवाई है?

इस संबंध में विभिन्न वर्गों के कुछ लोगों ने अपनी राय व सुझाव रखे हैं। फेडरेशन ऑफ इंडियन चेम्बर ऑफ कॉमर्स के अध्यक्ष सी॰के॰ धानुका ने उच्च न्यायालय के निर्णय का स्वागत करते हुए राजनीतिक दलों से बंद को अपनी लोकप्रियता का पैमाना नहीं बनाने का अनुरोध किया है। निक्को कार्पोरेशन के मानद परामर्शी एवं श्रीलंका में वाणिज्यदूत अभिजीत सेन ने अन्य अदालतों से इसके कार्यान्वयन के लिए अनुकूल निर्णय देने के साहस की अपेक्षा की है। एक सजग नागरिक की हैसियत से सिद्धार्थ मुखर्जी ने बंद से होने वाली भयंकर क्षति की पूर्ति की जिम्मेदारी बंद के आयोजकों पर डाली है। एक फैशन-प्रसाधन कलाकार सवयसाची मुखर्जी ने प्रश्न किया है कि क्या किसी व्यक्ति को किसी दूसरे व्यक्ति पर अपने जीविकोपार्जन के काम में जबरन बाधा देने का अधिकार है? लेखक समरेश मुखर्जी मानते हैं कि 'बंद' को प्राय: लोग एक जबर्दस्ती सार्वजनिक अवकाश का दिन मान लेते हैं, बहुतों को तो बंद के मुद्दे का भी अता-पता नहीं रहता।

एक पूर्व टेनिस कप्तान अख्तर अली चुनौती भरे स्वर में कहते हैं कि क्या कारण है कि बंद साप्ताहिक छुट्टियों के आगे-पीछे शुक्रवार या सोमवार को ही होते हैं? क्यों नहीं रविवार को बंद रखे जाते? उसमें पता चलेगा कि उनके साथ कितने लोग हैं? प्रसिद्ध फिल्मकार मृणाल सेन के अनुसार बंद का कहीं अंत नहीं होता। एक दल बंद करता है तो प्रतिक्रिया या अपनी शक्ति प्रदर्शन के लिए दूसरा-तीसरा दल भी शक्ति की आजमाइश करता है लेकिन जान तो जाती है गरीबों की, जो काम नहीं करने से भूखे रहते हैं। प्रसिद्ध प्रगतिशील अर्थशास्त्री एवं विश्व भारती (शांति निकेतन) के पूर्व कुलपति डॉ॰ अम्लान दत्त बंद को अनावश्यक इसलिए मानते हैं कि विरोध प्रदर्शन के अन्य प्रभावशील माध्यम भी हैं। मानस दत्त का कहना है कि 'बंद' से सरकार का निर्णय भी नहीं बदलता। यह एक निरर्थक राजनीतिक कर्मकांड समझ लिया जाता है, जिसको एक 'सफल', दूसरा 'असफल' करार देता है। उदय घोष ने पिछले दशकों में पश्चिम बंगाल में आयोजित 'बंदों' का अध्ययन करके बताया है कि उनका कोई कारगर प्रतिफल भी नहीं होता। बंद के खिलाफ पश्चिम बंगाल में प्रथम जनहित याचिका दायर करने वाले अधिवक्ता सुप्रदीय राय बंद को गैर-कानूनी इसलिए मानते हैं कि 1999 में एक अदालत ने बंद को ऐसा घोषित कर दिया था। न्यायमूर्ति श्यामल सेन ने अदालती निर्णय में कह दिया था कि यदि बंद के दौरान किसी नागरिक को लगता हो कि उसकी क्षति हुई है तो मुआवला मांगने का उसे कानूनी अधिकार है। मुंबई उच्च न्यायालय के निर्णय का स्वागत करते हुए उच्च न्यायालय के पूर्व न्यायमूर्ति डी॰पी॰ सरकार ने आशंका प्रकट की है कि राजनीतिज्ञ इस मार्ग में बाधक होंगे, अत: न्यायपालिका की शक्ति पर ही इसकी सफलता निर्भर है। न्यायमूर्ति अमिताभ लाला ने बहुत पहले ही इसी तरह का आदेश दिया था जो लागू न हो सका। इस निर्णय के समर्थक एवं नाटककार अलेक

पद्मसी ने आशा व्यक्त की है कि मुंबई हाईकोर्ट के निर्णय के अनुसार कोलकाता के नागरिक भी जाग्रत होंगे।

यह स्पष्ट हो गया है कि बंद के पक्ष में राजनीतिज्ञ एवं राजनीतिक दल रहेंगे और बंद संबंधी निर्णय के स्वागत में शेष जनता। राजनीतिज्ञ बंद को अपना मौलिक अधिकार मानते हैं एवं इसे संविधान प्रदत्त मौलिक अधिकार से जोड़ते हैं। नैतिक रूप से विचार करें तो अधिकारों का मूल स्रोत कर्त्तव्य होते हैं। मान लिया कि जन प्रदर्शन करना हमारा अधिकार है तो क्या जोर-जबर्दस्ती से बंद कराना लोकतंत्र का अपमान नहीं है? शांतिमयता जन प्रदर्शन की लक्ष्मण रेखा मानननी होगी, वरना लोकतंत्र रूपी सीता का रावण द्वारा अपहरण हो जाएगा।

36 भारतीय संस्कृति एक समीक्षा

जिस प्रकार भारत एक देश ही नहीं एक महादेश है, उसी प्रकार भारतीय संस्कृति भी विभिन्न संस्कृतियों की संगम है। यदि हम प्राचीनकाल खंड से अपनी संस्कृति के इतिहास की बात करें तो हमें पूर्व वैदिक काल से आरम्भ करना होगा, जिसमें किरात, निषाद आदि अनेको संस्कृतियों का समावेश हुआ। हड़प्पा एवं मोहनजोदारो और हड़प्पा की संस्कृति के अवशेष तो अब मिलने लगे हैं, जो लगभग साढ़े चार हजार वर्ष पुराने हैं। इसके पश्चात् वैदिक, श्रमण और लोकायत संस्कृतियों का संगम भी विभिन्न अवशेषों में स्पष्ट है। इन तीनों संस्कृतियों का अस्तित्व और उनकी प्राणधारा स्वतंत्र एवं पृथक है भले ही उनमें एक-दूसरे से परस्पर संबंध भी हुआ है। अत: प्राचीन भारतीय संस्कृति को केवल वैदिक संस्कृति का पर्याय मानना इतिहास के साथ तो अन्याय है ही साथ-साथ यह सांस्कृतिक विस्तारवाद की भी परिचायक है। मध्य युग के पहले ही श्रवण संस्कृति की बौद्ध और जैन दो धाराओं का शक्तिमान स्वरूप मिलता है। जैनों के प्रथम तीर्थंकर ऋषमदेव का उल्लेख वेदों में भी मिलता है जिससे यह प्रतिपादित है कि जैन धर्म और उनके आदि गुरु वैदिक युग के पूर्व नहीं तो समकालीन अवश्य ही हैं। जैनों के आदि ग्रन्थों की प्राचीनता उतनी ही पुरानी है जितनी की वेदों की। बोध धर्म एवं जैन धर्म को केवल वैदिक संस्कृति के विरोध में देखना पूर्ण सत्य नहीं है।

वैदिक संस्कृति में कालान्तर में आये कुछ दुर्गणों के विरोध में भले ही श्रवण संस्कृति का विद्रोह मुखरित हुआ है किन्तु यदि हम उनकी तात्विक मीमांसा करें तो इससे स्पष्ट होगा कि वैदिक एवं श्रमण संस्कृति दोनों ही स्वायत्त रहे हैं। अगर वैदिक संस्कृति वेदान्त दृष्टि रखती है तो जैन की दृष्टि अनेकान्तिक है और बोध भी विभाज्यवादी और मध्यम प्ररति पदा के उन्नायक है। जैन मीमांसा में भी जहां वैदिक संस्कृति और दर्शन में सद्प्रमाणों पर जोर है वहां जैन प्रत्यक्ष प्रमाण के अन्तर्गत अवधि मन:प्रथम और केवल ज्ञान पर जोर देते हैं। जैनों ने मानव सर्वज्ञता के सिद्धान्त को न केवल धार्मिक बल्कि तार्किक दृष्टि से भी पारिभाषित किया है, वैदिक दर्शन में ईश्वर भले सर्वज्ञ माना जाए, लेकिन मानव की सर्वज्ञता प्राय: अस्पष्ट है। योग दर्शन में धर्म मेघ समाज एवं ऋतम्भरा ज्ञान के आधार पर हम मानवीय सर्वज्ञता का भी संस्पर्श कर सकते हैं। बौद्धों

की मानवीय सर्वज्ञता ज्यादातर नैतिक रूप से चत्वारी आर्य सत्यानी तक ही सीमित है। मध्ययुग के पूर्व जब जैन और बौद्ध भिक्षुओं का उत्कर्ष हुआ था तो वह वैदिक संस्कृति से कम शक्तिमान नहीं था। मौर्य सम्राट चन्द्रगुप्त यदि वैदिक संस्कृति के राजकमल हैं तो प्रियदर्शी अशोक, कनिष्क आदि अनेक राजागण बौद्ध धर्म के पुरस्कर्त्ता थे लेकिन जब प्राचीन भारतीय संस्कृति को हम समझना चाहें तो हमें वैदिक और श्रमण संस्कृतियों के साथ-साथ लोकायत संस्कृति की उपेक्षा करने का कोई अधिकार नहीं है। प्राचीनता की दृष्टि से भी लोकायत संस्कृति का प्रारम्भ उनके आदि गुरु वृहस्पति से माना जाता है और इसीलिए लोकायत संस्कृति को वार्हसपत्य की संज्ञा दी जाती है। यह एक दुर्भाग्य है कि लोकायत या चार्वाक संस्कृति के प्रति अत्यन्त असहिष्णुता की भावना ने ही न केवल उसे अत्यन्त कलुष और कृष्ण रूप में प्रदर्शित किया है बल्कि उनके दार्शनिक सिद्धान्तों और ग्रन्थों को भी निर्मूल करने की कोशिश की गई है, उन्हें विकृत भी किया गया है जिस प्रकार प्राचीन यूनान में सुकरात के पूर्व प्रोटागोरस की रचना (The truth) को भष्म कर दिया गया और उसके मानववादी सिद्धान्त (Homomensura) को भी विकृत रूप से प्रदर्शित किया गया, उसी प्रकार लोकायत-चार्वाक मत के सभी मूल रचनाओं को निर्मूल कर दिया गया। इसका प्रमाण है कि "चार्वाक षष्ठी" नामक कथित चार्वाक की पुस्तक में जो साठ श्लोक चार्वाक के नाम से उद्धृत हैं वे महाभारत, नैषध चरित, प्रबोध चन्द्रोदय आदि वैदिक ग्रन्थों में विकृत रूप में चार्वाक के नाम से उद्धृत हैं। चार्वाक कोई व्यकित नहीं, बल्कि एक विचार धारा का नाम है जो ज्ञान के रूप में केवल इन्द्रिय ज्ञान को अधिक महत्व देता है जैसा आधुनिक युग में नववास्तववाद (Neo-realism) के रूप में हम यूरोप में पाते हैं। चार्वाक की भौतिकवादी तत्व मीमांसा उपनिषदों के पंचकोश की संकल्पना के अन्नमय कोश में तो आती ही है और आजकल के मार्क्सवाद के द्वन्द्वात्मक भौतिकवाद में भी इसकी उपस्थिति पाते हैं। इसी तरह चार्वाक दर्शन का सुखवाद (Hedorism) सिज्वीक, बेन्थम और मील आदि अनेक समकालीन यूरोपीय दार्शनिकों में उपलब्ध हैं। संक्षेप में, लोकायत संस्कृति भारतीय संस्कृति की एक शक्तिमान धारा है जो हम आधुनिक युग में भारत के लोक जीवन में प्रभूत रूप में पाते हैं। चाहे आज हम भारतीय संस्कृति के नाम से आध्यात्म के गुण गौरव की गाथा कितने ही उच्च स्वर से क्यों न गाएं यह कठोर और नग्न सत्य है कि भारत आज पाश्चात्य जगत से भी अधिक भौतिकवादी बनता जा रहा है। इसका अकाट्य प्रमाण तो यह है कि हाल के सर्वेक्षण में दुनिया के भ्रष्टाचार में निमग्न देशों में भारत का स्थान सबसे नीचे से दूसरा ही आता है। अतः हमें स्वीकार करना चाहिए कि प्राचीन भारतीय संस्कृति में वैदिक, श्रमण और लोकायत तीन धाराओं का संगम है।

प्राचीन काल खंड में ही भारत पर अनेक विदेशी आक्रमणों का आरम्भ हो चुका था। यूनान से सिकन्दर और उसके बाद मंगोल, तातार, शक, सीथियन आदि अनेको

आक्रमण हुए। इसका एक कारण यह है कि भारत सम्पदा से परिपूर्ण सोने की एक चिड़िया थी जो बाहरी आक्रमणों को आकर्षित करती रही, लेकिन दूसरा कारण यह है कि भारत अनेकानेक जातियों और प्रजातियों में विभाजित एवं खण्डित था। इसके साथ राजवंशों का महाभारत बाहरी आक्रमण का मुकाबला नहीं करने देता था। इसीलिए भारत का न केवल राजनीतिक पतन बल्कि अध्यात्मिक पतन भी बहुत प्रारम्भ में हो गया था।

विभीषण और सुग्रीव की फूट त्रेता युग की काव्यसंगत किवदन्ति हो सकती है किन्तु पृथ्वीराज के भाई जयचन्द द्वारा मुहम्मद गौरी के लिए भारत का द्वार खोल देने के कारण ही पठान और मुगल यहाँ आकर लम्बे अरसे तक भारत के सिर पर आसीन रहे। इससे सांस्कृतिक दासता का आरम्भ हुआ जिसे महाकवि निराला ने बहुत ही प्रखरता से उल्लिखित किया है-

भारत के नभ का प्रभापूरी
शीतलतच्छाय सांस्कृतिक सूर्य
अस्मितित आज रे समस्ते तूर्य दिसमंडल
उर के आसन पर शिरस्त्राणा मुसलमान है
ऊर मिल जल निश्चलन्त प्राण
मोगल दल-बल चलत यान है।

असल में जन्मना जाति के आधार पर भारतीय समाज विदीर्य हो चुका था और उसके विरुद्ध महावीर एवं बुद्ध के विप्लव के स्वर को और सामाजिक क्रांति को दबाने का दुष्परिणाम हुआ कि भारत की अखण्डता खण्डित हो गई। आज हिन्दुत्व के नाम से भारतीय संस्कृति की एकता का जो प्रयास किया जा रहा है इसलिए कृत्रिम है क्योंकि आज तथाकथित हिन्दू समाज में कोई हिन्दू नहीं है बल्कि वह लगभग साढ़े पाँच हजार जातियों में से किसी एक जाति का सदस्य है।

इसीलिए वह जाति में ही जन्म लेता है, वहीं इसका विवाह संस्कार भी होता है और वहीं मरकर श्राद्ध और तर्पण का भागी होता है। इस दु:स्थिति का निराकरण करने के लिए भारत में जाति-पांति से ऊपर होकर संत परम्परा की आविर्भाव हुआ। परन्तु वस्तुत: संत परम्परा प्राचीन भारतीय औपनिवेसिक तत्व ज्ञान की प्रेरणा है, लेकिन जहां उपनिषदों के विचार अत्यन्त उदात्त एवं गम्भीर हैं वहीं सन्तों ने उस तत्व ज्ञान को जन्ममूलक बनाकर प्रस्तुत कर और एक सार्वभौम नैतिकता की स्थापना की और विखंडित समाज को जोड़ने का प्रयास किया, यह एक विचित्र सौभाग्य है। भारत का कोई भी भू-भाग सन्तों के पावन स्पर्श से अछूता नहीं रहा है। उत्तर से दक्षिण तक पूरव से पश्चिम जहाँ भी दृष्टि दौड़ायें सन्तों का समागम, उनका साहित्य और उनके उद्देश्य

सर्वमूलक है। अगर उत्तर में संत शिरोमणि संत तुलसी, सूरदास, मीरा, केशव दास आदि अनेक संत हुए, पंजाब में गुरुनानक, पश्चिम में नरसिंह मेहता, पूरव में शंकरदेव और माधवदेव चेतन्य महाप्रभु आदि ने भारतीय संस्कृति को जोड़ने का प्रयास किया तो उधर दक्षिण में त्रिवलुवर, कम्बन, रंगनाथ आदि ने भी भारतीय संस्कृति को संजीवनी प्रदान की जहाँ जातियों के भी बन्धन टूट गए।

जाति न पूछे साधु के पूछ लीजिये ज्ञान

स्वामी रामानन्द ने तो स्पष्ट रूप से कहा–

जाति–पांति पूछे नहीं कोई
हरि के भजे सो हरि सम होई।

रेदास यदि चमार कुल के थे तो कबीर जुलाहा, सहजोबाई महिला भक्ति मार्ग ने राजनीतिक पराधीनता के वावजूद भारतीय संस्कृति को न केवल जीवित रखा बल्कि उसे एक सूत्र में आबद्ध किया। इस सांस्कृतिक धारा में मुस्लिम संतों का भी अपूर्व योगदान रहा। रहीम ने रामायण को साक्षात कुरान कहा और रसखान ने तो कृष्ण भक्ति की पराकाष्टा को भी पार कर दिया। इसके अलावा सलीम आदि ऐसे कवि हैं जो हिन्दू–मुस्लिम का अन्तर मिटाकर शांति की धारा बहा दी और भारतीय जनमानस को एकता के सूत्र में बाँधा। महाराष्ट्र में तुकाराम, एकनाथ इनेश्वर और रामानन्द आदि ने और दूसरी जगह अन्य संतों ने भारतीयता को एक सूत्र में बांधने का अदृश्य शक्तिमान कार्य किया। संतों के अतिरिक्त आचार्य ने भी भारतीय संस्कृति की मुख्य धारा को ही समवर्द्धित किया। उत्तर के राम, कृष्ण, शिव आदि अवतार और अनेको संतों ने तो दक्षिण से शंकराचार्य, रामानुजाचार्य, माधवाचार्य ने भारतीय तत्वज्ञान को भिन्न–भिन्न दृष्टियों से पारिभाषित एवं व्याख्यायित कर भारतीय संस्कृति को जीवित रखा।

आधुनिक काल में जो सांस्कृतिक पुनर्जागरण हुआ उसी के गर्भ से भारतीय स्वतंत्रता आन्दोलन को शक्ति मिली। रामकृष्ण परमहंस और उनके परम शिष्य स्वामी विवेकानन्द ने न केवल सार्वभौम धर्म और वैश्विक राष्ट्रवाद को विश्व के सम्मुख रखा बल्कि प्रखर देश प्रेम से देशवासियों को अणुप्राणित किया। आर्य समाज के संस्थापक दयानन्द सरसवती ने सम्पूर्ण मानवता को आर्य संस्कृति के धर्म के अन्तर को तो ये किया ही उन्होंने भारत और भारतीय संस्कृति को भी अद्वैत के अखण्ड मार्ग से बाँधने का प्रयास किया। योगीराज श्री अरविन्द ने प्राचीन वैदिक संस्कृति के आधार पर एक विश्वव्यापी सभ्यत और दिव्य जीवन का दर्शन दिया। गुरुदेव रविन्द्र नाथ ने राष्ट्र प्रेम के ऊपर विश्व प्रेम की धारणा जोड़ी और गांधी ने सत्य और अहिंसा को व्यावहारिक जीवन में लाने का प्रयोग दिखाया। डॉ॰ राधाकृष्णन ने प्राचीन एवं प्रतीचि के विश्व दर्शन

को एक सूत्र में बाँधने का प्रयास किया। कालीदास, भट्टाचार्य ने अद्वैत के आधार पर अद्वैत को नवीन भाष्य किया।

सर मोहम्मद इकबाल ने भारतीय संस्कृति के अमरता का दिव्य ज्ञान दिया और कहा- "एक बात है, हस्ती मिटती नहीं हमारी" संक्षेप में आधुनिक सांस्कृतिक पुनर्जागरण में भारतीय संस्कृति का जीवन स्वरूप रखकर विश्व-भर में भारत की वैवाहिक महानता को उपस्थित रखा।

उपर्युक्त सिंहावलोकन से यह प्रमाणित होता है कि भारतीय संस्कृति एक मृत्युंजयी संस्कृति है जिसे कोई भी प्रवाह या राजनैतिक दासता या सामाजिक विश्रृंखलता प्रभावित करने में सफल नहीं हो पायी। दुनिया के इतिहास को देखें तो हमें लगेगा कि रोम, यूनान, ग्रीस, बेबीलोन आदि की महान संस्कृतियां अपने समय में चाहे जितना उदास या गम्भीर रही हों उनका आज वहां के जनजीवन पर कोई विशेष प्रभाव परिलक्षित नहीं होता। सूडम और गामोरा की सभ्यता का नामोनिशान मिट गया और अन्य प्राचीन संस्कृतियां विस्मृति की गर्भ में विलीन हो गयीं लेकिन उनके विपरीत भारतीय संस्कृति की अजर धारा पूर्व काल से चली आ रही उपनिषद् एवं संत परम्परा तथा भारतीय पुनर्जागरण से शक्ति संचय करते हुए स्वामी विवेकानन्द, गाँधी, रविन्द्र, अरविन्द आदि तक विद्यमान हैं।

श्रमण संस्कृति भी जैन धर्म में ऋषमदेव से लेकर महावीर तक जो दीर्घजीवी परम्परा का निर्माण हुआ, वह आज अविच्छिन्न रूप से विद्यमान है जिस प्रकार गंगोत्री से निकलकर विभिन्न भू-भागों से होती हुई गंगा अंत में गंगा सागर में विलीन हो जाती है, उसी प्रकार वेद, आगम, त्रिपिटक आदि से निकलकर भारतीय संस्कृति की सभी धाराएं आज भी जीवन्त हैं। ठीक ही कहा गया है कि यह अमृत पुत्र है, अमृत (अमृत तस्प पुत्राः)। हमारी संस्कृति आज भी अतीत की शक्ति ग्रहण कर उसे नवीन रूपान्तरित कर आज भी कायम है। यह भारतीय संस्कृतिक की अवच्छिन्नता और निरन्तरता का भी प्रभाव है। जबकि अन्य देशों में इस प्रकार का शाश्वत और जीवन्त प्रवाह देखने को नहीं मिलता।

अमेरिका की सभ्यता को लीजिए। यह महत दो सो वर्ष पुरानी है, इस्लाम को लगभग 1400 साल हुए हैं, लेकिन आज इन सभ्यताओं का खूनी संघर्ष प्रारम्भ हुआ है। ईसाइयत भी एक-एक को धार्मिक दृष्टि से प्रोत्साहित करता है लेकिन भारत और भारतीय संस्कृति की जो विशेषता रही है कि इसमें धर्म और सम्प्रदाय को मर्यादा में बन्द नहीं रहना चाहिए। जैसे ईसाइयत में परहेज है।

इस्लाम यहाँ आक्रमणकारी के रूप में बहुत बाद में आया, लेकिन बहुत पहले

छठी एवं सांतवीं शताब्दी में दक्षिण के कोंकण के तट पर वे आये उन्हें पूजा एवं प्रार्थना की स्वतंत्रता दी गई। विवाह करने के लिए सुविधा दी गई। यही कारण था कि कई पठान एवं मुगल बादशाहों ने लम्बे समय तक यहाँ की संस्कृति को अपनाकर शासन किया। अनेक मुस्लिम कवि भी राम और कृष्ण की भक्ति में बह गए। बाबर से लेकर बहादुर शाह जफर और हैदर अली, टीपू सुल्तान तक ने हिन्दुओं की भावनाओं का आदर करते हुए गौहत्या पर पाबन्दी रखी, हिन्दू मठ-मंदिरों की सहायता की। अकबर ने दिन-ए-इलाही की भावना का धार्मिक समन्वय प्रस्तुत किया। विवेकानन्द के विश्व धर्म की बात भले राजनीति प्रेरित हो लेकिन बहादुर शाह जफर के नेतृत्व में झांसी की रानी, तात्यांटोपे, वीर कुँवर सिंह आदि ने मिल-जुलकर भारतीय स्वतंत्रता संग्राम में हिस्सा लिया था। स्वामी विवेकानन्द ने विश्व धर्म संसद में व्यक्तिगत धर्म के बदले सार्वभौम धर्म की बात रखी और भारत की नियति के लिए इस्लामी शरीर और वेदान्ती मस्तिष्क के संयोग की बात बत. ो थी।

भारत में मुसलमान भले छठी शताब्दी में आए हों, लेकिन इन चौदह सौ वर्षों में भारतीय संस्कृति में हिन्दू और मुस्लिम संस्कृतियों का अपूर्व समन्वय हुआ चाहे वह कला का क्षेत्र हो या संगीत का या साहित्य का। हर जगह दोनों ने मिलकर भारतीय संस्कृति को समुन्नत किया। उसी प्रकार इसायत भी आक्रमणकारी और शासक के रूप में भारत में नहीं आया। इतिहास साक्षी है कि ईसा की दूसरी शताब्दी में सन्त पाल ने दक्षिण भारत के केरल प्रदेश में भारत में प्रवेश किया, अपने पैर रखे और गिरजाघर का निर्माण हुआ। आज भी सीरियन चर्च के ईसाई बन्धु अपना अस्तित्व उसी से जोड़ते हैं। इसके अलावा महात्मा जरथ्रुश्त के वंशज जब ईरान से निष्कासित कर दिए गए तो उन्होंने भारत में ही शरण लिया। जैन और बौद्ध के भारतीय संस्कृति के अभिन्न अंग हैं। सिख धर्म के प्रथम गुरु नानक देव और सिख धर्म के पवित्र ग्रन्थ गुरु ग्रन्थ साहब पन्थो और सम्प्रदायो के समन्वय की विराट चेष्टा है।

संक्षेप में, प्रारम्भ से लेकर आधुनिक काल तक भारतीय संस्कृति में समन्वय की अवच्छिन्न धारा है। भारतीय संस्कृति वस्तुत: एक सामाजिक संस्कृति रही है जिसे हम किसी धर्म या सम्प्रदाय विशेष में नहीं बाँध सकते। इसीलिए गुरुदेव ने इसे संस्कृति सागर कहा है। सामाजिकता ही भारतीय संस्कृति की समृद्धि और यही उसकी अमरता का रहस्य है। इस सामाजिकता के कारण भारतीय संस्कृति की दृष्टि वैश्विक होना स्वाभाविक है। इसीलिए भारत की राष्ट्रीयता भी वैश्विक है, भारत का धर्म भी वैश्विक है और भारत का दर्शन भी सार्वभौमिक है जो अद्वैत में विचार में समाहित है। भारतीय संस्कृति की शाश्वत दृष्टि और चिरन्तन जीवन्तता पर जब हम दृष्टिपात करते हैं तो निम्नलिखित कुछ बिन्दुओं को उपस्थित करना अनिवार्य दिखता है :

(क) अनेकता में एकता : हम देख चुके हैं भारत का भूगोल, खगोल या वेश-भूषा, खान-पान, रस्म-रिवाज आदि प्रायः सब कुछ भिन्न-भिन्न लेकिन विभिन्नताओं में एकता का दर्शन कराना इसकी साधना है। वैदिक युग में वेद भगवान ने ही उद्घोष किया था- एकम् सदि विप्राः बहुधा वदन्ति, एकम् देवोः बहुधा कल्पयन्ति। जैनों ने इसीलिए अनेकान्त दृष्टि अपनाकर इस सत्य को देखने का मार्ग विकसित किया। बौद्ध संस्कृति ने मध्यम प्रतिपदा और विभाज्यवाद को स्थापित कर अनेकता में ही एकता का पाठ दिया। मध्यकाल में संतों ने भी विभिन्न सम्प्रदायों का समन्वय किया और आधुनिक युग में भारतीय पुनर्जागरण के मनीषियों ने भी विभिन्नताओं में एकता देखने की दृष्टि दी। जो संस्कृति विभिन्नताओं को अपनी कठोर दृष्टि से मिटाना चाहती है वह स्वयं अकिंचन बनकर समाप्त हो जाती है। आज की सभ्यताओं के संघर्ष का एकमात्र समाधान है कि हम अपने से भिन्न विचार और मान्यता को गलत नहीं मानकर उसे जीवन दृष्टि का एक रूप मानें। अपने ही धर्म, अपने ही सम्प्रदाय या अपने ही राष्ट्र को सर्वश्रेष्ठ और सबसे महान समझना संघर्ष का मूल कारण तो है ही साथ-साथ इसमें विनाशकारी दम्भ भी है। इसी कारण आज सभ्यताओं का संघर्ष या धर्म के नाम पर युद्ध हो रहे हैं। इसी सृष्टि में विभिन्नताओं को समेटना आवश्यक है वर्ना संघर्ष अपरिहार्य है। भारतीय संस्कृति ने आरम्भ से ही विभिन्नताओं का आदर किया। दर्शन के क्षेत्र में उत्तर पक्ष में अपना सिद्धान्त स्थापित करने के "पूर्व-पक्ष" के पूर्व अपने विरोधियों के मत को इमानदारी से प्रस्तुत करना अपना स्वधर्म मानते थे। इससे दर्शन समृद्ध हुआ। विभिन्नताओं में संघर्ष के बदले सह-अस्तित्व का विचार भारतीय संस्कृति की मूल अवधारणा है। वस्तुतः जब हम अपने विरोधी विचारों और मान्यताओं की उपेक्षा कर अपने ही विचारों का आग्रह रखना न तो सत्यान्वेषण की वैज्ञानिक पद्धति है और न नैतिक निरपेक्षता का परिचायक! यह तो मात्र अपनी अहमन्यता का प्रदर्शन करना है। संक्षेप में भारतीय संस्कृति इसलिए महान नहीं है कि राम, कृष्ण और शिव जैसे अवतार या बाल्मीकि, व्यास और कालिदास जैसे साहित्यकार और गौतम, कणाद, कपिल, जैमिनी आदि जैसे दार्शनिक और न तो तिरुवलुवर, वेद, आगम, त्रिपिटक जैसे आदि ग्रन्थ या शकर रामानुज, माध्वाचार्य जैसे आचार्य हैं इसलिए यहाँ सबो का समन्वय करने का प्रयास किया गया है। यह माना गया हर जगह सत्यांश है केवल उसे समझने की सर्वग्राही दृष्टि चाहिए। समन्वय ही भारत है और भारत ही समन्वय है। वसुधैव कुटुम्बकम् और सर्वे भवन्तु सुखिनः की दृष्टि समन्वय की पराकाष्ठा है और यही भारत का सांस्कृतिक वैभव है। यही कारण है भारतीय राज्य-व्यवस्था में साम्राज्यवाद के लिए या दूसरे राष्ट्रों के विजय के लिए कोई भी स्थान नहीं। "देश-विजय की नही कामना, आत्म-विजय है इष्ट, इससे ही उसके चरणों पर नत होगा संसार।" इसीलिए भारत ने अपने राज्य का विस्तार करने की अपेक्षा अपनी मत्यूंजयी और वैश्विक संस्कृति और

मानवीय संस्कृति का विस्तार करना अपना स्वधर्म माना। जिस प्रकार राम ने लंका विजय के पश्चात् अत्यन्त संकोच से विभीषण को लंका का राज्य लौटा दिया उसी प्रकार बंगला विजय के पश्चात् बंगला देश का राज्य मुजीबुर्रहमान को सौंप दिया गया। आज भी भारत यदि अपनी विरासत को स्मरण करे तो कम-से-कम दक्षिण-पूर्वी एशिया का भ्रातृत्व स्थापित कर एक विश्व राज्य की दिशा में आगे बढ़ सकेगा। समन्वय न तो दुर्बल तुष्टिकरण है और न केवल ऊपरी झूठी मैत्री का पौवन्द लगाना है बल्कि दूसरों के साथ प्रेम और सद्भाव से रहने का अभियोजन-शिल्प है।

(ख) गति और स्थिति का समन्वय : भारतीय संस्कृति के विषय में एक भ्रम भी है कि यह अतीतोन्मुख रहने के कारण स्थिति स्थापक और इसी के कारण कुछ हद तक रूढ़िग्रस्त और अन्धविश्वास पूर्ण है। शायद इतनी सुदृढ़ दासता के पश्चात् इतना प्राण और जीवन तथा इतनी गतिशीलता अकल्पनीय है। यहाँ यदि एक ओर अद्वैत की अखण्ड तथा अंगद की तरह अटल रहने वाली दार्शनिक धारा है तो दूसरी ओर गति और प्रवाह का प्रतीक बौद्ध धर्म का क्षणिकवाद भी है। यूरोप की सम्पूर्ण सम्पदा केवल नयाग्रा के जल-प्रपात की तरह उच्छ्वसित होती रहती है, लेकिन उसके आधार में कोई स्थिरता और चिरंतन्ता का अभाव ही दीखता है। यही कारण है कि यूरोप में अनेक महान संस्कृतियां आईं और गईं लेकिन उसके आधार स्वरूप जो सांस्कृतिक मेरूदण्ड है उसका कहीं पता नहीं। यूनान, रोमन, सोडम और गामोरा आदि की संस्कृतियां आयीं और फिर शांत हो गईं जबकि भारतीय संस्कृति स्थित और गति का समन्वय करते अभी भी उन संस्कृतियों से भी प्राचीन होकर अपने मूल से हिमालय और विन्ध्याचल पर्वत के समान खड़ी है। स्थिरता अभाव में गति अपनी दिशा को और अपने आधार को विस्मृत कर देती है जबकि गति के अभाव में संस्कृति परांगमुख बनकर उग्र विशीलता को भूल जाती है। वेदान्त में यदि ब्रह्म को सत्यस्वरूप माना गया है तो "इन्द्रोभायाभि: पुरुषयते" और एकोहम् बहुस्यामा आदि श्लोकों के मन्त्र के द्वारा केवल सृष्टि की बहुलता बल्कि उसकी गतिशीलता का भी संस्पर्श होता है। संक्षेप में भारतीय संस्कृति में यूनानी दार्शनिक पारमिनाइजीज और हैराक्लितु की तरह के विरोधी विचारों का सामंजस्य करता है। इसीलिए आधुनिक युग का विज्ञान और प्राचीन समय का अध्यात्मक का समन्वय करने में कोई कठिनाई नहीं होती। प्राचीन भारतीय वाङ्मय में जहाँ एक ओर अध्यात्म और अपरोक्षानुभूमि का सन्देश मिलता है वहीं वैदिक गणित सांख्य के विकासवाद न्याय वैशेषिक के परमाणुवाद तथा पिलुपाक और पिथरपाक के रसायन विज्ञान के सिद्धान्त एवं कारणवाद के सिद्धान्त की भी खोज की गई। अत: भारतीय संस्कृति में विज्ञान और अध्यात्म के साथ या प्राचीनता और आधुनिकता के साथ को शाश्वत विरोध तो नहीं है, दोनों के बीच सुन्दर सामंजस्य है। केवल गति को संस्कृतिक का सार-सर्वस्व भावना एक प्रकार की एकांगिता जिसका दुष्परिणाम हम

आधुनिक पाश्चात्य जगत में देख रहे हैं। पाश्चात्य सभ्यता इतने ही कम समय में इतनी अशान्त और इतनी क्षत-विक्षत हो गई है कि उसने केवल अपने को ही नहीं बल्कि सम्पूर्ण मानव जाति को प्रलय पहुँचा दी। स्पैंगलर आदि अनेक विद्वानों ने "पश्चिम के पतन" की घोषणा की है और औद्योगिक सभ्यता की कोख से उत्पन्न परमाणु बम का भस्मासुर प्रलयकारी महाविनाश की सूचना दे रहा है। विपुलता और सम्पदा के शीर्ष पर आधुनिक सभ्यता तो पहुँच चुकी है लेकिन मानव न तो सुख से जी सकता है और न शान्ति से मर ही सकता है। आज उसे तो अपने अस्तित्व का खतरा है ही साथ-साथ अपने लिए सुख और सौभाग्य की भी गारण्टी नहीं। भारतीय संस्कृति ने भौतिकता की उपेक्षा नहीं बल्कि उसके साथ अध्यात्म को जोड़कर एक समग्र जीवन-दर्शन का विकास किया।

(ग) प्रेम और श्रेय का समन्वय : भौतिकवाद साधुता को परश्रय और प्रेरणा नहीं दे सकता क्योंकि इसके जीवन-दर्शन में भौतिकता ही चरम साध्य है। यह ठीक है कि भौतिक आवश्यकताओं की पूर्ति जीवन की और मानवीय सभ्यता की आवश्यकता है। लेकिन यही मानव जीवन का पूर्ण विराम नहीं है। इसीलिए भगवान वुद्ध ने मध्यम प्रतिपद का जीवन-दर्शन रखा। उनके अनुसार आधुनिक शब्दावली में वीणा के तार को इतना ढीला नहीं रखना चाहिए कि उससे ध्वनि ही नहीं निकले और इतना कस नहीं देना चाहिए कि टूट ही जाए। उपनिषद के पंचकोष के सिद्धान्त में अन्न, प्राण, मन, विज्ञान और आनन्द इन सबो का समन्वय किया गया है जिसे आधुनिक काल के ऋषि अरविन्द ने भी समग्रता का दर्शन निरूपित किया है। भारतीय पुनर्जागरण के इतिहास में न हम शाश्वत सत्य और आध्यात्म को मान्यता देते हैं बल्कि उसके साथ जीवन की यथार्थता भी प्रकट होती है। मानव में पाश्विक और दैवी वृत्ति दोनों का समावेश है इसीलिए उसके लिए दोनों की तुष्टि आवश्यक है। शरीर की जो आवश्यकताएं हैं वह अवश्य पूर्ण की जायं लेकिन भौतिक वस्तुओं की पूर्ति से ही अन्तर्मन को शान्ति और सन्तोष कैसे मिल सकता है। प्रोटागोरस से लेकर सिजविक वेन्थम और मिल आदि दार्शनिकों के सुखवाद का विरोधाभाष तक देख चुके हैं। फिर भौतिक सुख की अपनी सीमा और मर्यादा होती है इसलिए उपनिषदों में "प्रेम" और "श्रेय" और धम्मपद के "पिय" और "सिय" के विवेक में भेद किया गया है। भारतीय संस्कृति का जीवन-दर्शन एकांगी नहीं होकर समग्र है।

यह सांझ उषा की लाली आलिंगन विरह-मिलन का
चिर हास अश्रुमय आनन रे इस मानव जीवन का
सुख-दुख के मधुर मिलन से यह जीवन हो परिपूरन

(घ) विचार स्वातंत्र्य कर्म नियन्त्रणम् : भारतीय संस्कृति में विचारों पर कोई

बन्धन नहीं है इसलिए यहां अनेक दर्शन-प्रस्थान, मतवाद सिद्धान्त और सम्प्रदाय आदि पुष्पित और पल्लवित हुए हैं। वैदिक ऋचाओं में ईश्वर और जगत आदि के सम्बन्ध में अनेको प्रकार के विचार मिलते हैं। ब्रह्मजाल सुत में उस समय प्रचलित लगभग ढाई सौ दार्शनिक सिद्धान्तों का समावेश है। सर्वदर्शन संग्रह या षड्दर्शन समुच्चय आदि ग्रन्थों में विविध प्रकार की विचार प्रणालियों का दर्शन मिलता है। गुरुदेव रवीन्द्रनाथ ने इसीलिए भगवान से प्रार्थना की है- "हे भगवान मुझे उस भूमि और देश में ले चलो जहाँ हम मुक्त मन और ऊँचे मस्तक के साथ रह सकें और जहाँ संकीर्णताओं और रूढ़ियों के रेगिस्तान हमारा विचार-अमृत सूख न जाय।" यही संस्कृति है जहाँ आस्तिक भी है और नास्तिक भी। वेद को मानने वाले भी हैं और उसकी भर्त्सना करने वाले भी है-परलोक और पुनर्जन्म में आस्था रखने वाले और उसकी आलोचना करने वाले भी हैं। मोक्ष मार्ग में कोई ज्ञान मार्गी हैं तो कोई भक्तिमार्गी या कर्ममार्गी। कुछ तो ऐसे हैं जो मोक्ष और मुक्ति को स्वीकार ही नहीं करते। उदयनाचार्य यदि न्याय कुसुमांजलि में ईश्वर-सिद्धि के लिए आठ प्रकार के प्रबल प्रमाण प्रस्तुत करते हैं तो चार्वाक, जैन, बौद्ध सांख्य और मीमांसा ईश्वर के अस्तित्व पर ही प्रहार करते हैं। संक्षेप मे विचार को यहाँ व्योम-व्यापि माना जाता है जो निर्वाध और मुक्त है जिस प्रकार वायु का वेग और नदियों के प्रवाह को हम बाँध नहीं सकते उसी प्रकार विचारों के प्रवाह को रोकना एक प्रकार की हिंसा है और यही व्यक्तिवाद और अधिनायकवाद की जड़ है। भारतीय संस्कृति विचारों के उद्गम के लिए उर्वरा भूमि है किन्तु जहाँ विचार स्वातन्त्रय इसका प्राण है वहीं आचार-शुचिता और कर्मो की मर्यादा इसकी आत्मा है। भारतीय मनीषा के अनुसार यम और नियम या नैतिक आचरण हमारे पारिवारिक, सामाजिक, पारिवारिक और आध्यात्मिक जीवन का आधार है। इसीलिए तो भौतिकवाद के आदि गुरु वृहस्पति या अन्य चार्वाक विचारक ऋषि तुल्य जीवन व्यतीत करते थे। आज भी द्वन्द्वात्मक भौतिकवाद में विश्वास करने वाले मूर्धन्य मार्क्सवादी विचारक नम्बूदीपाद डांगे या एकात्मक मानवतावाद के प्रस्तोता पंडित दीन दयाल उपाध्याय या हिन्दू राष्ट्रवाद के उन्नायक संघर्षशील योद्धा वीर सावरकर या गुरु गोलवल्कर का जीवन सादगी और त्याग से भरा हुआ था। वैदिक परम्परा में चाहे वह सांख्य योग हो या न्याय वैशेषिक या वेदान्त हर जगह आचरण नियन्त्रण पर जिसे वैदिक संस्कृति में यम-नियम कहा जाता है उसे ही बौद्धों ने पंचशील और जैनों ने पंच महाव्रत कहा। संक्षेप में विचारों की स्वतन्त्रता के साथ आचार नियंत्रण पर जोर दिया गया है। और आचरण-ग्रस्त जीवन का निषेध किया गया। मनु स्मृति या प्रशस्तपाद भाष्य अथवा महाभारत या रामायण सब जगह आचरण की पवित्रता और सद्गुणों के रूप में व्याख्यायित किया गया। समस्त मध्यकालीन सन्त परम्परा ये सदाचार को ही अपना आधार मानती है। उसी प्रकार भारतीय नव जागरण, मनीषियों ने भी आचरण शुचिता और आन्तरिक गुणों पर ही जोर दिया है।

जहाँ भारतीय संस्कृति की उपलब्धियों की चर्चा की गई है वहीं हमे इसके अभावों की भी चर्चा करनी चाहिए ताकि हम निष्पक्ष चिरन्तन कर सकें।

आध्यात्मिक अभियन्त्रणा और सामाजिक आचरण

जहाँ तक आध्यात्मिक अभियन्त्रणा का प्रश्न है, भारतीय सस्कृति परम उत्कर्ष पर है किन्तु यह भी सत्य है कि सामाजिक संरचना और प्रबन्धन में हम अत्यन्त ही खण्डित और हीन स्थिति में हैं। एक तरफ हम अद्वैत की बात करते हुए "एको अहम् द्वितीयोनास्ति" अथवा एकमेवा द्वितीयम का मंत्र दुहराकर वसुधैव कुटुम्बकम् की बात करते हैं, लेकिन जब यथार्थ जीवन में आते हैं तो यहाँ वैदिक धर्मी समाज लगभग साढ़े पाँच हजार जातियों और उपजातियों में विभाजित है। शास्त्र का वर्णाश्रम विकृत होकर गुण कर्म के बदले जन्म पर आधारित हो गया और ऊँच-नीच के भेद आसमान से जमीन पर फैल गए। इसी जन्मना जाति का ही विकृत रूप हम अस्पृश्यता की कथा में जाते हैं जो इस समाज का सबसे बड़ा अभिशाप है। इसी प्रकार एक तरफ हम यत्र नारियस्तु पूजयन्ते रमन्ते तत्र देवता और दूसरी तरफ नारियों के उत्पीड़न और समाज में दोयम दर्जे पर रखकर पराधीनता की जकड़न में रखना इस समाज की एक बड़ी प्रवन्चना है। त्रेता में वाल्मीकि ने मर्यादा पुरुषोत्तम राम से न केवल सीता की शुचिता प्रमाणित करने के लिए अग्नि परीक्षा की बल्कि अत्यन्त दारुण स्थिति या प्रसव अवस्था में सीता को निर्वासित कर दिया। द्वापर में वीरों और महावीरों तथा धर्माचार्यों की दृष्टि के सम्मुख भी सभा में राजस्वला स्थिति द्रोपदी का चीर-हरण कराया गया। मध्य युग में सती महात्म्य के नाम पर पति की मृत्यु के बाद स्त्रियों को जिन्दा जलाया गया। आज भी सत्ता, सम्पत्ति और प्रतिष्ठा में मातृसत्तात्मक समाज को लांछित और अपमानित किया गया है। स्त्री जाति की परवशता जन्म सिद्ध मानी गयी है-

"कत विधि सृज नारि जग मारी पराधीन सपनेहु सुख नाही।"

राष्ट्र कवि मैथिलीशरण गुप्त ने भी नारी-उत्पीड़न की (भावना) पीड़ा को सजीव रूप से शब्द-बद्ध किया है- "अबला जीवन हाय तुम्हारी यही कहानी, आँचल में है दूध और आंखों में पानी।" शास्त्रों में भी मनु के अनुसार नारी की पराधीनता का चित्र स्पष्ट है।

"बालापन में वह रहे मात-पिता के पास
युवती होकर वह रहे निज स्वामी के पास
वृद्धावस्था में रहे शिशु-सेवा में लीन
इन्हीं बन्धनों में बंधी नारि नहीं स्वाधीन (मनु स्मृति)

इसके साथ आज भी वेश्या वृत्ति, दासी प्रथा, अनिवार्य वेधव्य, लड़की के विवाह,

जबरन दहेज और लड़के-लड़की में भेद-भाव एवं नारी-भ्रूण हत्या अनेक त्रासदी आदि यह प्रमाणित करती है कि नारी या स्त्री शक्ति के प्रति एक उपेक्षा और हीनता का भाव है।

जन्मना जातिप्रथा समाज-विखंडन

भारतीय संस्कृति में वर्णाश्रम अपना महत्व रखता है क्योंकि शास्त्र और परम्परा, श्रुति और स्मृति दोनों का समर्थन है। सामाजिक श्रम विभाजन की दृष्टि से सिद्धान्त रूग में वर्ण व्यवस्था को भले ही बचाव किया जाय लेकिन इतने बड़े कार्यक्रम में अब न तो वेद और गीता आदि के अनुसार न तो चार वर्ण हैं और न वर्ण व्यवस्था का आधार गुण और कर्म ही है। इसीलिए अब वर्ण-व्यवस्था विकृत होकर जन्मना जाति प्रथा में परिणत हो गई और समाज परस्पर। जाति जन स्वार्थ, ईश्वर, ईष्या-द्वेष, हीनता और आचरण, अहंकार और अहमन्यता के कारण पाँच हजार घरौंदों में बंटकर। राष्ट्रवाद को सीमित और संकुचित कर रही है। आज इस जन्मना जाति प्रथा ने केवल समाज और राजनीति को ही नहीं बल्कि धर्म और संस्कृति को ही कुप्रभावित कर रही है। इसीलिए श्रमण काल संस्कृति और लोकायत परंपरा ने जाति प्रथा के खिलाफ विद्रोह किया जिसको आधुनिक काल में महर्षि दयानन्द और विवेकानन्द ज्योतिष फूले और महात्मा गांधी आदि अनेक जाग्रत पुरुषों ने समर्थन दिया। मेरी विनम्र राय ने भारत में लगभग एक हजार साल की गुलामी और वर्तमान समय में राष्ट्रीयता और लोकतंत्र के लिए बम से बड़ा खतरा है। छुआछूत न केवल भारत के लिए ही नहीं बल्कि विश्व मानवता के लिए सबसे बड़ा अभिशाप है।

भौतिकवादी दृष्टिकोण

भले भारत को हम आध्यात्मिक देश और आध्यातित्क जगतगुरु कहें, लेकिन प्राचीनकाल से जो सामाजिक और धार्मिक कुसंस्कार और कुरीतियां फैली है वह भौतिकवाद की काली छाया है। अभाव, अन्याय और उत्पीड़न से भारतीय समाज दुर्बल और प्राणहीन हो गया है।

शिक्षा, धर्म और न्याय आज पैसों पर बिकने लगा है चाहे अभाव के कारण या जाति-व्यवस्था के कारण या दूषित राजनीति के कारण। आज का भारतीय समाज पश्चिमी जगत से अधिक प्रवंचक और भ्रष्ट हो गया है। मेरी राय में भारत आज पश्चिम से अधिक भौतिकवादी है जिसका ठोस प्रमाण यह है कि भारत आज दुनिया के भ्रष्टतम् देशों की कतार में काफी ऊपर है। यहाँ का राजनैतिक और सार्वजनिक जीवन तो भ्रष्ट हो ही गया है। अर्थलोलुप पुरोहितवाद और धर्मगुरुओं के कारण अध्यात्म और धर्म भी कलंकित हो रहा है। सामाजिक कुरीतियाँ, धार्मिक दुराग्रह और राजनैतिक भ्रष्टाचार भी

भौतिकवाद के ही कीर्ति स्तम्भ हैं। प्राचीन काल में जिस रामराज्य और सतयुग की गाथा गायी जाती है उस समय भी राम के द्वारा शम्बूक का शिरोच्छेद और सीता की अग्नि-परीक्षा, द्वापर में जुआ में अपनी पत्नी को हार जाना और फिर मध्ययुग में हजारों निर्दोष स्त्रियों को जबरदस्ती सती बनाना। यह भौतिकवाद का ही प्रतीक है। लगता है कि स्वार्थ का जीवन-दर्शन भारत में बहुत दिनों से बहुत की प्रबल है। तुलसीदास ने इसे स्पष्ट स्वीकार किया है कि भौतिकवाद केवल साधारण मनुष्यों का ही नहीं बल्कि मुनि-महात्माओं और देवी-देवताओं का स्वधर्म है। कहा ही गया है-

सुर नर मुनि सबकी यह रीती, स्वारथ लागि करहिं सब प्रीती।

उपसंहार

भारतीय संस्कृति की उदारता और पवित्रता इसमें व्याप्त रूढ़ीवादिता, पाखण्ड और भौतिकवादी वृत्तिओं के कारण दृष्प्रभावित हुई है। इसकी समाजिक अभियंत्रणा में जाति प्रथा, अस्पृश्यता, नारी उत्पीड़न से इसको मुक्त कर दें तो एक नए आयाम का सृजन हो सकता है। अध्यात्मवाद एवं भौतिकवाद का संतुलित समन्वय होना चाहिए जिससे अत्याचार में भी श्रेया और प्रेय का समन्वय हो सके। सामाजिक स्तर पर भारतीय संस्कृति एक आयामी नहीं है। अतः इसके सामाजिक स्वरूप को कभी भी क्षतिग्रस्त नहीं करना चाहिए। यही इसकी वैश्विकता और मृत्युंजयी स्वरूप का आधार है।

37 महात्मा गाँधी के अहिंसा का वैशिष्टय

सचमुच में यह आश्चर्य का विषय है कि जिस संयुक्त राष्ट्र संघ में कुछ ही दिनों पहले संयुक्त राष्ट्र संघ महामंत्री पद के निर्वाचन में उम्मीदवारी पर वहाँ इस देश की शर्मनाक फजीयत हुई थी और सुरक्षा परिषद के पाँचों स्थाई देशों में उसे एक स्तर से नकार दिया था, उसी विश्व पंचायत में भारत की ओर से महात्मा गांधी के जन्म-दिन 2 अक्तूबर को सम्पूर्ण विश्व में अहिंसा दिवस के रूप में मनाने का प्रस्ताव रखा गया था, वह सर्वसम्मति से केवल पारित ही नहीं हुआ बल्कि लगभग 150 राष्ट्रों ने उस प्रस्ताव को अंगीकृत भी किया। निश्चिय ही इसमें न तो भारत का महत्व है न पूरी तरह महात्मा गाँधी के विराट व्यक्तित्व को ही सम्पूर्ण श्रेय जाता है क्योंकि गाँधी के जीवनकाल या उनकी शहादत के लगभग 60 सालों में भी उनको विश्व प्रसिद्ध शांति का नोवल पुरस्कार भी नहीं दिया जा सका। यही नहीं मानवता के इतिहास में शांति और अहिंसा के दूत भगवान महावीर, बुद्ध, ईसामसीह, हजरतमुहम्मद साहब, महात्मा जरथ्रुश्त आदि अन्य किसी महापुरुष को यह सौभाग्य नहीं मिल सका, श्रेय किसी भी अर्थ में वे सब महात्मा गाँधी से कम महान नहीं हैं। शायद यह युग की माँग है कि महात्मा गाँधी को निमित्त बनाकर अहिंसा की उपस्थिति को उजागर करने का अत्यंत उपर्युक्त और सृजनशील कल्पना है।

अगर 20वीं शताब्दी दो विश्वमहायुद्धों और अनेक युद्धों और हिरोशिमा-नागासाकी पर परमाणु बम से नरसंहार की शताब्दी रही है तो 20वीं शताब्दी भी धार्मिक व राष्ट्रीय कलहों तथा बढ़ते हुए उग्रवाद और भयानक आतंकवाद की शताब्दी मानी जाएगी। आज एक दर्जन आण्विक राष्ट्रों के पास लगभग 40 हजार महाध्वंस के परमाणु बम तो है ही लेकिन लगभग 47 छोटे व बड़े राष्ट्र परमाणु बम बनाने की दौर में कुछ आगे कुछ पीछे चल रहे हैं। कई जगह आतंकवादियों के द्वारा अणुबम बनाने की वैज्ञानिक क्षमता और उसके भौतिक संसाधन अर्जित करने की स्पर्धा चल रही है। इसका अर्थ यह हुआ कि यदि तीसरा विश्वयुद्ध छिड़ा या आतंकवादियों के हाथ परमाणु कब ऐन केन प्रकारेण हस्तगत हो गया तो परमाणु बम का भी उपयोग कोई रोक नहीं सकता, लेकिन तब तो वैश्विक स्तर पर आण्विक युद्ध हो जाएगा जिसका अर्थ सम्पूर्ण मानवता के सम्पूर्ण

विनाश का तांडव होगा इसलिए आज हमारे सामने दो ही विकल्प अणुबम या अहिंसा। निश्चय ही अणुबम कोई विकल्प नहीं है वह तो महानाश का संकेत है। इसलिए 21वीं शताब्दी में अहिंसा ही एकमात्र विकल्प है और इसे गाँधी से जोड़ना न तो कोई व्यक्तिवाद और भारत के प्रति पक्षपात है। सचमुच में महात्मा गाँधी ने अहिंसा के विषय में जो चिंतन और प्रयोग किए हैं उस पर सुकरात से लेकर बुद्ध, महावीर, जीसस क्राइस्ट टॉल्सटाय, रस्किन, थोरो और अब्राहम लिंकन आदि अनेक लोगों की प्राण है लेकिन गाँधी सबो के कंधे पर स्वार है इसीलिए उन्होंने सबो के विचारों को लेकर अपने कुछ मौलिक चिंतन और प्रयग को इस प्रकार रखा है जिससे उनके नाम से अहिंसा की भावना विश्व भावना पर उपस्थित करना यथोचित है। अहिंसा की दीर्घकालीन परम्परा में इसे-

1. आध्यात्म से जोड़ा गया है इसलिए सभी धर्मों में अहिंसा की सुस्पष्ट अवधारणा पायी जाती है। चाहे वेद का शांति मंत्र हो या जैनों की अहिंसा, बुद्ध की करुणा, इस्लाम की रहमत और शांति की भावना, ईसाइयत में शांति को देवत्य को वरदान के रूप में देखता इससे यह सिद्ध होता है कि अहिसा आध्यात्म और धर्म से अनुबंधित है। लेकिन यह भी स्पष्ट है जहाँ अहिंसा को आध्यात्मिक क्षेत्र में ऊँचा से ऊँचा स्थान दिया गया है, वहीं व्यावहारिक व सांसारिक क्षेत्र में हिंसा मिश्रत हो गयी है। यही कारण है कि धर्म के नाम पर विश्व में अब तक लगभग सात हजार छोटे और बड़े युद्ध हो चुके हैं जो अभी भी धर्म युद्ध क्रुसेड या जिहाद आदि के नाम से जारी है। राजनीति क्षेत्र में भी दण्ड और उसमें भी मृत्युदंड की अवधारणा या सत्ता पर वर्चस्व और सत्ता के केन्द्रीयकरण में हिंसा मान्य है। आर्थिक क्षेत्र में विषमता और शोषण हिंसा माना ही नहीं जाता है। सामाजिक क्षेत्र में भी रंगभेद, जाति प्रथा या साम्प्रदायिकवाद से हिंसा का रूप भयंकर हो गया है। संक्षेप में अहिंसा, आध्यात्म व परमाणु तक ही अधिक सीमित रही है किन्तु व्यवहार में अहिंसा विकसित नहीं हो पायी है। गाँधीजी ने जीवन को समग्रता में देखने की कोशिश की है और आध्यात्म और व्यवहार की दूरी कम करने का प्रयास किया गया है। इसलिए गाँधीजी अपने को व्यावहारिक आदर्शवादी मानते थे।

2. **धर्मशास्त्रों की हिंसामूलक प्रवचना**-शास्त्रों में एक तरफ अहिंसा परमो धर्म और "माँ हिंसायातसर्व भूतानि" कहकर अहिंसा की प्रतिष्ठा की जाती है दूसरी तरफ "वैदिकी हिंसा, न भवति" या यज्ञामरम् पश्वव: स्पष्टा: कहकर पशुओं की बलि को धर्म माना है, उसी प्रकार इस्लाम में विस्मील्लाहे रहमाने रहीम" से कुरान शरीफ की हर आयत शुरू की जाती है, दूसरी तरफ कुर्बानी में हजारों लाखों जीव कटते हैं।

ईसाई धर्म मे भी जहाँ पर्वत के उपदेश में शांति वाहक को ईश्वर का वरदान प्राप्त करने वाला मानते हैं पशुहिंसा में जरा-सी भी संकोच नहीं करते है। यहाँ तक

की बौद्ध धर्म को मानने वाले भी मांसाहार से अलग नहीं हो सकते हैं। काली व दुर्गा को मानव जाति की आदि माता स्वीकार भी की जाती है और पशुओं की बलि भी दी जाती है।

संक्षेप में अहिंसा के नाम पर शास्त्र का उल्लेख कर हिंसा करना एक प्रवंचना है। गाँधीजी ने इस प्रकार द्वैत नहीं रखा और व्यवहार में अहिंसा के रूप में प्रतिष्ठित किया।

3. संरचनात्मक अहिंसा-विचार की अहिंसा के साथ समाज व्यवस्था में अहिंसा को स्वीकार नहीं किया जाता है। बड़े-बड़े आध्यात्मवादी व धर्मगुरु के रूप में साथ-साथ श्रेष्ठ से श्रेष्ठ शांतिवादी ने भी अहिंसा के संरचनात्मक पक्ष की उपेक्षा की है यही कारण है। कि विश्व में हिंसा अभी तक गर्मीत से गर्मित रूप में प्रकट हो रही है। जब तक समाज की व्यवस्था में उसके आर्थिक, राजनैतिक, सामाजिक, सांस्कृतिक क्षेत्रों को प्रतिष्ठित नहीं किया जाएगा तब तक अहिंसक समाज एक दिवास्वप्न के समान रहेगा। हम भूल जाते हैं कि हमारी व्यवस्था के मूल में ही हिंसा है। मत्स् न्याय या जिसकी लाठी उसकी भैंस हमारी जीवन व्यवस्था का आधार है। इसलिए आर्थिक जगत में प्रतिद्विन्द्विता व राजनैतिक जगत में लोकतंत्र में भी प्रतिद्विन्द्विता ही हमारा एक मेव रास्ता है। प्रतिद्विन्द्विता से संघर्ष अवश्यमभावी है जिसमें संघर्ष से हिंसा को रोकना मुश्किल है। इसलिए जब तक हमारी सम्पूर्ण समाज व्यवस्था से हिंसा के मूल कारणों को समाप्त नहीं किया जाएगा समाज में अहिंसा स्थापित नहीं हो सकती।

विचारों में अनेकान्त-जिस प्रकार समाज के सभी क्षेत्र में अहिंसक संरचना आवश्यक है उसी प्रकार विचार के क्षेत्रों में भी अहिंसक अनुशासन चाहिए। यूनेस्को के प्रसिद्ध वाक्य को हमें याद रखना चाहिए कि हिंसा या युद्ध भाव मानव मस्तिस्क से उत्पन्न होता है इसलिए शांति व अहिंसा की स्थापना मानव मस्तिष्क से शुरू होगी लेकिन मानमन किसी शून्य में काम नहीं करता। यह किसी वातावरण में ही काम करता है फिर भी मानव मस्तिष्क का अपना बड़ा मूल्य है क्योंकि व्यवस्था ही विद्रोह करने की प्रेरणा देती है इसलिए हमें अपने सोच में भी अहिंसक होना होगा। यदि हम एकपक्षीय या एकान्तिक होकर आग्रही भाव से सोचेंगे तो हमारा दूसरे विचारों से समन्वय होना तो दूर रहा उसके साथ युदृर्ष विग्रह होना अभिवार्य है, इसलिए हमें अपने ही विचार, अपने ही शास्त्र, अपने ही धर्म को पूर्णसत्य समझ लेने से दूसरों की उपेक्षा हो जाती है, इसी कारण हिंसा बढ़ती है। धार्मिक क्षेत्र अपने ही धर्म को श्रेष्ठ मानना या राजनैतिक क्षेत्र में अपने ही विचार को अंतिम वाक्य मानना या अपने ही राष्ट्र को पवित्र मानना एक प्रकार से वैचारिक हिंसा है। अत: विचार की अहिंसा के लिए सापेक्षक या अनेकांतिक दृष्टि आवश्यक है। इस दृष्टि से शिक्षा में भी परिवर्तन आवश्यक है। हमारे

इतिहास और धर्मशास्त्रों में कुछ ग्रहित बातें भी हैं जिनसे समन्वय की साधना कठिन होती है। राष्ट्रीयता की संकीर्ण अवधारणा सुकारात को भी मान्य नहीं होती है। उसने विश्व नागरिकता की बात रखी थी जिसे आधुनिक काल में एच॰जी॰ वेल्स, वेनडल विलकी, राहुल सांस्कृत्यिान, रवीन्द्र नाथ और गाँधी ने भी स्वीकार की थी। सम्पूर्ण विश्व को परिवार मानना ही अहिंसक दृष्टि का परिचायक है और व्यक्तिगत धर्म के बदले विश्वधर्म की संभावना ही अहिंसा के अनुरूप है।

उपसंहार-गाँधी की अहिंसा केवल वैचारिक और आदर्शवादी ही नहीं यह व्यावहारिक और संरचनात्मक तथा संस्थागत भी है। उन्होंने समाज परिवर्तन के लिए हिंसा का विकल्प सत्याग्रह असयोग, सविनय अवज्ञा, उपवास अनशन आदि के रूप में रखा था तथा नागरिक शांति के लिए सशस्त्र पुलिस बल के विकल्प के रूप में शांति सेना का भी प्रयोग किया था। अतः गाँधी की अहिंसा केवल गगण बिहारी उपदेश आत्मक न होकर 21वीं शताब्दी में बढ़ती हुई नागरिक हिंसा और आतंकवाद के लिए भी सुन्दर विकल्प है।